手诀

湘西苗族民间传统文化丛书【第一辑】

石寿贵◎编

中南大学出版社

总 序

刘昌刚

　　苗族是一个古老的民族，也是一个世界性的民族。据 2010 年第六次全国人口普查统计，我国苗族有 940 余万人，主要分布在贵州、湖南、云南、四川、广西、湖北、重庆、海南等省区市；国外苗族约有 300 万人，主要分布于越南、老挝、泰国、缅甸、美国、法国、澳大利亚等国家。

一

　　《苗族通史》导论记载：苗族，自古以来，无论是在文臣武将、史官学子的奏章、军录和史、志、考中，还是在游侠商贾、墨客骚人的纪行、见闻和辞、赋、诗里，都被当成一个神秘的"族群"，或贬或褒。在中国历史的悠悠长河中，苗族似一江春水时涨时落，如梦幻仙境时隐时现，整个苗疆，就像一本无字文书，天机不泄。在苗族人生活的大花园中，有着宛如仙境的武陵山、缙云山、梵净山、织金洞、九九洞以及花果山水帘洞似的黄果树大瀑布等天工杰作；在苗族的民间故事里，有着极古老的蝴蝶妈妈、枫树娘娘、竹简兄弟、花莲姐妹等类似阿凡提的美丽传说；在苗族的族群里，嫡传着槃瓠（即盘瓠）后世、三苗五族、夜郎子民、楚国臣工；在苗族的习尚中，保留着八卦占卜、易经卜算、古傩祭祀、老君法令和至今仍盛行着的苗父医方、道陵巫术、三峰苗拳……在这个盛产文化精英的民族中，走出了蓝玉、沐英、王宪章等声震全国的名将，还诞生了熊希龄、滕代远、沈从文等政治家、文学家、教育家。闻一多在《伏羲考》一文中认为延维或委蛇指伏羲，是南方苗之神。远古时期居住在东南方的人统称为夷，伏羲是古代夷部落的大首领。苗族人民中确实流传着伏羲和女娲的传说，清初陆次云的《峒溪纤志》载："苗人腊祭曰报草。祭用巫，设女娲、伏羲位。"历史学家芮逸夫在《人类学集刊》上发表的《苗族洪水故事与伏羲、女娲的传说》中说："现代的人类学者经过实地考察，才得到这是苗族传说。据此，苗族全出于伏羲、女娲。他们本为兄妹，遭遇洪水，人烟断绝，仅此二人存。他们在盘古的撮合下，结为夫妇，绵延人类。"闻一多还写过《东皇太一考》，经他考证，苗族里的伏羲就是《九歌》里的东皇太一。

《中国通史》（范文澜著，人民出版社 1981 年版第 1 册第 19 页）载："黄帝族与炎帝族，又与夷族、黎族、苗族的一部分逐渐融合，形成春秋时期称为华族、汉以后称为汉族的初步基础。"远古时代就居住在中国南方的苗、黎、瑶等族，都有传说和神话，可是很少见于记载。一般说来，南方各族中的神话人物是"槃瓠"。三国时徐整作《三五历纪》吸收"槃瓠"入汉族神话，"槃瓠"衍变成开天辟地的盘古氏。

在历史上，苗族为了实现民族平等，屡战屡败，但又屡败屡战，从不屈服。苗族有着悠久、灿烂的文化，为中华文化的形成和发展做出了巨大贡献，在不同的历史阶段，涌现出了许多可歌可泣的英雄人物。

苗族不愧为中华民族中的一个伟大民族，苗族文化是苗族几千年的历史积淀，其丰厚的文化底蕴成就了今天这部灿烂辉煌的历史巨著。苗族确实是一个灾难深重的民族，却又是一个勤劳、善良、富有开拓性与创造性的伟大民族。苗族还是一个世界性的民族，不断开拓和创造着新的历史文化。

历史上公认的是，九黎之苗时期的五大发明是苗族对中国文化的原创性贡献。盛襄子在其《湖南苗史述略·三苗考》中论述道："此族（苗族）为中国之古土著民族，曾建国曰三苗。对于中国文化之贡献约有五端：发明农业，奠定中国基础，一也；神道设教，维系中国人心，二也；观察星象，开辟文化园地，三也；制作兵器，汉人用以征伐，四也；订定刑罚，以辅先王礼制，五也。"

苗族历史可以分为五个时期：先民聚落期（原始社会时期）、拓土立国期（九黎时期至公元前 223 年楚国灭亡）、苗疆分理期（公元前 223 年楚国灭亡至 1877 年咸同起义失败）、民主革命期（1872 年咸同起义失败到 1949 年中华人民共和国成立）、民族区域自治期（1949 年中华人民共和国成立至今）。相应地，苗族历史文化大致也可以分为五个时期，且各个时期具有不尽相同的文化特征：第一期以先民聚落期为界，巫山人进化成为现代智人，形成的是原始文化，即高庙文明初期；第二期以九黎、三苗、楚国为标志，属于苗族拓土立国期，形成的是以高庙文明为代表的灿烂辉煌的苗族原典文化；第三期是以苗文化为母本，充分吸收了诸夏文化，特别是儒学思想形成高庙苗族文化；第四期是苗族历史上的民主革命期（1872年咸同起义失败到1949年中华人民共和国成立），形成了以苗族文化为母本，吸收了电学、光学、化学、哲学等基本内容的东土苗汉文化与西洋文化于一体的近现代苗族文化；第五期是苗族进入民族区域自治期（1949年中华人民共和国成立至今），此期形成的是以苗族文化为母本，进一步融合传统文化、西方文化、当代中国先进文化的当代苗族文化。

二

苗族是我国一个古老的人口众多的民族，又是一个世界性的民族。她以其悠久的历史和深厚的文化而著称于世，传承着历史文化、民族精神。由田兵主编的《苗族古歌》，马学良、今旦译注的《苗族史诗》，龙炳文整理译注的《苗族古老话》，是苗族古代的编年史和苗族百科全书，也是苗族最主要的哲学文献。

距今7800—5300年的高庙文明所包含的不仅是一个高庙文化遗址，其同类文化遍布亚洲大陆，其中期虽在建筑、文学和科技等方面不及苏美尔文明辉煌，却比苏美尔文明早2300年，初期文明程度更高，后期又不像苏美尔文明那样中断，是世界上唯一一直绵延不断、发展至今，并最终创造出辉煌华夏文明的人类文明。在高庙文化区域的常德安乡县汤家岗遗址出土有蚩尤出生档案记录盘。

苗族人民口耳相传的"苗族古歌"记载了祖先"蝴蝶妈妈"及蚩尤的出生：蝴蝶妈妈是从枫木心中变出来的。蝴蝶妈妈一生下来就要吃鱼，鱼在哪里？鱼在继尾池。继尾古塘里，鱼儿多着呢！草帽般大的瓢虫，仓柱般粗的泥鳅，穿枋般大的鲤鱼。这里的鱼给她吃，她好喜欢。一次和水上的泡沫"游方"（恋爱）怀孕后生下了12个蛋。后经鹤字鸟（有的也写成鸡宇鸟）悉心孵养，12年后，生出了雷公、龙、虎、蛇、牛和苗族的祖先姜央（一说是龙、虎、水牛、蛇、蜈蚣、雷和姜央）等12个兄弟。

《山海经·卷十五·大荒南经》中也记载了蚩尤与枫树以及蝴蝶妈妈的不解之缘："有宋山者，有赤蛇，名曰育蛇。有木生山上，名曰枫木。枫木，蚩尤所弃其桎梏，是为枫木。有人方齿虎尾，名曰祖状之尸。"姜央是苗族祖先，蝴蝶自然是苗族始祖了。

澳大利亚人类学家格迪斯说过："世界上有两个苦难深重而又顽强不屈的民族，他们就是中国的苗族和分散在世界各地的犹太民族。"诚如所言，苗族是一个灾难深重而又自强不息的民族。唯其灾难深重，才能在磨砺中锤炼筋骨，迸发出民族自强不屈的魂灵，撰写出民族文化的鸿篇巨制。近年来，随着国家民族政策的逐步完善，对寄寓在民族学大范畴下的民族历史文化研究逐步深入，苗族作为我国少数民族百花园中的重要一支，其悠远、丰厚的历史足迹与文化遗址逐步为世人所知。

苗族口耳相传的古歌记载，苗族祖先曾经以树叶为衣、以岩洞或树巢为家、以女性为首领。从当前一些苗族地区的亲属称谓制度中，也可以看出苗族从母权制到父权制、从血缘婚到对偶婚的演变痕迹。诸如此类的种种佐证材料，无不证明着苗族的悠远历史。苗族祖先凭借优越的地理条件，辛勤开拓，先后发明了冶金术和刑罚，他们团结征伐，雄踞东方，强大的部落联盟在史书上被冠以"九黎"之称。苗族历史上闪耀夺目的九黎部落首领是战神蚩尤，他依靠坚兵利甲，纵横南北，威震天下。但是，蚩尤与同时代的炎黄部落逐鹿中原时战败，从此开启了漫长的迁徙逆旅。

总体来看，苗族的迁徙经历了从南到北、从北到南、从东到西、从大江大河到小江小河，乃至栖居于深山老林的迁徙轨迹。五千年前，战败的蚩尤部落大部分南渡黄河，聚集江淮，留下先祖渡"浑水河"的传说。这一支经过休养生息的苗族先人汇聚江淮，披荆斩棘，很快就一扫先祖战败的屈辱和阴霾，组建了强大的三苗集团。然而，历史的车轮总是周而复始的，他们最终还是不敌中原部落的左右夹攻，他们中的一部分到达西北并随即南下，进入川、滇、黔边区。三苗主干则被流放崇山，进入鄱阳湖、洞庭湖腹地，秦汉以来不属王化的南蛮主支蔚然成势。夏商春秋战国乃至秦汉以降的历代正史典籍，充斥着云、贵、湘地南蛮不服王化的"斑斑劣迹"。这群发端于蚩尤的苗族后裔，作为中国少数民族的重要代表，深入武陵山脉心脏，抱团行进，男耕女织，互为凭借，势力强大，他们被封建统治阶级称为武陵蛮。据史料记载，东汉以来对武陵蛮的刀兵相加不可胜数，双方各有死伤。自晋至明，苗族在湖北、河南、陕西、云南、江西、湖南、广西、贵州等地辗转往复，与封建统治者进行了长期艰苦卓绝的不屈斗争。清朝及民国，苗族驻扎在云南的一支因战火而大量迁徙至滇西边境和东南亚诸国，进而散发至欧洲、北美、澳大利亚。

苗族遂成为一个世界性的民族！

三

苗族同胞在与封建统治者长期的争夺征战中,不断被压缩生存空间,又不断拓展生存空间,从而形成了其民族极为独特的迁徙文化现象。苗族历史上没有文字,却保存有大量的神话传说,他们有感于迁徙繁衍途中的沧桑征程,对天地宇宙产生了原始朴素的哲理认知。每迁徙一地,他们都结合当地实际,丰富、完善本民族文化内涵,从而形成了系列以"蝴蝶""盘瓠""水牛""枫树"为表象的原始图腾文化。苗族虽然没有文字,却有丰富的口传文化,这些口传文化经后人整理,散见于贵州、湖南等地流传的《苗族古歌》《苗族古老话》《苗族史诗》等典籍,它们承载着苗族后人对祖先口耳相传的族源、英雄、历史、文化的再现使命。

苗族迁徙的历程是艰辛、苦难的,迁徙途中的光怪陆离却是迷人的。他们善于从迁徙途中寻求生命意义,又从苦难中构建人伦规范,他们赋予迁徙以非同一般的意义。他们充分利用身体、语言、穿戴、图画、建筑等媒介,表达对天地宇宙的认识、对生命意义的理解、对人伦道德的阐述、对生活艺术的想象。于是,基于迁徙现象而产生的苗族文化便变得异常丰富。苗族将天地宇宙挑绣在服饰上,得出了天圆地方的朴素见解;将历史文化唱进歌声里,延续了民族文化一以贯之的坚韧品性;将跋涉足迹画在了岩壁上,应对苦难能始终奋勇不屈。其丰富的内涵、奇特的形式、隐忍的表达,成为这个民族独特的魅力,成为这个民族极具异禀的审美旨趣。从这个层面扩而大之,苗族的历史文化,便具备了一种神秘文化的潜在魅力与内涵支撑。苗族神秘文化最为典型的表现是巴代文化现象。从隐藏的文化内涵因子分析来看,巴代文化实则是苗族生存发展、生产生活、伦理道德、物质精神等文化现象的活态传承。

苗族丰富的民族传奇经历造就了其深厚的历史文化,但其不羁的民族精神又使得这个民族成为封建统治者征伐打压的对象。甚至可以说,一部封建史,就是一部苗族的压迫屈辱史。封建统治者压迫苗族同胞惯用的手段,一是征战屠杀,二是愚昧民众,历经千年演绎,苗族同胞之于本民族历史、祖先伟大事功,慢慢忽略,甚至抹杀性遗忘。

一个伟大民族的悲哀莫过于此!

四

历经苦难，走向辉煌。中华人民共和国成立后，得益于党的民族政策，苗族与全国其他少数民族一样，依托民族区域自治法，组建了系列具有本民族特色的少数民族自治机构，千百年被压在社会底层的苗族同胞，翻身当家做主人，他们重新直面苗族的历史文化，系统挖掘、整理、提升本民族历史文化，切实找到了民族的历史价值和民族文化自信。贵州和湖南湘西武陵山区一带，自古就是封建统治阶级口中的"武陵蛮"的核心区域。这一块曾经被统治阶级视为不毛之地的蛮荒地区，如今得到了国家的高度重视，中央整合武陵山片区4省市71个县市，实施了武陵山片区扶贫攻坚战略。作为国家区域大扶贫战略中的重要组成部分，武陵山区苗族同胞的脱贫发展牵动着党中央、国务院关注的目光。武陵山区苗族同胞感恩党中央，激发内生动力，与党中央同步共振，掀起了一场轰轰烈烈的脱贫攻坚世纪大战。

苗族是湘西土家族苗族自治州两大主体民族之一，要推进湘西发展，当前基础性的工作就是要完成两大主体民族脱贫攻坚重点工作，自然，苗族承担的历史使命责无旁贷。在这样的语境下，推进湘西发展、推进苗族聚集区同胞脱贫致富，就是要充分用好、用活苗族深厚的历史文化资源，以挖掘、提升民族文化资源品质，提升民族文化自信心；要全面整合苗族民族文化资源精华，去芜存菁，把文化资源转化为现实生产力，服务于我州经济社会的发展。

正是贯彻这样的理念，湘西土家族苗族自治州立足少数民族自治地区的民族资源特色禀赋，提出了生态立州、文化强州的发展理念，围绕生态牌、文化牌打出了"全域旅游示范区建设""国内外知名生态文化公园"系列组合拳，民族文化旅游业蓬勃发展，民族地区脱贫攻坚工作突飞猛进。在具体操作层面，州委、州政府提出了以"土家探源""神秘苗乡"为载体、深入推进我州文化旅游产业发展的口号，重点挖掘和研究红色文化、巫傩文化、苗疆文化、土司文化。基于此，州政协按照服务州委、州政府中心工作和民生热点难点的履职要求，组织相关专家学者，联合相关出版机构，在申报重点课题的基础上，深度挖掘苗族历史文化，按课题整理、出版苗族历史文化丛书。

人类具有社会属性，所以才会对神话故事、掌故、文物和文献进行著录和收传。以民族出版社出版、吴荣臻主编的五卷本《苗族通史》和贵州民族出版社出版的《苗族古歌》系列著作为标志，苗学研究进入了一个新的历史时期。

湘西土家族苗族自治州政协组织牵头的《湘西苗族民间传统文化丛书》是苗疆文化的主要内容和成果。它不但整理译注了浩如烟海的有关苗疆的历史文献，出版了史料文献丛书，还记录整理了苗族人民口传心录的苗族古歌系列、巴代文化系列等珍贵资料，并展示了当代文化研究成果。

　　党的十八大以来，以习近平同志为核心的党中央，以"一带一路"倡议为抓手，不断推进人类命运共同体建设，以实现中华民族伟大复兴的中国梦为目标，不断推进理论自信、道路自信、制度自信和文化自信。没有包括苗族文化在内的各个少数民族文化的复兴，也不会有完全的中华民族伟大复兴。

　　因此，从苗族历史文化中探寻苗族原典文化，发现新智慧、拓展新路径，从而提升民族文化自信力，服务湘西生态文化公园建设，推进精准扶贫、精准脱贫，实现乡村振兴，进而实现湘西现代化建设目标，善莫大焉！

　　此为序！

2018 年 9 月 5 日

专家序一

掀起湘西苗族巴代文化的神秘面纱

汤建军

2017 年 9 月 7 日，根据中共湖南省委安排，我在中共湘西州委做了题为"砥砺奋进的五年"的形势报告。会后，在湘西州社科联谭必四主席的陪同下，考察了一直想去的花垣县双龙镇十八洞村。出于对民族文化的好奇，考察完十八洞村后，我根据中共湖南省委网信办在花垣县挂职锻炼的范东华同志的热诚推荐，专程拜访了苗族巴代文化奇人石寿贵老先生，参观其私家苗族巴代文化陈列基地。石寿贵先生何许人也？花垣县双龙镇洞冲村人。他是本家祖传苗师"巴代雄"第 32 代掌坛师、客师"巴代扎"第 11 代掌坛师、民间正一道第 18 代掌坛师。石老先生还是湘西州第一批命名的"非物质文化遗产(以下简称' 非遗')保护"名录"苗老司"代表性传承人、湖南省第四批"非遗"名录"苗族巴代"代表性传承人、吉首大学客座教授、中国民俗学会蚩尤文化研究基地蚩尤文化研究会副会长、巴代文化学会会长。他长期从事巴代文化、道坛丧葬文化、民间习俗礼仪文化等苗族文化的挖掘搜集、整编译注及研究传承工作。一直以来，他和家人，动用全家之财力、物力和人力，经过近 50 年的全身心投入，在本家积累 32 代祖传资料的基础上，又走访了贵州、四川、湖北、湖南、重庆等周边 20 多个县市有名望的巴代坛班，通过本家厚实的资料库加上广泛搜集得来的资料，目前已整编译注出 7 大类 76 本

2500 多万字及 4000 余幅仪式彩图的《巴代文化系列丛书》，且准备编入《湘西苗族民间传统文化丛书》进行出版。这 7 大类 76 本具体包括：第一类，基础篇 10 本；第二类，苗师科仪 20 本；第三类，客师科仪 10 本；第四类，道师科仪 5 本；第五类，侧记篇 4 本；第六类，苗族古歌 14 本；第七类，历代手抄本扫描 13 本。除了书稿资料以外，石寿贵先生还建立起了 8000 多分钟的仪式影像、238 件套的巴代实物、1000 多分钟的仪式音乐、此前他人出版的有关苗族巴代民俗的藏书 200 余册以及包括一整套待出版的《湘西苗族民间传统文化丛书》在内的资料档案。此前，他还主笔出版了《苗族道场科仪汇编》《苗师通书诠释》《湘西苗族古老歌话》《湘西苗族巴代古歌》四本著作。其巴代文化研究基地已建立起巴代文化的三大仪式、两大体系、八大板块、三十七种类苗族文化数据库，成为全国乃至海内外苗族巴代文化资料最齐全系统、最翔实厚重、最丰富权威的亮点单位。"苗族巴代"在 2016 年 6 月入选第四批湖南省"非遗"保护名录。2018 年 6 月，石寿贵老先生获批为湖南省第四批非物质文化遗产保护项目"苗族巴代"代表性传承人。

走进石寿贵先生的巴代文化挖掘搜集、整编译注、研究及陈列基地，这是一栋两层楼的陈列馆，没有住人，全部都是用来作为巴代文化资料整编译注和陈列的。一楼有整编译注工作室和仪式影像投影室等，中堂为有关图片及字画陈列，文化气息扑面而来。二楼分别为巴代实物资料、文字资料陈列室和仪式腔调录音室及仪式影像资料制作室等，其中 32 个书柜全都装满了巴代书稿和实物，真可谓书山文海、千册万卷、博大精深、琳琅满目。

石老先生所收藏和陈列的巴代文化各种资料、物件和他本人的研究成果极大地震撼了我们一行人。我初步翻阅了石老先生提供的《湘西苗族巴代揭秘》一书初稿，感觉这些著述在中外学术界实属前所未闻、史无前例、绝无仅有。作者运用独特的理论体系资料、文字体系资料以及仪式符号体系资料等，全面揭露了湘西苗族巴代的奥秘，此书必将为研究苗族文化、苗族巴代文化学、中国民族学、民俗学、民族宗教学以及苗族地区摄影专家、民族文化爱好者提供线索、搭建平台与铺设道路。我当即与湘西州社科联谭必四主席商量，建议他协助和支持石老先生将《湘西苗族巴代揭秘》一书申报湖南省社科普及著作出版资助。经过专家的严格评选，该书终于获得了出版资助，在湖南教育出版社得到出版。因为这是一本在总体上全面客观、科学翔实、通俗形象地介绍苗族巴代及其文化的书，我相信此书一定会成为广大读者喜闻喜阅、喜欣喜爱的书，一定能给苗族历代祖先以慰藉，一定能更好地传播苗民族文化精华，一定能深入弘扬中华民族优秀传统文化。

2017年12月6日，我应邀在中南大学出版社宣讲党的十九大精神时，我结合如何策划选题，重点推介了石寿贵先生的苗族巴代文化系列研究成果，希望中南大学出版社在前期积累的基础上，放大市场眼光，挖掘具有民族特色的文化遗产，积极扶持石老先生巴代文化成果的出版。这个建议得到了吴湘华社长及其专业策划团队的高度重视。2018年1月30日，国家出版基金资助项目公示，由中南大学出版社挖掘和策划的石寿贵编著的《巴代文化系列丛书》中的10本作为第一批《湘西苗族民间传统文化丛书》入选。该《丛书》以苗族巴代原生态的仪式脚本(包括仪式结构、仪式程序、仪式形态、仪式内容、仪式音乐、仪式气氛、仪式因果等)记录为主要内容，原原本本地记录了苗师科仪、客师科仪、道师绕棺戏科仪以及苗族古歌、巴代历代手抄本扫描等脚本资料，建立起了科仪的文字记录、图片静态记录、影像动态记录、历代手抄本文献记录、道具法器实物记录等资料数据库，是目前湘西苗族地区种类较为齐全、内容翔实、实物彩图丰富生动的原生态民间传统资料，充分体现了苗族博大精深、源远流长的文化内涵和艺术价值，对今后全方位、多视角、深层次研究苗族历史文化有着极其重要的价值和深远的意义。

　　从《湘西苗族民间传统文化丛书》中所介绍的内容来看，可以说，到目前为止，这套《丛书》是有关领域中内容最系统翔实、最丰富完整、最难能可贵的资料了。此套书籍如此广泛深入、全面系统、尽数囊括、笼统纳入，实为古今中外之罕见，堪称绝无仅有、弥足珍贵，也是有史以来对苗族巴代文化的全面归纳和科学总结。我想，这既是石老先生和他的祖上及其家眷以及政界、学界、社会各界对苗族文化的热爱、执着、拼搏、奋斗、支持、帮助的结果，也体现出了石寿贵老先生对苗族文化所做出的巨大贡献。这套丛书将成为苗族传统文化保护传承、研究弘扬的新起点和里程碑。用学术化的语言来说，这300余种巴代科仪就是巴代历代以来所主持苗族的祭祀仪式、习俗仪式以及各种社会活动仪式的具体内容。但仪式所表露出来的仅仅只是表面形式而已，更重要的是包含在仪式里面的文化因子与精神特质。关于这一点，石寿贵老先生在《丛书》中也剖析得相当清晰，他认为巴代文化的形成是苗族文化因子的作用所致。他认为：世界上所有的民族和教派都有不同于其他民族的文化因子，比如佛家的因果轮回、慈善涅槃、佛国净土，道家的五行生克、长生久视、清静无为，儒家的忠孝仁义、三纲五常、齐家治国，以及纳西族的"东巴"、羌族的"释比"、东北民族的"萨满"、土家族的"梯玛"等，无不都是严格区别于其他民族或教派的独特文化因子。由某个民族文化因子所产生出来的文化信念，在内形成了该民族的观念、性格、素质、气节和精神，在外则形成了该民族的风格、习俗、形象、身份和标志。通过内外因素的共同作用，形成支撑该民族生生不息、发展壮大、繁荣富强的不竭动力。苗族巴代文化的核心理念是人类的"自我不灭"真性，在这一文化因子的影响下，形成了"自我崇拜"或"崇拜自我、维护自我、服务自我"的人类生存哲学体系。这种理论和实践体现在苗师"巴代雄"祭祀仪式的方方面面，比如上供时所说的"我吃你吃，我喝你喝"。说过之后，还得将供品一滴不漏地吃进口中，意思为我吃就是我的祖先吃，我喝就是我的祖先喝，我就是我的祖先，我的祖先就是我，祖先虽亡，但他的血液却在我的身上流淌，他的基因附在我的身上，祖先的化身就是当下的我，并且一直延续到永远，这种自我真性没有被泯灭掉。同时，苗师"巴代雄"所祭祀的对象既不是木偶，也不是神像，更不是牌位，而是活人，是舅爷或德高望重的活人。这种祭祀不同于汉文化中的灵魂崇拜、鬼神崇拜或自然崇拜，而是实实在在的、活生生的自我崇拜。这就是巴代传承古代苗族主流文化（因子）的内在实质和具体内容。无怪乎如来佛祖降生时一手指天，一手指地，所说的第一句话就是："天上地下，唯我独尊。"佛祖所说的这个"我"，指的绝非本人，而是宇宙间、世界上的真性自我。

石老先生认为，从生物学的角度来说，世界上一切有生命的动植物的活动都是维护自我生存的活动，维护自我毋庸置疑。从人类学的角度来说，人类的真性自我不生不灭，世间人类自身的一切活动都是围绕有利于自我生存和发展这个主旨来开展的，背离了这个主旨的一切活动都是没有任何价值和意义的活动。从社会科学的角度来说，人类社会所有的科普项目、科学文化，都是从有利于人类自我生存和发展这个主题来展开的，如果离开了这条主线，科普也就没有了任何价值和意义。从人类生存哲学的角度来说，其主要的逻辑范畴，也是紧紧地把握人类这个大的自我群体的生存和发展目标去立论拓展的，自我生存成为最大的逻辑范畴；从民族学的角度来说，每个要维护自己生生不息、发展壮大的民族，都要有自己强势优越、高超独特、先进优秀的文化来作支撑，而要得到这种文化支撑的主体便是这个民族大的自我。

石老先生还说，从维护小的生命、个体的小自我到维护大的人类、群体的大自我，是生物世界始终都绕不开的总话题。因而，自我不灭、自我崇拜或崇拜自我、服务自我、维护自我，在历史上早就成为巴代文化的核心理念。正是苗师"巴代雄"所奉行的这个"自我不灭论"宗旨教义，所行持的"自我崇拜"的教条教法，涵盖了极具广泛意义的人类学、民族学以及哲学文化领域中的人类求生存发展、求幸福美好的理想追求。也正是这种自我真性崇拜的文化因子，才形成了我们的民族文化自信，锻造了民族的灵魂素质，成就了民族的精神气节，才能坚定民族自生自存、自立自强的信念意识，产生出民族生生不息、发展壮大的永生力量。这就充分说明，苗族的巴代文化，既不是信鬼信神的巫鬼文化，也不是重巫尚鬼的巫傩文化，而是从基因实质的文化信念到灵魂素质、意识气魄的锻造殿堂，是彻头彻尾的精神文化，这就是巴代文化和巫鬼文化、巫傩文化的本质区别所在。

乡土的草根文化是民族传统文化体系的基因库，只要正向、确切、适宜地打开这个基因库，我们就能找到民族的根和魂，感触到民族文化的神和命。巴代作为古代苗族主流文化的传承者，作为一个族群社会民众的集体意识，作为支撑古代苗族生存发展、生生不息的强大的精神支柱和崇高的文化图腾，作为苗族发展史、文明史曾经的符号，作为中华民族文化大一统中的亮丽一簇，很少被较为全面系统、正向正位地披露过。

巴代是古代苗族祭祀仪式、习俗仪式、各种社会活动仪式这三大仪式的主持者，更是苗族主流文化的传承者。因为苗族在历史上频繁迁徙、没有文字、不属王化、封闭保守等因素，再加上历史条件的限制与束缚，为了民族的生存和发展，苗族先人机灵地以巴代所主持的三大仪式为本民族的显性文化表象，来传承苗族文化的原生基因、本根元素、全准信息等这些只可意会、不可言传的隐性文化实质。又因这三大仪式的主持者叫巴代，故其所传承、主导、影响的苗族主流文化又被称为巴代文化，巴代也就自然而然地成为聚集古代苗族的哲学家、法学家、思想家、社会活动家、心理学家、医学家、史学家、语言学家、文学家、理论家、艺术家、易学家、曲艺家、音乐家、舞蹈家、农业学家等诸大家之精华于一身的上层文化人，自古以来就一直受到苗族人民的信任、崇敬和尊重。

巴代文化简单说来就是三大仪式、两大体系、八大板块和三十七种文化。其包括了苗族生存发展、生产生活、伦理道德、物质精神等从里到表、方方面面、各个领域的文化。巴代文化必定成为有效地记录与传承苗族文化的大乘载体、百科全书以及活态化石，必定成为带领苗族人民从远古一直走到近代的精神支柱和家园，必定成为苗族文化的根、魂、神、质、形、命的基因实质，必定成为具有苗族代表性的文化符号与文化品牌；必定成为苗族优秀的传统文化、神秘湘西的基本要素。

石老先生委托我为他的丛书写篇序言，因为我的专业不是民族学研究，不能从专业角度给予中肯评价,为读者做好向导,所以我很为难,但又不好拒绝石老先生。工作之余,我花了很多时间认真学习他的相关著述,总感觉高手在民间,这些文字是历代苗族文化精华之沉淀,文字之中透着苗族人的独特智慧,浸润着石老先生及历代巴代们的心血智慧,更体现出了石老先生及其家人一生为传承苗族文化所承载的常人难以想象的、难以忍受的艰辛、曲折、困苦、执着和担当。

这次参观虽然不到两个小时,却发现了苗族巴代文化的正宗传人。遇见石老先生,我感觉自己十分幸运,亦深感自己有责任、有义务为湘西苗族巴代文化及其传人积极推荐,努力让深藏民间的优秀民族文化遗产能够公开出版。石老先生的心愿已了,感恩与我们一样有这种情结的评审专家和出版单位对《湘西苗族民间传统文化丛书》的厚爱和支持。我相信,大家努力促成这些书籍公开出版,必将揭开湘西苗族巴代文化的神秘面纱,必将开启苗族巴代文化保护传承、研究弘扬、推介宣传的热潮,也必将引发湘西苗族巴代文化旅游的高潮。

略表数言,抛砖引玉,是为序。

（作者系湖南省社会科学界联合会党组成员、副主席,湖南省省情研究会会长、研究员）

专家序二

罗康隆

　　我来湘西20年，不论是在学校，还是在村落，听到当地苗语最多的就是"巴代"（分"巴代雄"与"巴代扎"）。起初，我也不懂巴代的系统内涵，只知道巴代是湘西苗族的"祭师"，但经过20年来循序渐进的认识与理解，我深知，湘西苗族的"巴代"，并非用"祭师"一词就可以简单替代。

　　说实在的，我是通过《湘西苗族调查报告》和《湘西苗族实地调查报告》这两本书来了解湘西的巴代文化的。1933年5月，国立中央研究院的凌纯声、芮逸夫来湘西苗区调查，三个月后凌纯声、芮逸夫离开湘西，形成了《湘西苗族调查报告》（2003年12月由民族出版社出版）。该书聚焦于对湘西苗族文化的展示，通过实地摄影、图画素描、民间文物搜集，甚至影片拍摄，加上文字资料的说明等，再现了当时湘西苗族社会文化的真实图景，其中包含了不少关于湘西苗族巴代的资料。

　　当时，湘西乾州人石启贵担任该调查组的顾问，协助凌纯声、芮逸夫在苗区展开调查。凌纯声、芮逸夫离开湘西时邀请石启贵代为继续调查，并请国立中央研究院聘石启贵为湘西苗族补充调查员，从此，石启贵正式走上了苗族研究工作的道路。经过多年的走访调查，石启贵于1940年完成了《湘西苗族实地调查报告》（2008年由湖南人民出版社出版）。在该书第十章"宗教信仰"中，他用了11节篇幅来介绍湘西苗族的民间信仰。2009年由中央民族大学"985工程"中国少数民族非物质文化研究与保护中心与台湾"中央研究院"历史语言研究所联合整理，在民族出版社出版了《民国时期湘南苗族调查实录(1~8卷)(套装全10册)》，包括民国习俗卷、椎猪卷、文学卷、接龙卷、祭日月神卷、祭祀神辞汉译卷、还傩愿卷、椎牛卷(上)、椎牛卷(中)、椎牛卷(下)。由是，人们对湘西苗族"巴代"有了更加系统的了解。

我作为苗族的一员，虽然不说苗语了，但对苗族文化仍然充满着热情与期待。在我主持学校民族学学科建设之初，就将苗族文化列为重点调查与研究领域，利用课余时间行走在湘西的腊尔山区苗族地区，对苗族文化展开调查，主编了《五溪文化研究》丛书和《文化与田野》人类学图文系列丛书。在此期间结识了不少巴代，其中就有花垣县董马库的石寿贵。此后，我几次到石寿贵家中拜访，得知他不仅从事巴代活动，而且还长期整理湘西苗族的巴代资料，对湘西苗族巴代有着系统的了解和较深的理解。

我被石寿贵收集巴代资料的精神所感动，决定在民族学学科建设中与他建立学术合作关系，首先给他配备了一台台式电脑和一台摄像机，可以用来改变以往纯手写的不便，更可以将巴代的活动以图片与影视的方式记录下来。此后，我也多次邀请他到吉首大学进行学术交流。在台湾"中央研究院"康豹教授主持的"深耕计划"中，石寿贵更是积极主动，多次对他所理解的"巴代"进行阐释。他认为湘西苗族的巴代是一种文化，巴代是古代苗族祭祀仪式、习俗仪式、各种社会活动仪式这三大仪式的主持者，是苗族文化的传承载体之一，是湘西苗族"百科全书"的构造者。

巴代文化成为苗族文化的根、魂、神、质、形、命的基因实质。这部《湘西苗族民间传统文化丛书》含7大类76本2500多万字及4000余幅仪式彩图，还有8000多分钟仪式影像、238件套巴代实物、1000多分钟仪式音乐等，形成了巴代文化资料数据库。这些资料弥足珍贵，以苗族巴代仪式结构、仪式程序、仪式形态、仪式内容、仪式音乐、仪式气氛、仪式因果为主要内容进行记录。这是作者在本家32代祖传所积累丰厚资料的基础上，通过近50年对贵州、四川、湖南、湖北、重庆等省市周边有名望的巴代坛班走访交流，行程达10万多公里，耗资40余万元，竭尽全家之精力、人力、财力、物力，对巴代文化资料进行挖掘、搜集与整理所形成的资料汇编。

这些资料的样本存于吉首大学历史与文化学院民间文献室，我安排人员对这批资料进行了扫描，准备在2015年整理出版，并召开过几次有关出版事宜的会议，但由于种种原因未能出版。今天，它将由中南大学出版社申请到的国家出版基金资助出版，也算是了结了我多年来的一个心愿，这是苗族文化史上的一件大好事。这将促进苗族传统文化的保护，极大地促进民族精神的传承和发扬，有助于加强、保护与弘扬传统文化，对落实党和国家加强文化大发展战略有着特殊的使命与价值。

（作者为吉首大学历史文化学院院长、湖南省苗学学会第四届会长）

概　述

　　《湘西苗族民间传统文化丛书》以苗族巴代原生态的仪式脚本(包括仪式结构、仪式程序、仪式形态、仪式内容、仪式音乐、仪式气氛、仪式因果等)记录为主要内容,原原本本地记录了苗师科仪、客师科仪、道师绕棺戏科仪以及苗族古歌、巴代历代手抄本扫描等脚本资料,建立起了科仪文字记录、图片静态记录、影像动态记录、历代手抄本文献记录、道具法器实物记录等资料数据库,为抢救、保护、传承、研究这些濒临灭绝的苗族传统文化打牢了基础,搭建了平台,提供了必需的条件。

　　巴代是古代苗族祭祀仪式、习俗仪式、各种社会活动仪式这三大仪式的主持者,也是苗族主流文化的传承载体之一。古代苗族在涿鹿之战后因为频繁迁徙、分散各地、没有文字、不属王化、封闭保守等因素,形成了具有显性文化表象和隐性文化实质这二元文化的特殊架构。基于历史条件的限制与束缚,为了民族的生存和发展,苗族先人机灵地以巴代所主持的三大仪式为本民族的显性文化表象,来传承苗族文化的原生基因、本根元素、全准信息等这些只可意会、不可言传的隐性文化实质。因为三大仪式的主持者叫巴代,故其所传承、主导、影响的苗族主流文化又被称为巴代文化,巴代也就自然而然地成为聚集古代苗族的哲学家、史学家、宗教家等诸大家之精华于一身的上层文化人,自古以来就一直受到苗族人民的信任、崇敬和尊重。

　　巴代文化简单说来就是三大仪式、两大体系、八大板块和三十七种文化。其包括了苗族生存发展、生产生活、伦理道德、物质精神等从里到表、方方面面各个领域的文化。巴代文化必定成为有效地记录与传承苗族文化的大乘载体、百科全书以及活态化石，必定成为带领苗族人民从远古一直走到近代的精神支柱和家园，必定成为苗族文化的根、魂、神、质、形、命的基因实质；必定成为具有苗族代表性的文化符号与文化品牌，必定成为苗族优秀的传统文化之一、神秘湘西的基本要素。

苗族的巴代文化与纳西族的东巴文化、羌族的释比文化、东北民族的萨满文化、汉族的儒家文化、藏族的甘朱尔等一样，是中华文明五千年的文化成分和民族文化大花园中的亮丽一簇，是苗族文化的本源井和柱标石。巴代文化的定位是苗族文化的全面归纳、科学总结与文明升华。

近代以来，由于种种原因，巴代文化濒临灭绝。为了抢救这种苗族传统文化，笔者在本家32代祖传所积累丰厚资料的基础上，又通过近50年以来对贵州、四川、湖南、湖北、重庆等省市周边有名望的巴代坛班走访交流，行程10多万公里，耗资40余万元，竭尽全家之精力、人力、财力、物力，全身心投入巴代文化资料的挖掘、搜集、整编译注、保护传承工作中，到目前已形成了7大类76本2500多万字及4000余幅仪式彩图的《湘西苗族民间传统文化丛书》(以下简称《丛书》)有待出版，建立起了《丛书》以及8000多分钟的仪式影像、238件套的巴代实物、1000多分钟的仪式音乐等巴代文化资料数据库。该《丛书》已成为当今海内外唯一的苗族巴代文化资源库。

7大类76本2500多万字及4000余幅仪式彩图的《丛书》在学术界也称得上是鸿篇巨制了。为了使读者能够在大体上了解这套《丛书》的基本内容，在此以概述的形式来逐集进行简介是很有必要的。

这套洋洋大观的《丛书》，是一个严谨而完整的不可分割的体系，按内容属性可分为7大类型，具体如下：

第一类：基础篇，共10本。分别是：《许愿标志》《手诀》《神符》《巴代法水》《巴代道具法器》《文疏表章》《纸扎纸剪》《巴代音乐》《巴代查病书》《湘西苗族民间传统文化丛书通读本》。

第二类：苗师科仪，共20本。分别是：《接龙》(第一、二册)，《汉译苗师通鉴》(第一、二、三册)，《苗师通鉴》(第一、二、三、四、五、六、七、八册)，《苗师"不青"敬日月车祖神科仪》(第一、二、三册)，《敬家祖》，《敬雷神》，《吃猪》，《土昂找新亡》。

第三类：客师科仪，共10本。分别是：《客师科仪》(第一、二、三、四、

五、六、七、八、九、十册)。

第四类：道师科仪，共5本。分别是：《道师科仪》(第一、二、三、四、五册)。

第五类：侧记篇，共4本。分别是：《侧记篇之守护者》《巴代仪式图片汇编》《预测速算》《傩面具图片汇编》。

第六类：苗族古歌，共14本。分别是：《古杂歌》，《古礼歌》，《古阴歌》，《古灰歌》，《古仪歌》，《古玩歌》，《古堂歌》，《古红歌》，《古蓝歌》，《古白歌》，《古人歌》(第一、二册)，《汉译苗族古歌》(第一、二册)。

第七类：历代手抄本扫描，共13本。

本套《丛书》的出版将为抢救、保护、传承、研究这些濒临灭绝的苗族传统文化打牢基础、搭建平台和提供必需的条件；为研究苗族文化，特别是研究苗族巴代文化学、民族学、民俗学、民族宗教学等，以及这些学科的完善和建设做出贡献；为研究、关注苗族文化的专家学者以及来苗族地区的摄影者提供线索与方便。《丛书》的出版，将有力地填补苗族巴代文化学领域里的空缺和促进苗族传统文明、文化体系的完整，使苗族巴代文化成为中华民族文化大花园中的亮丽一簇。

石寿贵
2019年秋于中国苗族巴代文化研究中心

前　言

　　古代的中国苗族，文明、古老，但与世界上的犹太民族一样灾难深重。涿鹿之战后，苗族便进入了漫长的大逃亡、大迁徙的历史时期，也由此成为了没有文字、不通王化、以村寨为社会板块、散居边远山区、封闭保守的民族。基于历史条件的限制与束缚，为了民族的生存和发展，苗族先人以巴代所主持的三大仪式为本民族的显性文化表象，来传承苗族文化的原生基因、本根元素、全准信息等这些只可意会、不可言传的隐性文化实质。因为三大仪式的主持者名为巴代，故其所传承、主导、影响的苗族主流文化又被称为巴代文化。

　　巴代文化简单说来有三大仪式、两大体系、八大板块和三十七种文化。其包括了苗族生存发展、生产生活、伦理道德、物质精神从里到表、方方面面、各个领域的文化，成为有效地记录与传承苗族文化的大乘载体、百科全书以及活化石。巴代文化是带领苗族人民从远古一直走到近代的精神支柱和家园，是苗族文化的根、魂、神、质、形、命的基因实质，是具有苗族代表性的文化符号与品牌，是神秘湘西、文化湘西的基本要素。

　　巴代主要是靠话语来完成祭祀演教的，这话语主要有手势表达和口舌表达两种形式。用手势表达者称为手语，用口舌表达者称为口语。手语的宗教术语叫作手诀，苗语称为"包空包卡"，巴代的手诀共有千余种，其最常用者有三百余种。

　　巴代手诀有四个特点：①手诀的本质属性。②手诀的状象属性。③手诀的方位属性。④手诀的颜色和数字属性。下面将逐一进行说明。

　　（演示）巴代在打手诀之时，总是要先拍几下掌壳，紧接着才打出相应的各种手诀。拍掌壳这个看似非常简单的动作，却充分展现出了中华易经文化的深刻内涵，即上掌壳为天、为乾、为阳、为男、为刚、为动，下掌壳为地、为坤、为阴、为女、为柔、为静。上下掌壳合拍几下，其意表示天地交泰，乾坤交合，男女婚配，刚柔适度，阴阳造化。紧接着所打出的手诀便是这阴阳所造化出的万类万物。阴阳造化的易经文化的核心理念就用这种非常简单的动作给淋漓尽致地展示出来了，这就是巴代文化精华所在。双掌壳的两个大拇指为上方下方，余下的八根手指则为八方，总合而为十方。一只手有5根手指、14节指节，两只手共28节指节，代表着天上的28星宿。又如：奇数为阳，偶数为阴；人的大拇指为阳，余下的4指为阴。大拇指虽然为阳，但其有2节指节，为阴；余下的4指虽然为阴，但每指有3节指节，为阳。这就是阳中有阴、阴中有阳、阴阳同体、共生共存、阴阳造化而生万物的基本原理。在巴代的"十二宫诀"中，(演示)十二宫位既是十二种动物的排列表格，又是上至宇宙、下至生灵的各种密码、信息符号。其不仅是记录年月日时的代名词，还是记录阴阳、数字、颜色、高低、远近、方位、物性等信息的符号。各宫位之间既有规律性很强的相生相合、相辅相成的一面，又有相冲相害、相抵相克的一面。它们既有物质形式的表现，又有精神性质的内核。从微观、狭义上看虽然只是十二种动物，可从宏观、广义上看却是大千世界万物的信息库，巴代仅用十二指节纹线便将它们表现得相当完美与清晰，实在难能可贵。试想：一个电脑键盘尚有百余按键，可巴代的十二宫掌诀却仅有十二个宫位而已，这与《易经》之"太极生阴阳，阴阳生万物"的核心理论吻合得天衣无缝。通过如此的解剖之后，我们不得不被这种高深莫测的哲理所折服。可见"神话—哲学—科学"这三者有一定的内在联系。

拍几下掌壳之后，接下来巴代便要做出相应的手势来表达宇宙世间的千类万物，如大金刀、小金刀、天桥地桥、大炮小炮、大马小马、宝剑钢叉、太阳月亮、风云雷电、山川土石、花草竹木、猪羊牛马、人物耳目、房屋门窗、碗筷瓢盘、书笔文印、高矮短长、数字颜色、工具武器等。在科学尚不发达的古代，这可是一种非常了不起的表达。其上合天文，下合地理，中应人事，包罗万象，世间的千类万物无不尽含其中。由此可见，这手诀在古代可堪称宇宙世间千类万物的精灵、文化的化形。

我们都知道，人类的初始阶段是没有语言的，那时人们用各种手势来进行沟通和交流，表示各种物象。手语是人类最原始的语言，巴代的手诀实际上就是人类最原始语言的传承和延伸。从这个意义上来说，巴代的手诀也可称为人类语言之祖。

手诀是巴代在主持苗族三大仪式中用来表形、表意、表义的一种手语、捷径和方法，是向外界传递信息、跨越语言障碍的一种符号，是与人进行交际、沟通以及塑造神境的一种方式，体现了早期人类智慧和古代文明水平。它作为一种文化基因、元素和信息，被巴代一代一代地传承下来，直到今天仍然没有失去它的本质和价值。

巴代手诀有客师手诀与苗师手诀两大种类。本书展示给读者的客师手诀有992种，苗师手诀有268种，总共1260种。由于篇幅的关系，余下的部分我们以后再作介绍。

目　录

第一篇　客师手诀

第二篇　苗师手诀

第一篇　客师手诀

001. 　名称：天诀 　别名：覆诀 　手法：左手掌朝下。	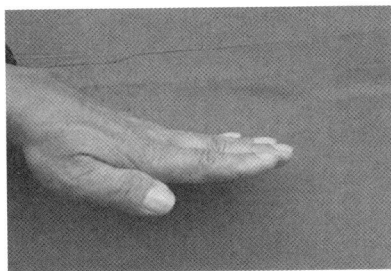
002. 　名称：阴仪诀 　别名：阴诀 　手法：左手掌壳朝下。	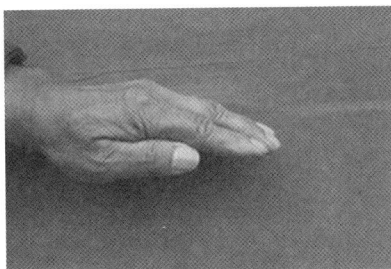
003. 　名称：乾诀 　别名：老翁诀 　手法：左手掌朝上，弯曲大拇 　　　　指。	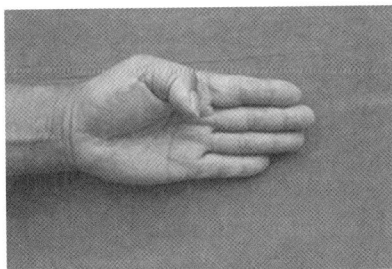
004. 　名称：男诀 　别名：刚健诀 　手法：左手掌朝下，弯曲中指。	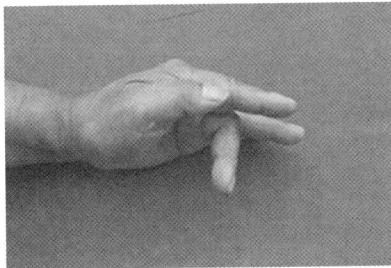

005. 　　名称：盖诀 　　手法：双掌交叉朝下盖。	
006. 　　名称：扑诀 　　手法：双掌朝下。	
007. 　　名称：动诀 　　手法：左手掌朝下，叉开五指。	
008. 　　名称：地诀 　　别名：载诀 　　手法：右手掌朝上。	

009. 名称：阳仪诀 手法：左手掌壳朝上。	
010. 名称：坤诀 别名：老父诀 手法：右手掌朝上，弯曲大拇 　　　指。	
011. 名称：女诀 别名：温柔诀 手法：右手掌朝上，叉开中指 　　　与无名指。	
012. 名称：静诀 手法：右手掌朝上，叉开五指。	

013.

名称：仰诀

手法：右手掌朝上，叉开大拇
　　　指，弯曲四指。

014.

名称：迎奉诀

手法：右手掌朝上，叉开大拇
　　　指。

015.

名称：伏乞诀

别名：讨要诀

手法：右手掌朝上，弯曲四指中
　　　节，弯曲大拇指于掌心。

016.

名称：求诀

别名：发愿诀

手法：右手掌朝上，弯曲小指
　　　与无名指。

017. 名称：造化诀 别名：生发诀 手法：右手上、左手下合拍掌 　　　壳（坤上乾下吉祥交 　　　合）。	
018. 名称：和合诀 别名：和谐诀 手法：双掌相合，四指尖相扣。	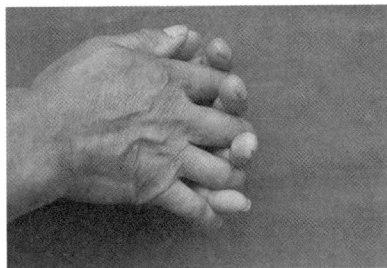
019. 名称：天地交泰诀 别名：吉祥诀 手法：双掌掌根与指尖相对， 　　　合拢。	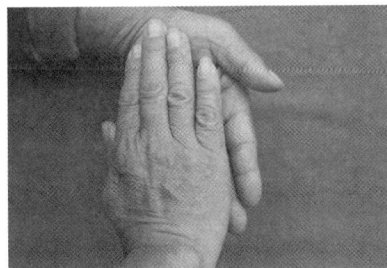
020. 名称：天设地造诀 手法：双掌交叉相合，指尖伸 　　　直。	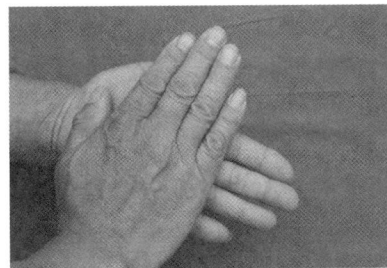

021. 名称：天动地静诀 别名：动静诀 手法：左掌在上，右掌在下。弯曲左手中指抵右掌心。	
022. 名称：阴阳诀 别名：表里诀 手法：左掌朝下，弯曲中指；右掌朝上，中指与无名指叉开；左掌中指抵右掌无名指。	
023. 名称：两仪诀 别名：元始诀 手法：两手掌壳相对，左上右下，中间隔空。	
024. 名称：乾坤诀 别名：老父老母诀 手法：左掌朝下，右掌朝上，各弯曲中指隔空相对。	

025.

名称：交合诀

别名：情爱诀

手法：左掌在上，右掌在下。弯曲左手中指抵右掌之中指与食指的连接处。

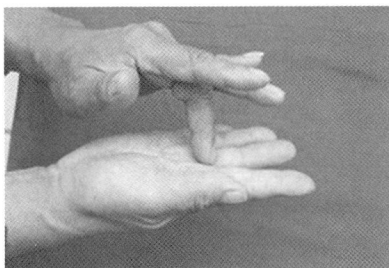

026.

名称：发旺诀

别名：造化万物诀

手法：左掌在上，右掌在下，双掌相对，各叉开五指。

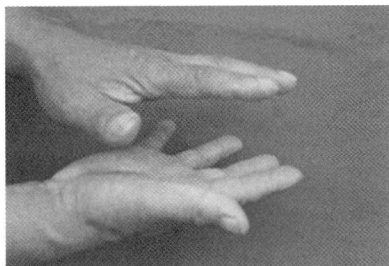

027.

名称：大金刀诀

手法：伸出、并拢左手中指和食指，其余三指弯曲。

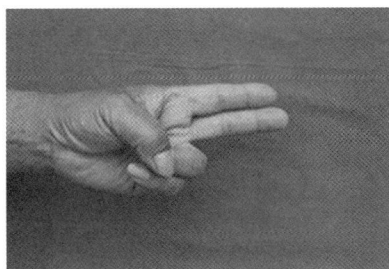

028.

名称：剑诀

手法：伸出、并拢右手中指和食指，其余三指弯曲。

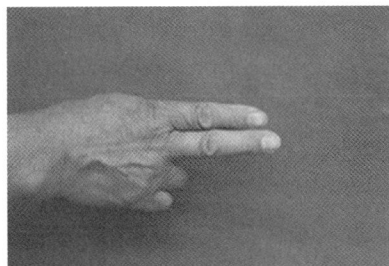

029. 　　名称：刀诀 　　手法：左手掌斜向砍下。	
030. 　　名称：斩诀 　　手法：右手掌斜向砍下。	
031. 　　名称：令箭诀 　　手法：左掌在上，右掌在下。 　　　　　伸出、并拢左手中指和 　　　　　食指，抵右手掌心。	
032. 　　名称：单礼诀 　　别名：叩首诀 　　手法：竖起左手大拇指，朝里 　　　　　弯曲左手无名指。	

033.

名称：双礼诀

别名：双叩首诀

手法：竖起左手大拇指，朝里弯曲左手小指与无名指。

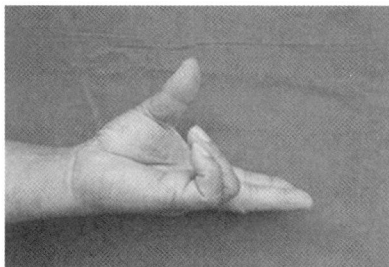

034.

名称：指示诀

别名：指向诀

手法：并拢左手中指和食指，隔空指向右手掌心。

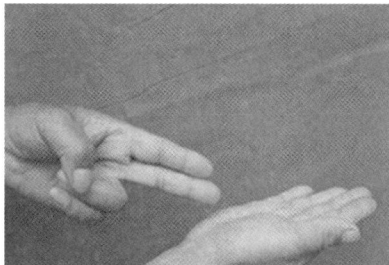

035.

名称：师刀诀

别名：圈刀诀

手法：伸直左手食指，抵于右手大拇指与食指所成之圈的边沿。

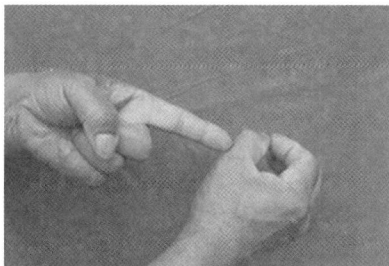

036.

名称：小金刀诀

手法：单伸左手食指。

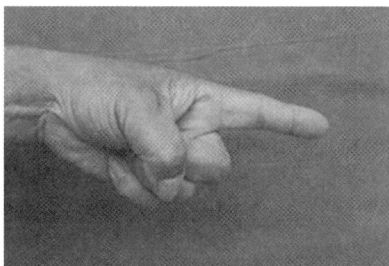

037.	
名称：长枪诀 手法：单伸左手中指。	
038.	
名称：短枪诀 手法：单伸左手无名指。	
039.	
名称：铜棍诀 手法：单伸右手食指。	
040.	
名称：铁棍诀 手法：单伸右手中指。	

041.

名称：铜板诀

手法：左手掌朝下，弯曲食指。

042.

名称：铁板诀

手法：左手掌朝下，弯曲小指。

043.

名称：板子诀

手法：右手掌在上，压左手掌
背面。

044.

名称：夹棍诀

手法：右手掌朝下，叉开中指
与无名指。

045.

名称：链子诀

别名：链诀

手法：左右手大拇指与食指扣
　　　圈相连。

046.

名称：金链子诀

别名：链神诀

手法：左右手大拇指与中指扣
　　　圈相连。

047.

名称：银链子诀

别名：链仙诀

手法：左右手大拇指与无名指
　　　扣圈相连。

048.

名称：铜链子诀

别名：链鬼诀

手法：左右手大拇指与小指扣
　　　圈相连。

049. 　　名称：铁链子诀 　　别名：链妖诀 　　手法：左右手小指与小指相扣。	
050. 　　名称：第三金刀诀 　　手法：伸直左手中指、无名指 　　　　　及小指。	
051. 　　名称：毫光诀 　　手法：左手大拇指抵食指指尖 　　　　　成圈状，弯曲其余三指。	
052. 　　名称：大毫光诀 　　别名：大千光诀 　　手法：左右手大拇指与食指各 　　　　　成圈状，弯曲其余三指。	

053.

名称：神光诀

手法：左手中指抵大拇指指尖
成圈状。

054.

名称：仙光诀

手法：左手无名指抵大拇指指
尖成圈状。

055.

名称：阴光诀

手法：左手小指抵大拇指指尖
成圈状。

056.

名称：千里眼诀

别名：千里照诀

手法：左右手大拇指抵其余四
指指尖成空筒状。

057.	
名称：开光诀 手法：伸直、并拢右手食指和中指，抵左手大拇指与食指所成圈状的边沿。	

058.	
名称：闭光诀 手法：伸直、并拢右手食指和中指，挡左手大拇指与食指所成圈状的圈口。	

059.	
名称：天桥诀 手法：左手掌在前，右手掌接后，双手朝下。	

060.	
名称：地桥诀 手法：左手掌在前，右手掌接后，双手朝上。	

061.

名称：阴桥诀

手法：右手掌在前，左手掌接
后，双手朝下。

062.

名称：阳桥诀

手法：右手掌在前，左手掌接
后，双手朝上。

063.

名称：阴阳二桥诀

手法：左手掌在前，朝上；右
手掌在后，朝下。

064.

名称：叉诀

手法：弯曲左手大拇指、中指
和无名指。

065. 名称：金叉诀 别名：叉神诀 手法：左手大拇指、食指和小指朝前，弯曲中指、无名指；右手竖起大拇指。	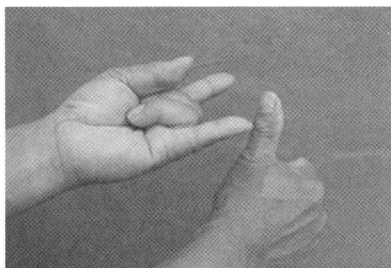
066. 名称：银叉诀 别名：叉仙诀 手法：右手大拇指、食指和小指朝前，弯曲中指、无名指；左手竖起大拇指。	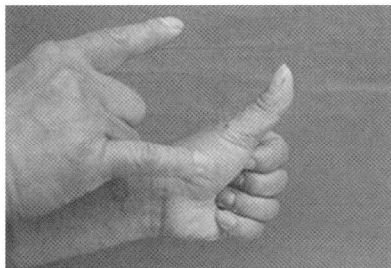
067. 名称：铜叉诀 别名：叉鬼诀 手法：左手大拇指、食指和小指朝前，弯曲中指、无名指；右手竖起小指。	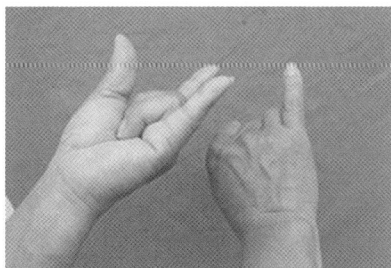
068. 名称：铁叉诀 别名：叉妖诀 手法：右手大拇指、食指和小指朝前，弯曲中指、无名指；左手竖起小指。	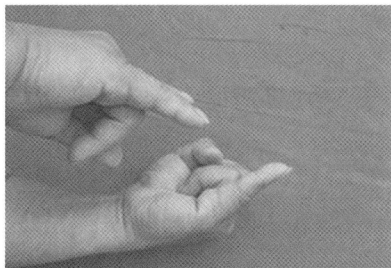

069. 名称：阴阳二叉诀 别名：双叉诀 手法：左右手大拇指、食指和 小指分别朝前，弯曲中 指、无名指。	
070. 名称：钩诀 手法：竖起左手食指，朝上弯 曲成钩状。	
071. 名称：铁钩诀 别名：钩煞诀 手法：左手食指朝下钩，右手 小指抵左手手背。	
072. 名称：铜钩诀 别名：钩鬼诀 手法：左手食指朝下钩，右手 无名指抵左手手背。	

073.

名称：银钩诀

别名：钩仙诀

手法：左手食指朝下钩，右手
中指抵左手手背。

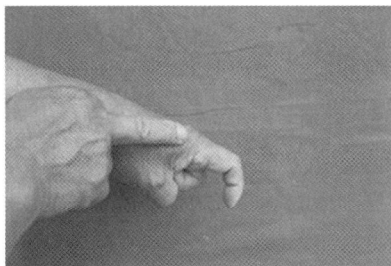

074.

名称：金钩诀

别名：钩神诀

手法：左手食指朝下钩，右手
大拇指抵左手手背。

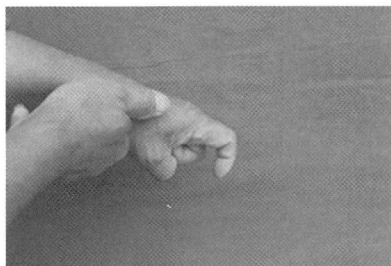

075.

名称：倒钩诀

别名：钩邪诀

手法：左手食指朝下钩，右手
无名指抵于钩上。

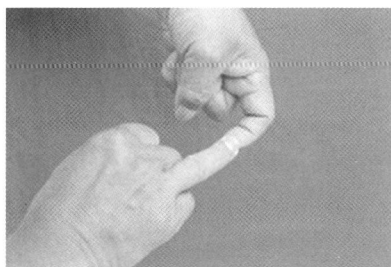

076.

名称：阴钩诀

手法：左右手食指同时朝上
钩。

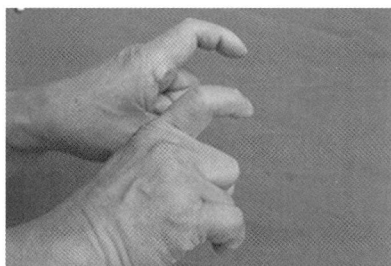

077.	
名称：阳钩诀	
手法：左右手食指同时朝下钩。	
078.	
名称：阴阳二钩诀	
手法：左手食指朝下钩，右手食指朝上钩。	
079.	
名称：钩魂诀	
手法：左手食指朝下钩，钩住右手中指。	
080.	
名称：杀诀	
手法：分别将左右手大拇指夹入中指与无名指间。	

081. 名称：天杀诀 别名：杀恶神诀 手法：左手大拇指夹入食指与 中指间，指尖朝上。	
082. 名称：地杀诀 别名：杀恶鬼诀 手法：左手大拇指夹入中指与 无名指间，指尖朝下。	
083. 名称：杀妖诀 手法：左手大拇指夹入无名指 与小指间，指尖朝前。	
084. 名称：阴杀诀 别名：杀恶仙诀 手法：右手大拇指夹入中指与 无名指间，指尖朝下。	

085. 名称：阳杀诀 别名：杀恶煞诀 手法：右手大拇指夹入中指与 　　　无名指间，指尖朝上。	
086. 名称：杀邪诀 手法：右手大拇指夹入中指与 　　　无名指间，指尖朝前。	
087. 名称：阴阳杀诀 手法：分别将左右手大拇指夹 　　　入中指与无名指间，两 　　　大拇指指尖相对。	
088. 名称：杀蛊婆诀 别名：杀草鬼婆诀 手法：左手大拇指夹入中指与 　　　无名指间，指向右手小 　　　指。	

089.

名称：杀恶风诀

手法：左手大拇指夹入中指与无名指间，指向右手大拇指与食指相抵之圈的边沿。

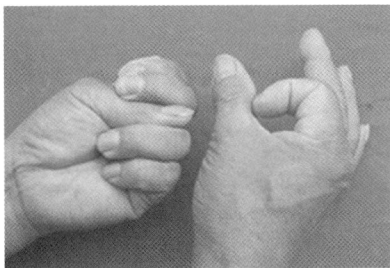

090.

名称：杀怪异诀

手法：左手大拇指夹入中指与无名指间，指向右手无名指。

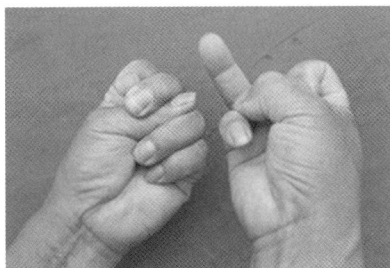

091.

名称：杀诅咒诀

手法：左手大拇指夹入中指与无名指间，指向右手空拳之上口。

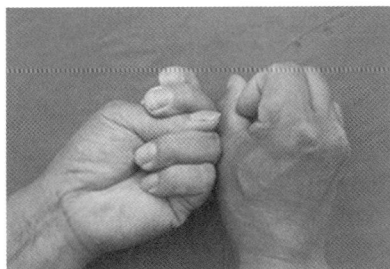

092.

名称：杀毒誓诀

手法：左手大拇指夹入中指与无名指间，指向右手空拳之下口。

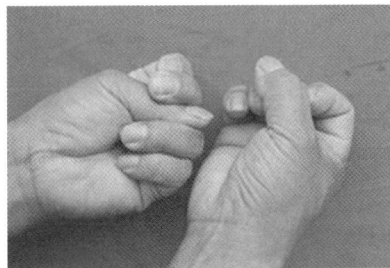

093.

名称：相斗诀

别名：较量诀

手法：分别将左右手大拇指夹
入中指与无名指间，两
大拇指相对而抵。

094.

名称：斗雨诀

手法：分别将左右手大拇指夹
入中指与无名指间，两
拳并拢，两大拇指尖朝
天。

095.

名称：托诀

手法：朝上伸直左手大拇指、
食指与小指，弯曲中指
与无名指。

096.

名称：架碗诀

手法：朝上伸直左手大拇指、
食指和小指，架住朝上
的右手掌。

097. 　　名称：祖师诀 　　手法：左手大拇指抵左手中指 　　　　　中节。	
098. 　　名称：请师诀 　　手法：左手大拇指抵左手中指 　　　　　下节。	
099. 　　名称：叩师诀 　　手法：左手大拇指抵左手中指 　　　　　上节。	
100. 　　名称：加持诀 　　手法：右手大拇指抵右手中指 　　　　　指尖。	

101.	
名称：子宫祖师诀 手法：左手大拇指指尖抵无名 　　　指指根纹线。	

102.	
名称：丑宫祖师诀 手法：左手大拇指指尖抵中指 　　　指根纹线。	

103.	
名称：寅宫祖师诀 手法：左手大拇指指尖抵食指 　　　指根纹线。	

104.	
名称：卯宫祖师诀 手法：左手大拇指指尖抵食指 　　　从上往下第二道纹线。	

105. 　名称：辰宫祖师诀 　手法：左手大拇指指尖抵食指 　　　　从上往下第一道纹线。	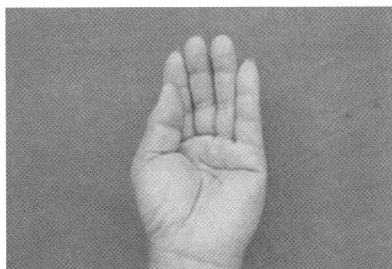
106. 　名称：巳宫祖师诀 　手法：左手大拇指指尖抵食指 　　　　指尖。	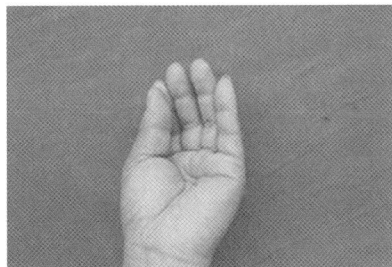
107. 　名称：午宫祖师诀 　手法：左手大拇指指尖抵中指 　　　　指尖。	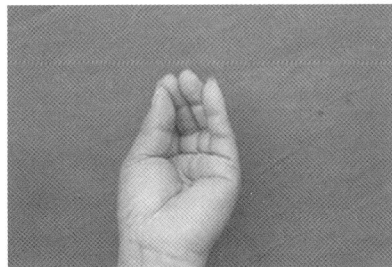
108. 　名称：未宫祖师诀 　手法：左手大拇指指尖抵无名 　　　　指指尖。	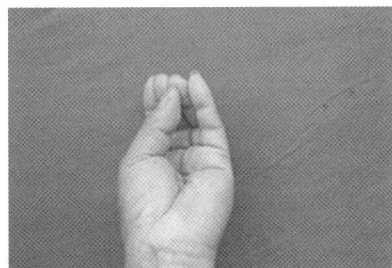

109. 　　名称：申宫祖师诀 　　手法：左手大拇指指尖抵小指 　　　　　指尖。	
110. 　　名称：酉宫祖师诀 　　手法：左手大拇指指尖抵小指 　　　　　从上往下第一道纹线。	
111. 　　名称：戌宫祖师诀 　　手法：左手大拇指指尖抵小指 　　　　　从上往下第二道纹线。	
112. 　　名称：亥宫祖师诀 　　手法：左手大拇指指尖抵小指 　　　　　指根纹线。	

113. 名称：护师诀 手法：左右手做祖师诀，左下 右上相抵。	
114. 名称：罩师诀 手法：左手做祖师诀，用右手 掌盖住。	
115. 名称：保师诀 手法：左手做祖师诀，用右手 掌盖住，右手大拇指与 食指指尖相抵成圈。	
116. 名称：藏师诀 手法：左手做祖师诀，用右手 掌壳盖住。	

117. 名称：念师诀 手法：左手做祖师诀，左手中指指尖抵右手大拇指与食指所成圆圈边沿。	
118. 名称：拜师诀 手法：左手做祖师诀，右手中指伸直，抵左手大拇指指根。	
119. 名称：嘱师诀 手法：左手做祖师诀在前，右手中指伸直，抵左手大拇指指根。	
120. 名称：敬师诀 手法：左手做祖师诀在前，右手食指伸直，抵左手大拇指指根。	

121.	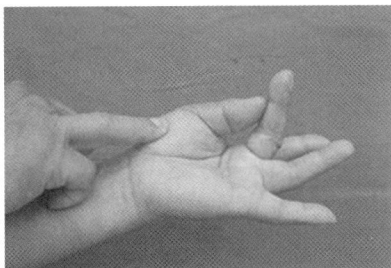
名称：侍师诀 **手法**：左手做祖师诀，右手无名指伸直，抵左手大拇指指根。	

122.	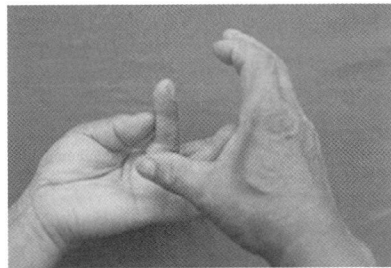
名称：观想诀 **手法**：左手做祖师诀，左手中指指尖抵右手大拇指与食指所成之圈的边沿。	

123.	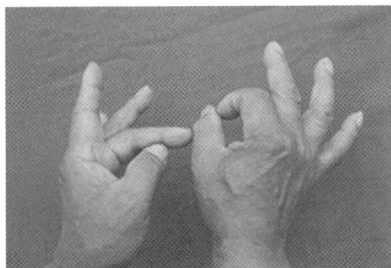
名称：礼师诀 **手法**：左手做祖师诀，在前；弯曲右手食指，按在左手大拇指根部，成上翘状。	

124.	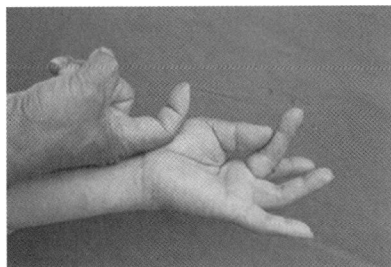
名称：浴神诀 **手法**：左手做祖师诀，右手叉开，护住左手。	

125.	
名称：沐浴诀 手法：左手做祖师诀，用右手大拇指与食指所成之圈护住。	

126.	
名称：祖师藏身诀 手法：左右手做祖师诀，两中指指尖横向相抵。	

127.	
名称：回身诀 手法：左手中指弯曲，其余手指伸直。	

128.	
名称：保身诀 手法：右手大拇指置于左手掌心。	

129.	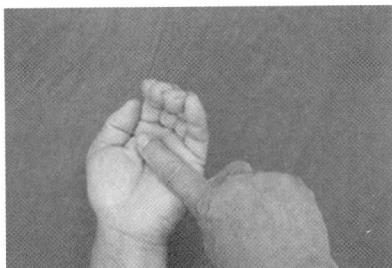

名称：藏身诀
    手法：右手食指置于左手掌
          心，弯曲左手手指虚包
          住右手食指。	

130.	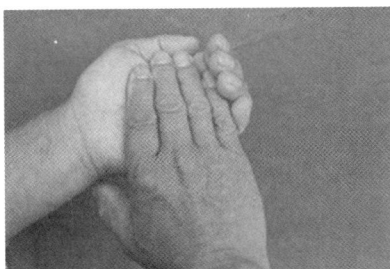

名称：藏魂诀
    手法：左手食指置于右手掌
          心，弯曲右手手指虚包
          住左手食指。	

131.	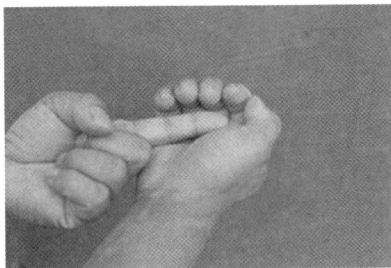

名称：保命诀
    手法：左手大拇指置于右手掌
          心，弯曲右手手指虚包
          住左手大拇指。	

132.	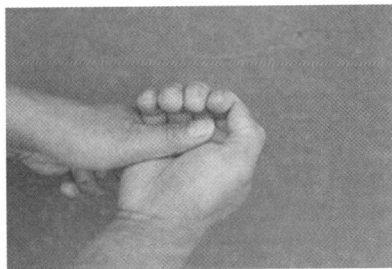

名称：保众信诀
    手法：右手食指、中指、无名
          指、小指并拢，指贴于
          左手掌，弯曲左手手指
          虚包住该四指。	

133.

名称：保财诀

手法：左手食指与中指并拢贴于右手掌，弯曲右手手指虚包住左手两指。

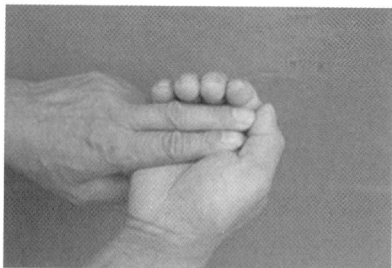

134.

名称：保五谷诀

手法：左手中指与无名指并拢贴于右手掌，弯曲右手手指虚包住左手两指。

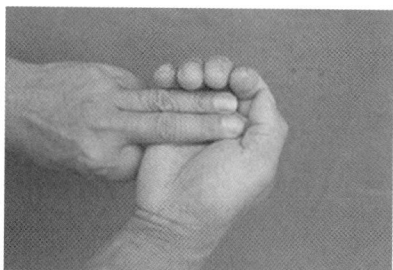

135.

名称：保六畜诀

手法：左手无名指与小指并拢贴于右手掌，弯曲右手手指虚包住左手两指。

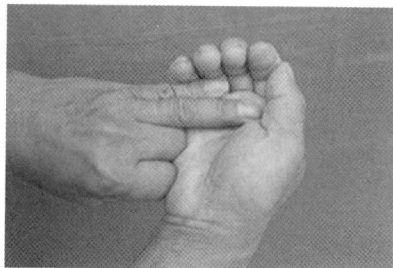

136.

名称：保眷属诀

手法：左手食指、中指和无名指并拢贴于右手掌，弯曲右手手指虚包住左手三指。

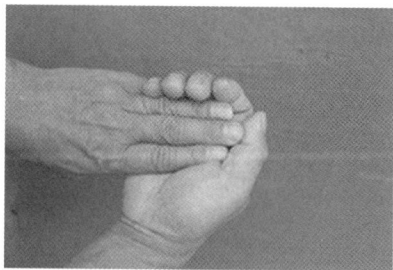

137. 　　名称：保安诀 　　手法：左掌在上，右掌在下， 　　　　　弯曲四指，两掌紧贴， 　　　　　大拇指扣住。	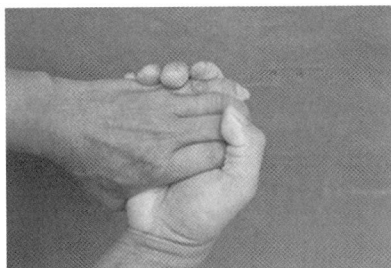
138. 　　名称：收祚诀 　　手法：左右手分别以大拇指指 　　　　　尖与中指中节相抵，顺 　　　　　时针互绕。	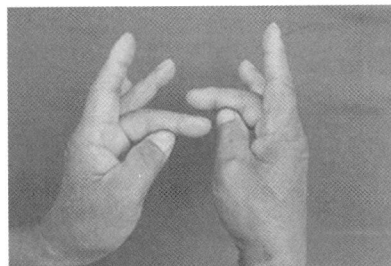
139. 　　名称：莲华顺收诀 　　手法：左右手做祖师诀，顺时 　　　　　针互绕。	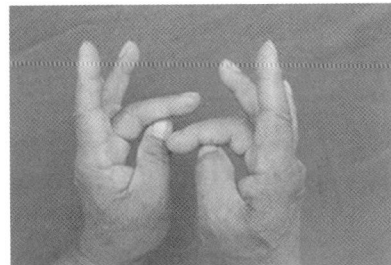
140. 　　名称：莲华逆收诀 　　手法：左右手做祖师诀，逆时 　　　　　针互绕。	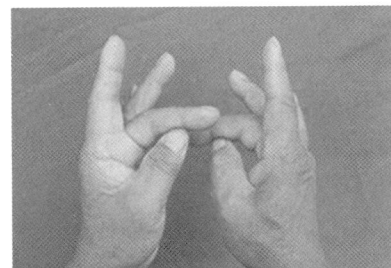

141.

名称：收邪诀

手法：左手做祖师诀，左手在
上，朝下抵右手手背之
小指。

142.

名称：收瘟诀

手法：左手做祖师诀，左手在
上，朝下抵右手手背之
无名指。

143.

名称：收灾殃诀

手法：左手做祖师诀，左手在
上，朝下抵右手手背之
中指。

144.

名称：收灾祸诀

手法：左手做祖师诀，左手在
上，朝下抵右手手背之
食指。

145.
　名称：收口嘴诀
　手法：左手做祖师诀，左手中
　　　　指指尖抵右手大拇指与
　　　　食指所成之圈边沿。

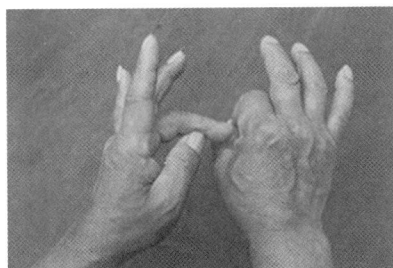

146.
　名称：收官非诀
　手法：左手做祖师诀，左手在
　　　　上，朝下抵右手手背之
　　　　大拇指。

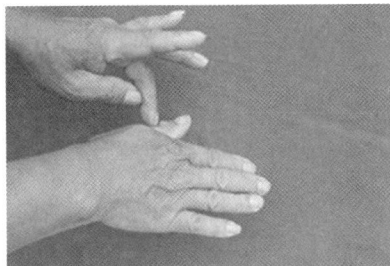

147.
　名称：收病魔诀
　手法：左手做祖师诀，左手在
　　　　上，朝下抵右手手背之
　　　　食指指尖，向下扫。

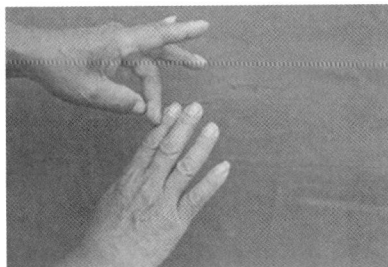

148.
　名称：收怪异诀
　手法：左手做祖师诀，左手在
　　　　上，朝下抵右手手背之
　　　　小指指尖，向下扫。

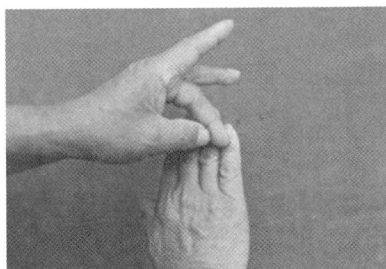

149.

名称：收关煞诀

手法：左手做祖师诀，左手在上，朝下抵右手手背之中指指尖，向下扫。

150.

名称：收火灾诀

手法：左手做祖师诀，左手在上，朝下抵右手手背之中指指根，向上扫至中指指尖。

151.

名称：收水灾诀

手法：左手做祖师诀，左手在上，朝下抵右手手背之无名指指根，向上扫至无名指指尖。

152.

名称：收盗贼诀

手法：左手做祖师诀，左手在上，朝下抵右手手背之食指指根，向上扫至食指指尖。

153.

名称：收抢犯诀

手法：左手做祖师诀，左手在
上，朝下抵右手大拇指
指根，向上扫至指尖。

154.

名称：收魂诀

手法：左右手做祖师诀，顺时
针互绕三圈后两手交
叉，藏于腋窝内。

155.

名称：通用收魂诀

手法：左手做祖师诀，右手叉
开，从上往下盖住左手。

156.

名称：通用养老诀

手法：左手做祖师诀，右手在
上，大拇指顺时针绕左
手。

157.

名称：三子登仙养老诀

手法：左手做祖师诀，右手在上，食指顺时针绕左手。

158.

名称：五子登仙养老诀

手法：左手做祖师诀，右手在上，中指顺时针绕左手。

159.

名称：七子登仙养老诀

手法：左手做祖师诀，右手在上，无名指顺时针绕左手。

160.

名称：九子登仙养老诀

手法：左手做祖师诀，右手在上，小指顺时针绕左手。

161.

名称：化水诀

手法：左手做托诀在前；右手做剑诀在后，指向左手。

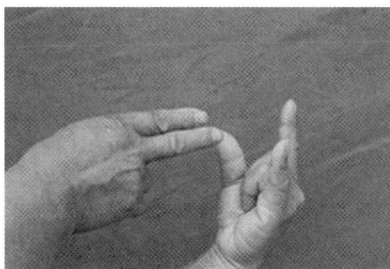

162.

名称：龙王吐水诀

手法：左手在前做碗诀；右手在后叉开大拇指与其余四指成龙口状，与左手相向。

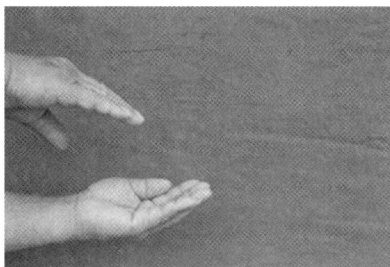

163.

名称：双龙吐水诀

手法：左手在前做碗诀；右手在后并拢食指与中指，与左手相向。

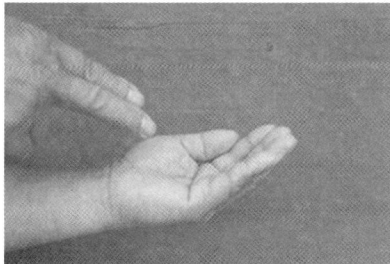

164.

名称：三龙吐水诀

手法：左手在前做碗诀；右手在后并拢食指、中指和无名指，与左手相向。

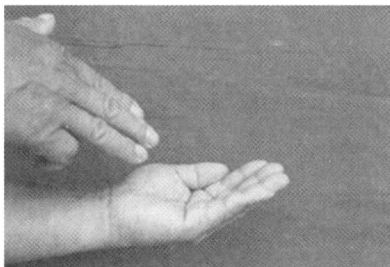

165. 　　名称：五龙吐水诀 　　手法：左手在前做碗诀；右手 　　　　　在后并拢五指，与左手 　　　　　相向。	
166. 　　名称：化符诀 　　手法：右手在上做剑诀，对左 　　　　　手掌指画。	
167. 　　名称：化井诀 　　手法：右手在上做剑诀，对左 　　　　　手掌画一"井"字。	
168. 　　名称：化牢井诀 　　手法：右手在上做剑诀，点左 　　　　　手空拳口。	

169.

名称：天牢地井诀

手法：左手空拳口与右手空拳
　　　口相对。

170.

名称：点穴诀

手法：伸左掌，右手做剑诀点
　　　左手中指中节。

171.

名称：点子穴诀

手法：右手大拇指指尖点无名
　　　指指根纹线。

172.

名称：点丑穴诀

手法：右手大拇指指尖点中指
　　　指根纹线。

173.

名称：点寅穴诀

手法：右手大拇指指尖点食指
指根纹线。

174.

名称：点卯穴诀

手法：右手大拇指指尖点食指
从上往下第二道纹线。

175.

名称：点辰穴诀

手法：右手大拇指指尖点食指
从上往下第一道纹线。

176.

名称：点巳穴诀

手法：右手大拇指指尖点食指
指尖。

177.	
名称：点午穴诀 手法：右手大拇指指尖点中指 指尖。	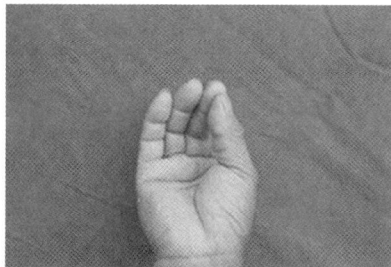

178.	
名称：点未穴诀 手法：右手大拇指指尖点无名 指指尖。	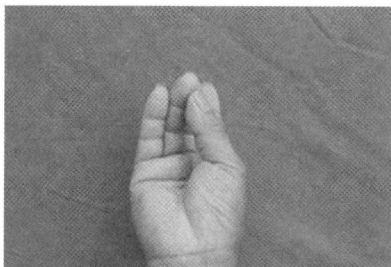

179.	
名称：点申穴诀 手法：右手大拇指指尖点小指 指尖。	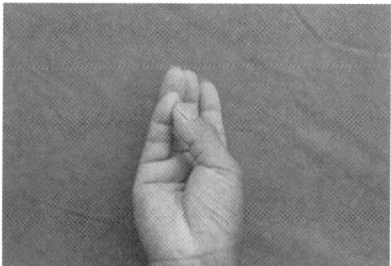

180.	
名称：点酉穴诀 手法：右手大拇指指尖点小指 从上往下第一道纹线。	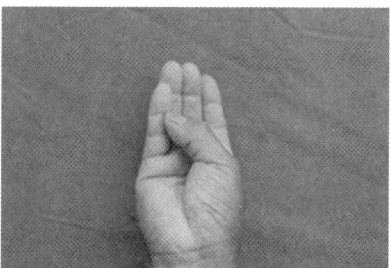

181. 名称：点戌穴诀 手法：右手大拇指指尖点小指 　　　从上往下第二道纹线。	
182. 名称：点亥穴诀 手法：右手大拇指指尖点小指 　　　指根纹线。	
183. 名称：撑诀 手法：右手食指竖起，向上抵 　　　住左手掌掌背。	
184. 名称：铜撑诀 手法：右手中指竖起，向上抵 　　　住左手掌掌背。	

185.

名称：铁撑诀

手法：右手无名指竖起，向上抵住左手掌掌背。

186.

名称：撑天诀

手法：右手大拇指竖起，向上抵住左手掌掌背。

187.

名称：撑地诀

手法：右手中指竖起，向上抵住左手掌掌心。

188.

名称：撑井诀

手法：右手食指横抵于左手空拳上方。

189.

名称：撑牢诀
手法：右手食指横抵于左手空
拳下方。

190.

名称：锁诀
手法：左右两手大拇指相扣。

191.

名称：金锁诀
别名：锁神诀
手法：左右两手中指相扣。

192.

名称：银锁诀
别名：锁仙诀
手法：左右两手食指相扣。

193.
　　名称：铜锁诀
　　别名：锁鬼诀
　　手法：左右两手无名指相扣。

194.
　　名称：铁锁诀
　　别名：锁妖诀
　　手法：左右两手小指相扣。

195.
　　名称：阴锁诀
　　手法：左手大拇指在下，扣住
　　　　　右手剑诀。

196.
　　名称：阳锁诀
　　手法：右手大拇指在下，扣住
　　　　　左手剑诀。

197.

名称：双锁诀

手法：左右手做剑诀相扣。

198.

名称：单锁诀

手法：左手食指扣住右手中指。

199.

名称：倒锁诀

手法：左手无名指扣住右手中
　　　指。

200.

名称：锁坛诀

手法：右手大拇指、中指扣住
　　　左手祖师诀之里圈。

201.

名称：锁链诀

手法：左手中指钩住右手大拇指与食指所成的圈。

202.

名称：双锁钥诀

手法：左手大金刀诀包在右手空拳内。

203.

名称：单锁钥诀

手法：左手食指包在右手空拳内。

204.

名称：倒锁钥诀

手法：左手食指在下，倒刺入右手空拳。

205. 　　名称：锁头诀 　　手法：左手大拇指与食指成 　　　　　圈，套于右手竖起的大 　　　　　拇指上。	
206. 　　名称：锁腰诀 　　手法：左手大拇指与食指成 　　　　　圈，套于右手竖起的食 　　　　　指上。	
207. 　　名称：锁尾诀 　　手法：左手大拇指与食指成 　　　　　圈，套于右手竖起的小 　　　　　指上。	
208. 　　名称：锁身诀 　　手法：左手大拇指与食指成 　　　　　圈，套于右手竖起的中 　　　　　指上。	

209.

名称：锁邪诀

手法：左手大拇指与食指成
圈，套于右手竖起的无
名指上。

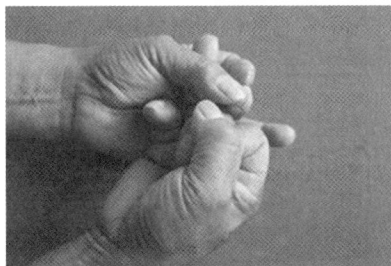

210.

名称：锁心诀

手法：左手做大金刀诀；右手
做剑诀，扣于左手食指、
中指上。两手之大拇指
与小指指尖相抵成圈
状。

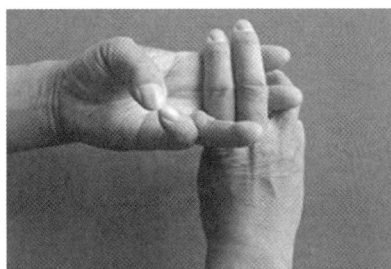

211.

名称：锁下坛诀

手法：右手做剑诀，扣于左手
小指上。

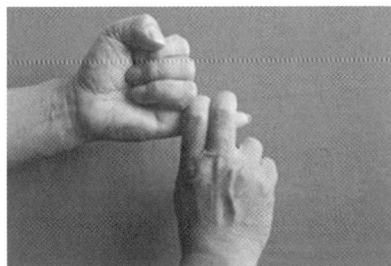

212.

名称：锁阴界诀

手法：左手做大金刀诀，扣于
右手无名指上。

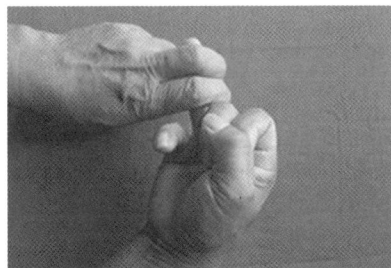

213. 　名称：锁阳界诀 　手法：左手做剑诀，扣于右手 　　　　中指上。	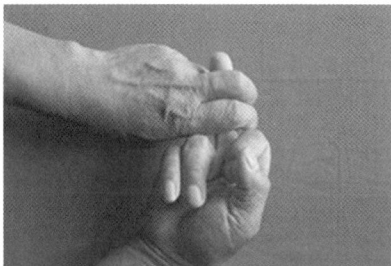
214. 　名称：锁天门诀 　手法：左手用大拇指、食指相 　　　　抵成圈，伸直其余三指； 　　　　右手食指及小指伸直， 　　　　两大拇指指背相抵。	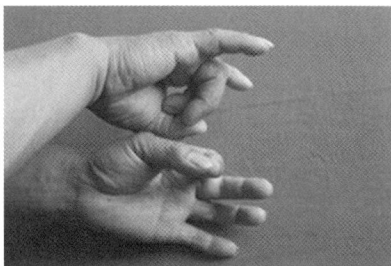
215. 　名称：锁地门诀 　手法：左手用大拇指指尖抵小 　　　　指指尖成圈，伸直其余 　　　　三指；右手食指及小指 　　　　伸直，朝下抵于左手掌， 　　　　成一门状。	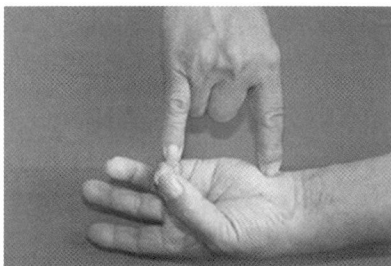
216. 　名称：锁东诀 　手法：右手做剑诀，置于左手 　　　　大拇指与食指指尖相抵 　　　　而成的圈之上。	

217. 　　名称：锁南诀 　　手法：右手做剑诀，插入左手 　　　　　大拇指与中指指尖相抵 　　　　　而成的圈内。	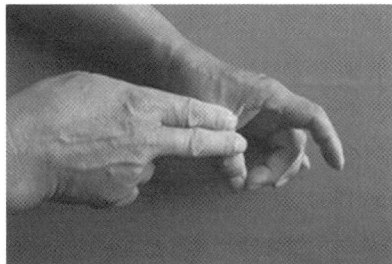
218. 　　名称：锁西诀 　　手法：右手做剑诀，插入左手 　　　　　大拇指与无名指指尖相 　　　　　抵而成的圈内。	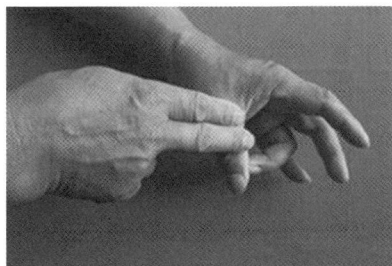
219. 　　名称：锁北诀 　　手法：右手做剑诀，插入左手 　　　　　大拇指与小指指尖相抵 　　　　　而成的圈内。	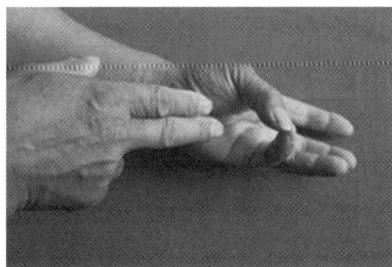
220. 　　名称：锁中央诀 　　手法：右手做剑诀，插入左手 　　　　　大拇指与其余四指指尖 　　　　　相抵而成的圈内。	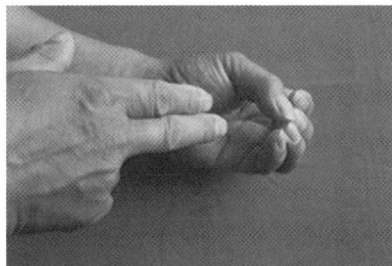

221.

　　名称：链诀

　　别名：锁链诀

　　手法：左右手大拇指、中指各
　　　　　相抵成圈后相套。

222.

　　名称：铁链诀

　　别名：链妖诀

　　手法：左手大拇指与食指相抵
　　　　　成圈，套在右手大拇指
　　　　　与小指相抵之圈内。

223.

　　名称：铜链诀

　　别名：链鬼诀

　　手法：左手大拇指与食指相抵
　　　　　成圈，套在右手大拇指
　　　　　与无名指相抵之圈内。

224.

　　名称：银链诀

　　别名：链仙诀

　　手法：左手大拇指与食指相抵
　　　　　成圈，套在右手大拇指
　　　　　与食指相抵之圈内。

225.

　名称：金链诀

　别名：链神诀

　手法：左手大拇指与食指相抵
　　　　成圈，套在右手大拇指
　　　　与中指相抵之圈内。

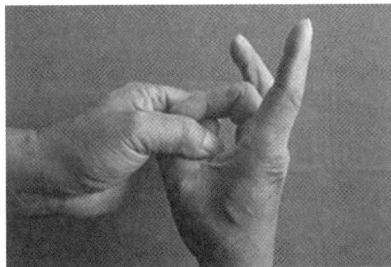

226.

　名称：阴链诀

　手法：右手大拇指与食指相抵
　　　　成圈，套在左手大拇指
　　　　与食指相抵之圈内。

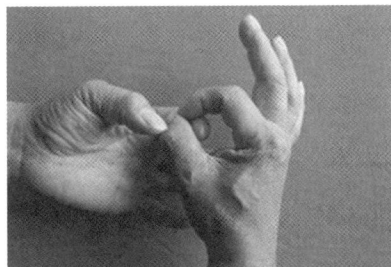

227.

　名称：阳链诀

　手法：右手大拇指与食指相抵
　　　　成圈，套在左手大拇指
　　　　与中指相抵之圈内。

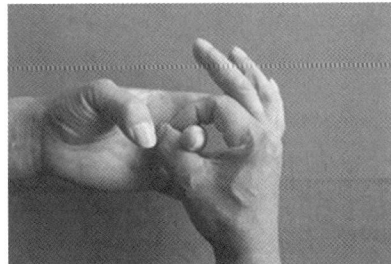

228.

　名称：扣链诀

　手法：右手大拇指与食指相抵
　　　　成圈，套在左手大拇指
　　　　与无名指相抵之圈内。

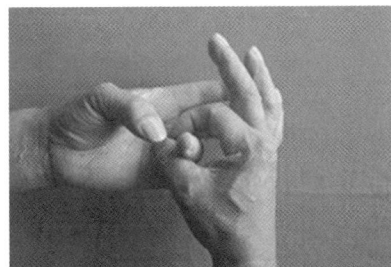

229. 　　名称：捆链诀 　　手法：右手大拇指与食指相抵 　　　　　成圈，套在左手大拇指 　　　　　与小指相抵之圈内。	
230. 　　名称：连环诀 　　手法：左右手大拇指与食指、 　　　　　中指相抵成圈互套。	
231. 　　名称：锁链诀 　　手法：左右手大拇指与中指、 　　　　　无名指相抵成圈互套。	
232. 　　名称：死链诀 　　手法：左右手大拇指与无名指、 　　　　　小指相抵成圈互套。	

233.

名称：宝盖诀

别名：天护诀

手法：两手掌向下，左下右上
交叉重叠。

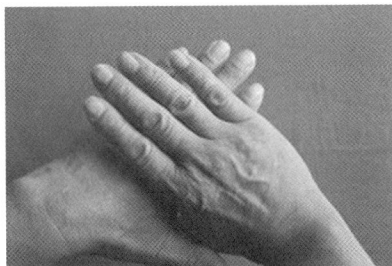

234.

名称：铜宝盖诀

手法：两手掌向下，左下右上
交叉重叠，曲收右手小
指。

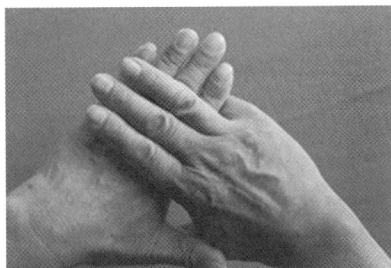

235.

名称：铁宝盖诀

手法：两手掌向下，左下右上
交叉重叠，曲收右手小
指与无名指。

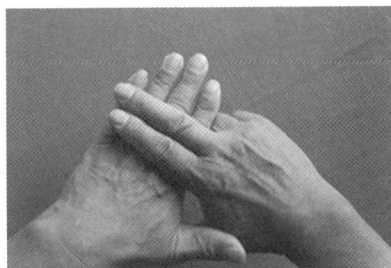

236.

名称：金宝盖诀

手法：手掌向下，右下左上交
叉重叠盖，曲收左手小
指。

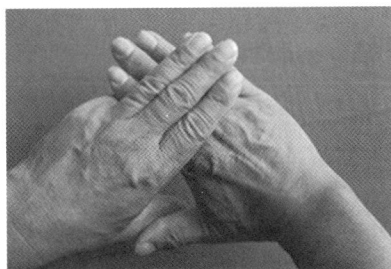

237.

名称：金铁银宝盖诀

手法：两手掌向下，左下右上
各收小指后，交叉重叠。

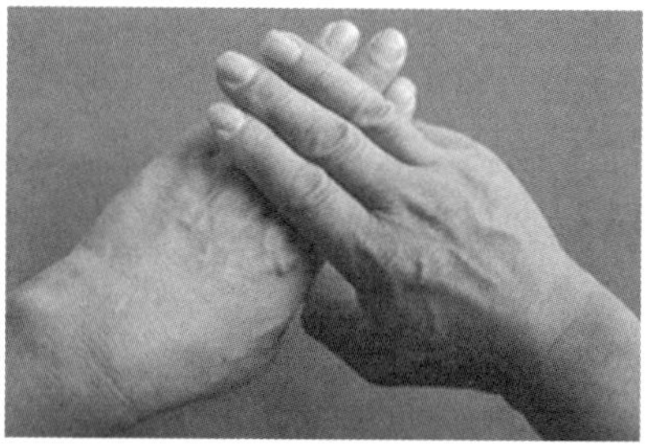

238.

名称：盖天诀

手法：左右两手掌相并朝上。

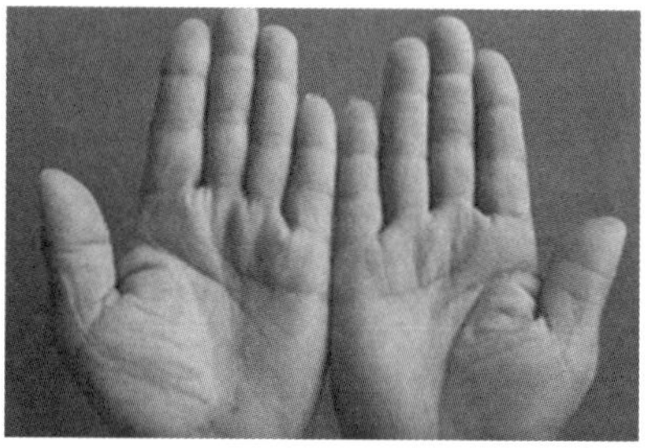

239.

名称：盖地诀

手法：左右两手掌相并朝下。

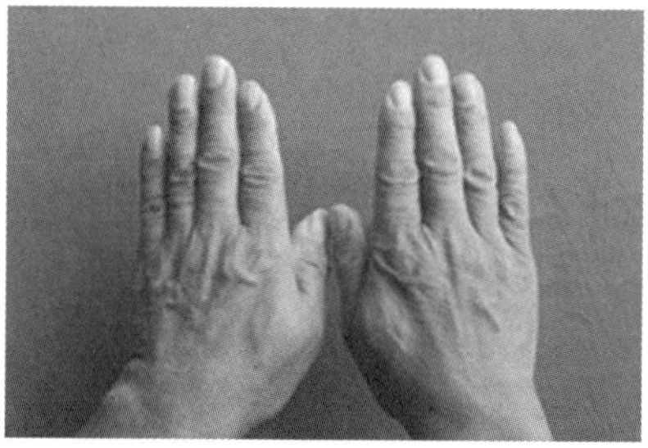

240.

名称：盖阴诀

手法：左右两手掌交叉相隔朝
上。

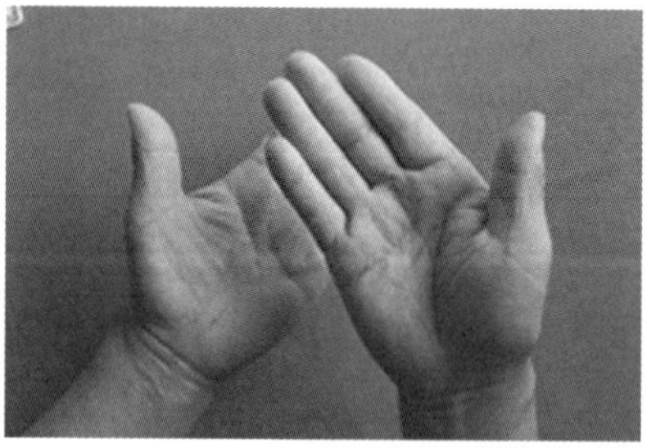

241.	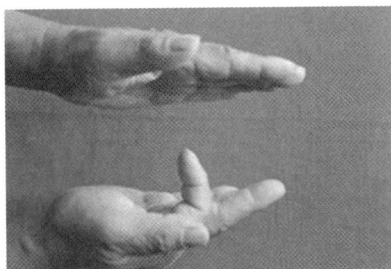
名称：盖阳诀 手法：左右两手掌交叉相隔朝下。	
242.	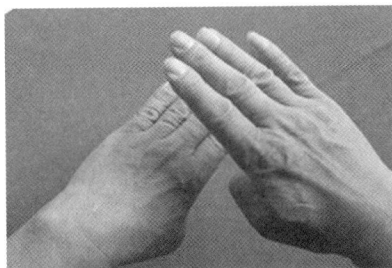
名称：盖东诀 手法：左掌壳在上，盖右手掌，右手掌平放后竖起食指。	
243.	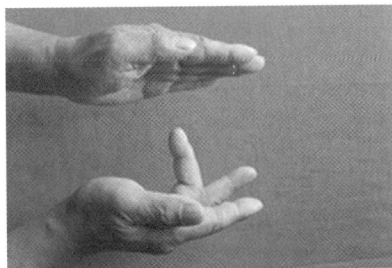
名称：盖南诀 手法：左掌壳在上，盖右手掌，右手掌平放后竖起中指。	
244.	
名称：盖西诀 手法：左掌壳在上，盖右手掌，右手掌平放后竖起无名指。	

245.

名称：盖北诀

手法：左掌壳在上，盖右手掌，右手掌平放后竖起小指。

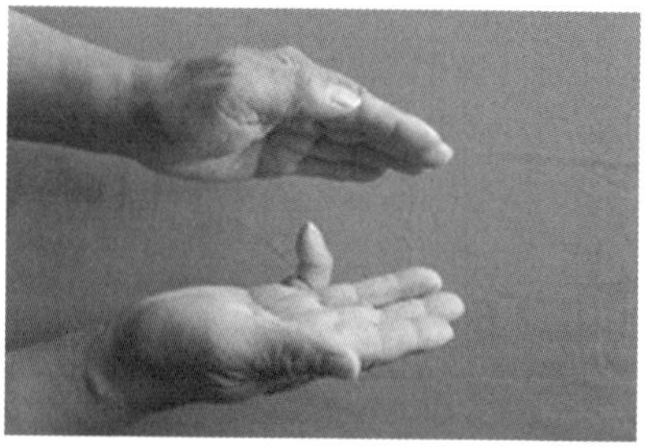

246.

名称：盖中诀

手法：左掌壳在上，盖右手掌，右手掌平放后五指并拢。

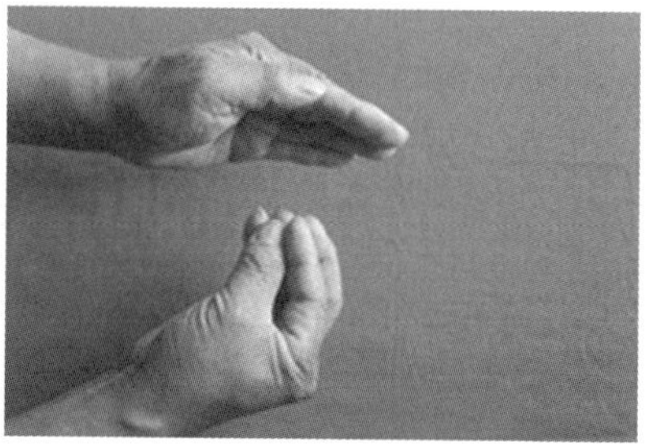

247.

名称：盖坛诀

手法：左掌壳在上，盖右手掌，右手掌在下，做祖师诀。

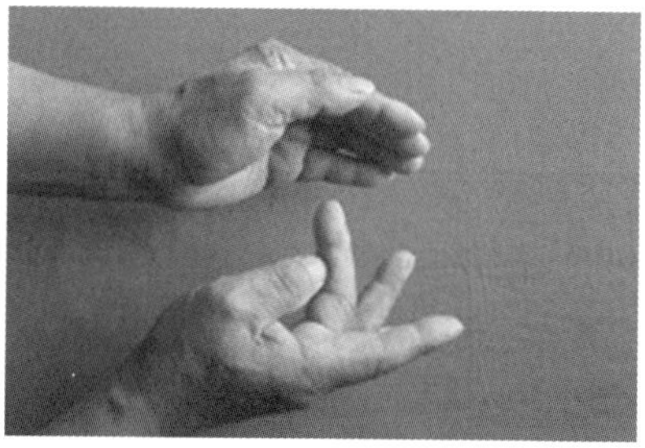

248.

名称：盖堂诀

手法：左掌壳在上，盖右手掌，右手掌平放后叉开五指并弯曲。

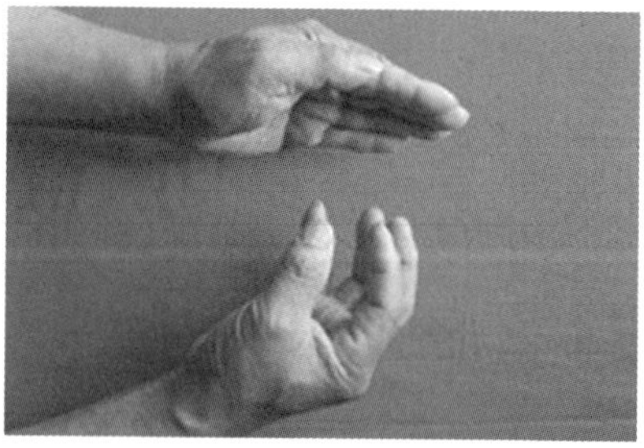

249.
　　名称：盖伞诀
　　手法：左掌壳在上，盖右手掌，
　　　　　右手掌竖起做剑诀。

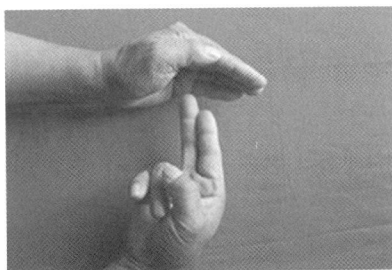

250.
　　名称：镇压诀
　　手法：右手做剑诀，斜抵在左
　　　　　手掌掌背上。

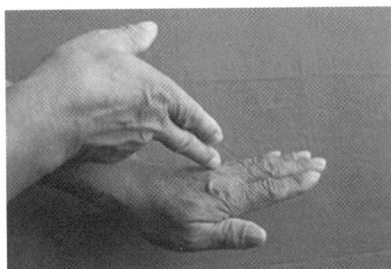

251.
　　名称：压邪诀
　　手法：右手食指斜抵在左手掌
　　　　　掌背上。

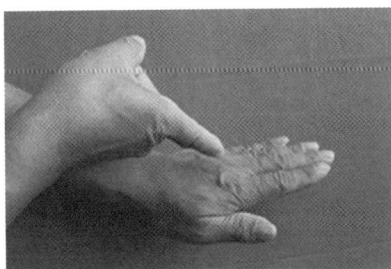

252.
　　名称：压怪诀
　　手法：右手小指与无名指并拢，
　　　　　抵在左手掌掌背上。

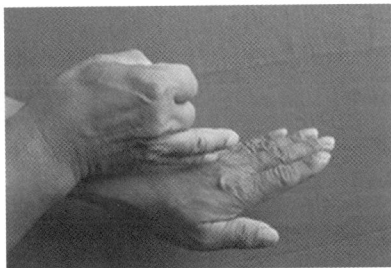

253.

名称：压病诀

手法：右手中指抵在左手掌掌
背上。

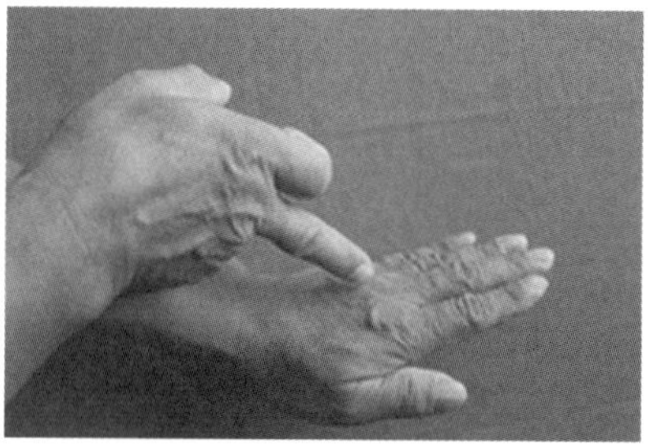

254.

名称：压鬼诀

手法：右手中指与无名指并拢，
抵在左手掌掌背上。

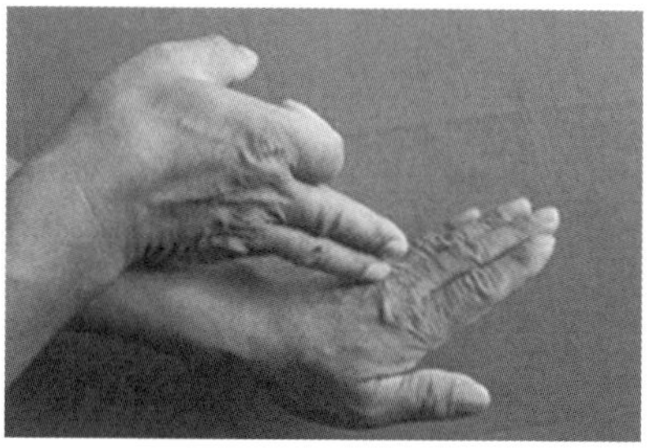

255.

名称：压灾诀

手法：右手食指抵在左手掌掌
背上。

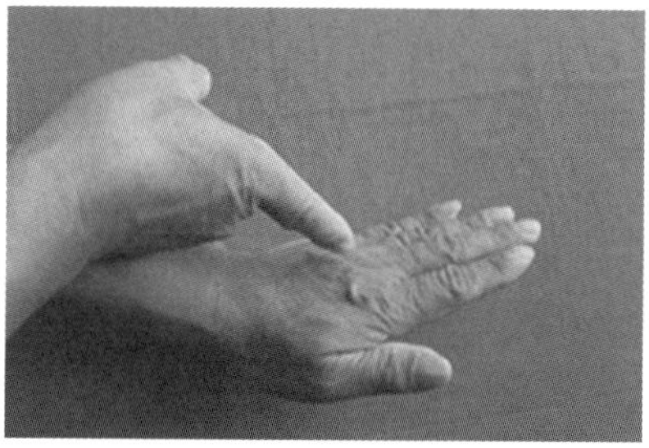

256.

名称：压恶诀

手法：右手食指与中指抵在左
手掌掌背上。

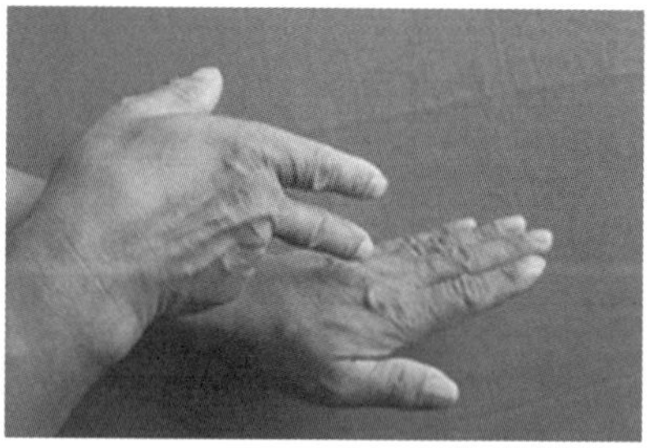

257.

名称：压口嘴诀

别名：压是非诀

手法：右手大拇指与食指相抵成圈，余下三指叉开，小指指尖抵在左手掌掌背上。

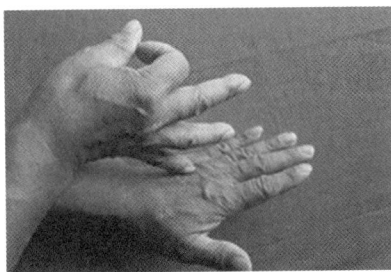

258.

名称：压官非诀

别名：压诉讼诀

手法：右手大拇指与中指相抵成圈，余下三指叉开，小指指尖抵在左手掌掌背上。

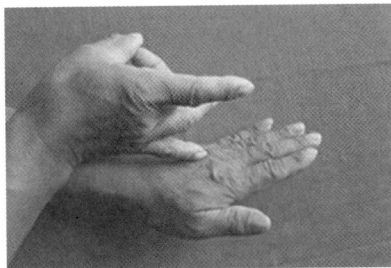

259.

名称：压火诀

手法：右手大拇指与无名指相抵成圈，余下三指叉开，小指指尖抵在左手掌掌背上。

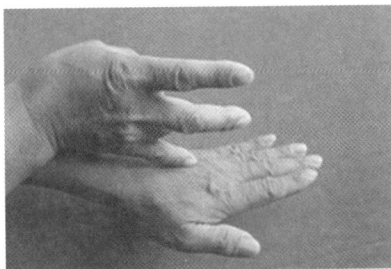

260.

名称：压野心诀

手法：右手大拇指与小指相抵成圈，余下三指指尖抵在左手掌掌背上。

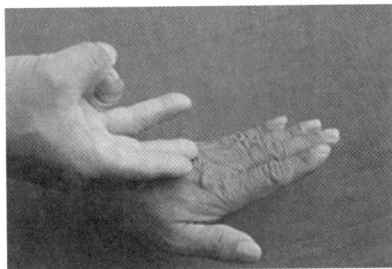

261.

名称：压狂妄诀

手法：右手大拇指与余下四指
相抵成圈后，压在左手
掌掌背上。

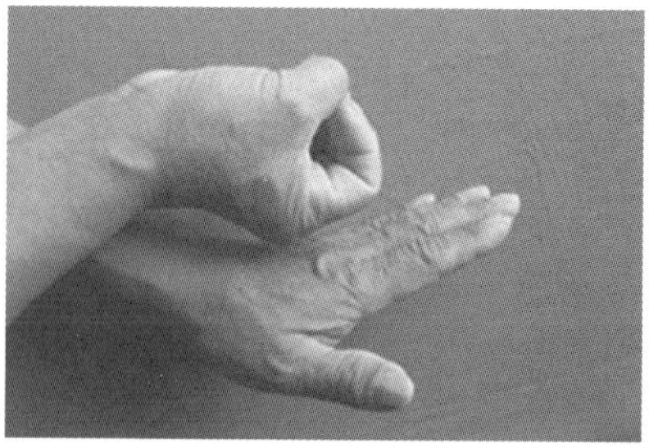

262.

名称：压嚣张诀

手法：右手大拇指以剑诀相抵
成圈后，压在左手掌掌
背上。

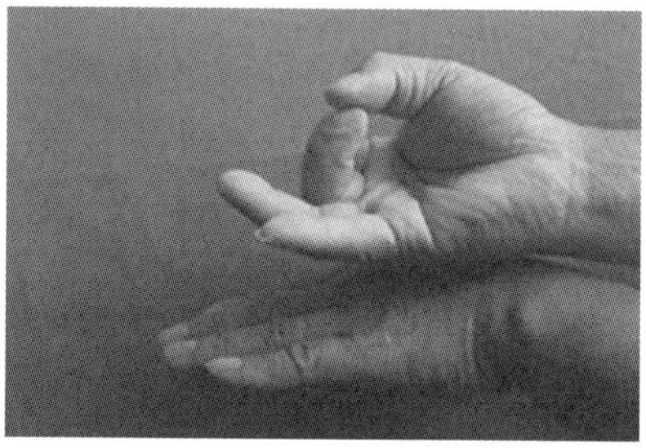

263.

名称：压头诀

手法：右手握空拳后竖起大拇
指，压在左手掌掌背
上。

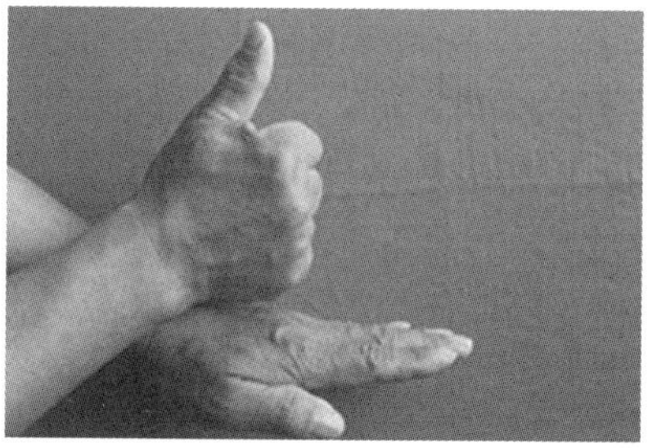

264.

名称：压煞诀

手法：右手握空拳后竖起大拇
指、伸直食指，压在左
手掌掌背上。

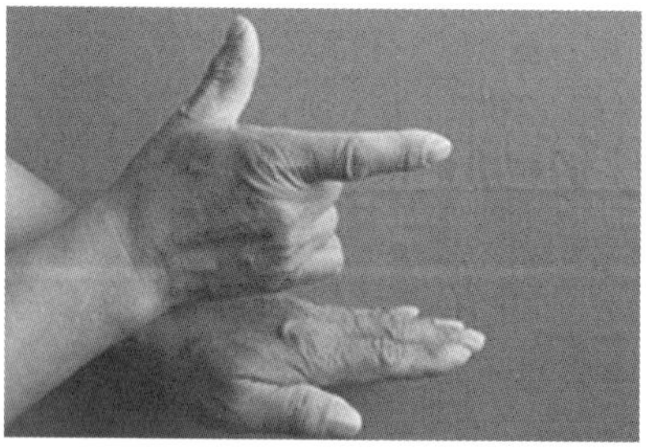

265.	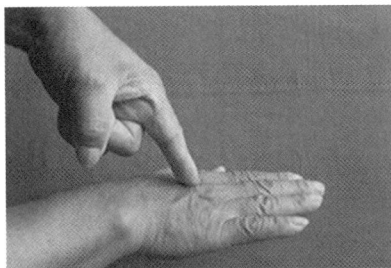
名称：压东诀 手法：左手握拳，伸直食指，抵在右手掌掌背上。	

266.	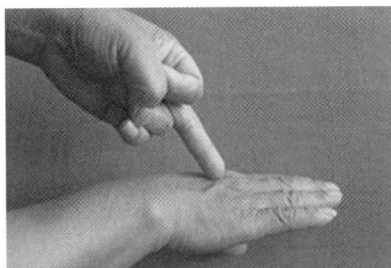
名称：压南诀 手法：左手握拳，伸直中指，抵在右手掌掌背上。	

267.	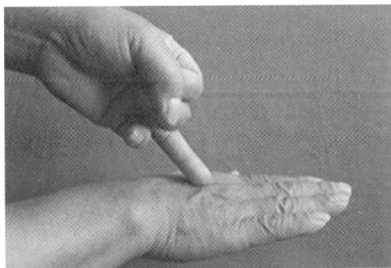
名称：压西诀 手法：左手握拳，伸直无名指，抵在右手掌掌背上。	

268.	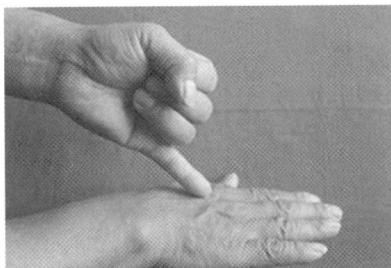
名称：压北诀 手法：左手握拳，伸直小指，抵在右手掌掌背上。	

269. 名称：压中诀 手法：左手并拢五指，抵在右手掌掌背上。	
270. 名称：封诀 手法：左手掌竖起，以掌心封住右手空拳口。	
271. 名称：封牢诀 手法：左手掌在上，盖住右手空拳，右手小指伸直。	
272. 名称：封井诀 手法：左手掌在上，盖住右手空拳，右手食指伸直。	

273.

名称：封阴诀

手法：左手掌朝下、在前，叉开中指及无名指；右手掌掌心横架于左手腕处作挡状。

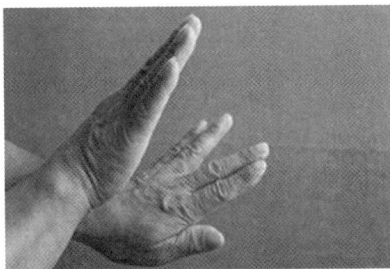

274.

名称：封阳诀

手法：左手掌朝上、在前，竖中指；右手掌掌心横架于左手腕处作挡状。

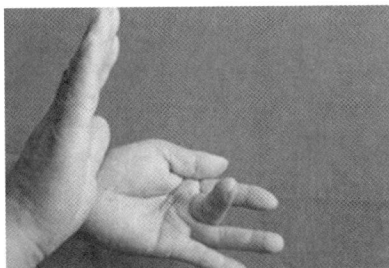

275.

名称：封鬼诀

手法：右手掌朝上、在前，曲竖小指；左手掌掌心横架于右手腕处作挡状。

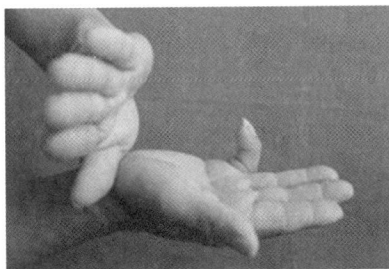

276.

名称：封神诀

手法：左手掌朝上、在前，曲竖小指；右手掌掌心横架于左手腕处作挡状。

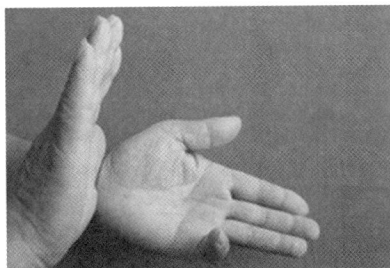

277.	
名称：封门诀 手法：右手掌在前，大拇指指尖抵中指指尖成圈状；左手掌在后竖起作挡状。	
278.	
名称：封山诀 手法：右手掌掌心朝前，左手掌横起封贴在后。	
279.	
名称：封路诀 手法：左手掌朝上、在前，叉开五指；右手掌掌心横架于左手腕处作挡状。	
280.	
名称：封口诀 手法：右手大拇指与食指相抵成圈，又开伸直其余三指在前，左手掌挡隔在后。	

281.

名称：封斋诀

手法：右手大拇指与小指相抵成圈，又开伸直其余三指在前，左手掌挡隔在后。

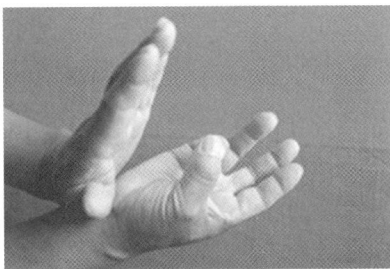

282.

名称：封地狱门诀

手法：右手朝地握空拳并又开小指，左手掌盖封在上。

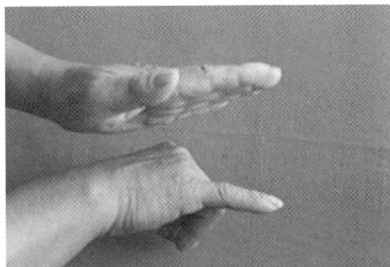

283.

名称：封坛诀

手法：横架右手之祖师诀在前，左手隔空挡住（封）在后。

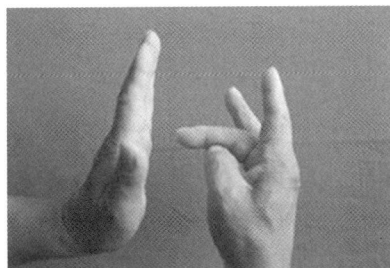

284.

名称：封丧诀

手法：右手掌在前，大拇指与无名指相抵成圈，又开伸直其余三指；左手掌隔空挡住在后。

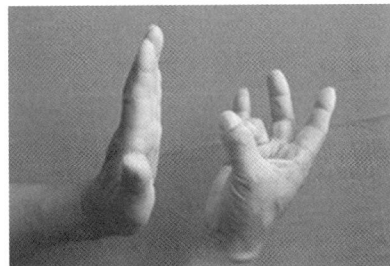

285. 　　名称：封漏诀 　　手法：右手掌五指叉开在前， 　　　　　左手掌挡住（封）在后。	
286. 　　名称：封灶口诀 　　手法：右手掌在前，大拇指与 　　　　　中指相抵成圈，叉开其 　　　　　余三指；左手掌挡隔在 　　　　　后。	
287. 　　名称：封恶风诀 　　手法：右手掌在前，大拇指与 　　　　　食指相抵成圈，叉伸 　　　　　直其余三指；左手做祖 　　　　　师诀，中指塞入圈口之 　　　　　内。	
288. 　　名称：封东诀 　　手法：竖起右手掌，掌心朝 　　　　　前；左手做祖师诀，中 　　　　　指点右手掌掌背食指 　　　　　第二道纹圈。	

289.

名称：封南诀

手法：竖起右手掌，掌心朝
前；左手做祖师诀，中
指点右手掌掌背中指
第二道纹圈。

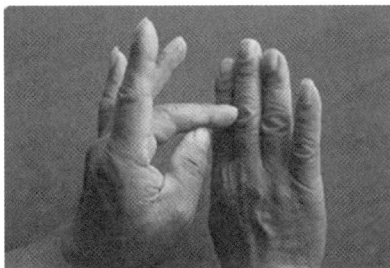

290.

名称：封西诀

手法：竖起右手掌，掌心朝
前；左手做祖师诀，中
指点右手掌掌背无名
指第二道纹圈。

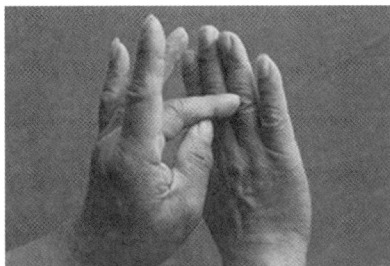

291.

名称：封北诀

手法：竖起右手掌，掌心朝
前；左手做祖师诀，中
指点右手掌掌背小指
第二道纹圈。

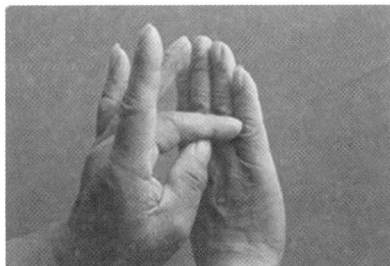

292.

名称：封中诀

手法：竖起右手掌，掌心朝
前；左手做祖师诀，中
指点右手掌掌背中心。

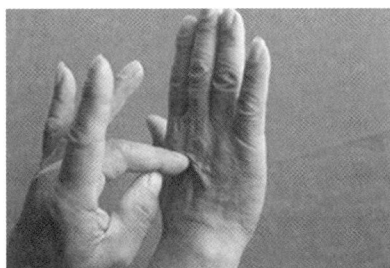

293.

名称：封七十二庙诀

手法：右手在前，稍并拢五指
作抓物状，手背朝外，
五指尖朝内；左手掌隔
空挡住在后。

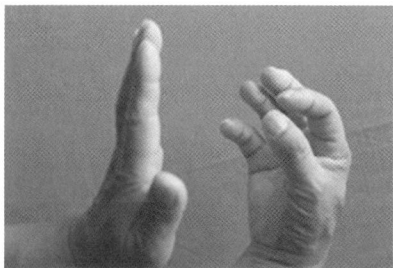

294.

名称：封五岳诀

手法：右手在前，稍并拢五指
作抓物状，指尖朝上；
左手掌隔空挡住在后。

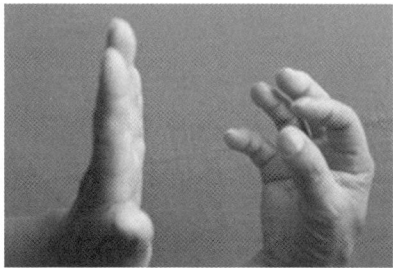

295.

名称：封洞诀

手法：右手在前，以大拇指扣
住食指、中指及无名指
作圈状；左手掌隔空挡
住在后。

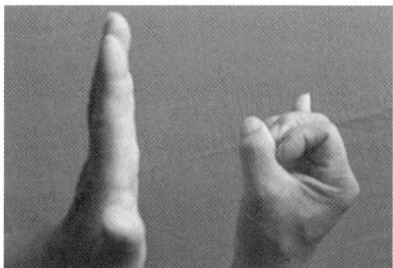

296.

名称：封官非诀

手法：右拳竖起大拇指在前，
左手掌隔空挡住在后。

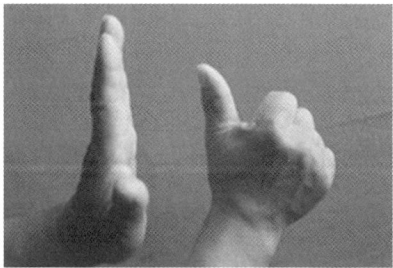

297.

名称：封失破耗散诀

手法：并拢右手五指，抵住左手掌掌心。

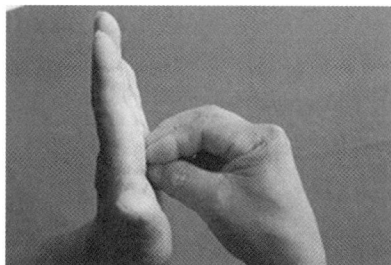

298.

名称：封阴火诀

手法：右手做毫光诀，右手大拇指横向抵住左手掌掌心。

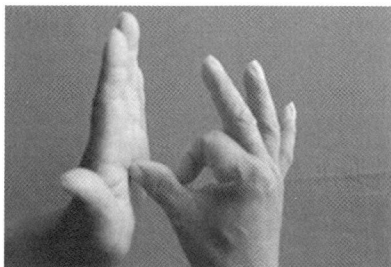

299.

名称：马诀

手法：左手在下，大拇指、食指、无名指和小指弯曲朝地象征马脚，中指伸直向前。右手在上，与左手手背相贴，以无名指于左手中指的左面扣住中指，再加上食指一起扣住，象征马头；大拇指抵住向上竖起的中指中节，象征骑在马上的人。

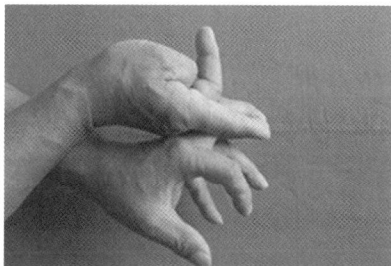

300.

名称：大马诀

手法：左手在下，大拇指、食指、无名指和小指弯曲朝地象征马脚，中指伸直向前。右手在上，与左手手背相贴，以无名指于左手中指的左面扣住中指，再加上食指一起扣住，象征马头；大拇指抵住向上竖起的中指上节，象征骑在马上的人。

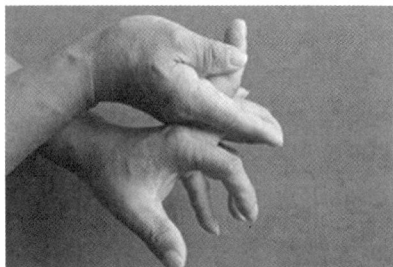

301.

名称：小马诀

手法：左手在下，大拇指、食指、无名指和小指弯曲朝地象征马脚，中指伸直向前。右手在上，与左手手背相贴，以无名指于左手中指的左面扣住中指，再加上食指一起扣住，象征马头；大拇指抵住向上竖起的中指下节，象征骑在马上的人。

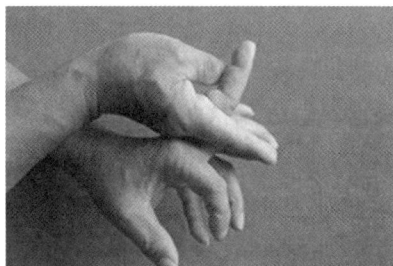

302.

名称：阴马诀

手法：左手在下，大拇指、食指、无名指和小指弯曲朝地象征马脚，中指伸直向前。右手在上，与左手手背相贴，以无名指于左手中指的左面扣住中指，再加上食指一起扣住，象征马头；大拇指抵住向上竖起的中指中节之右面，象征骑在马上的人。

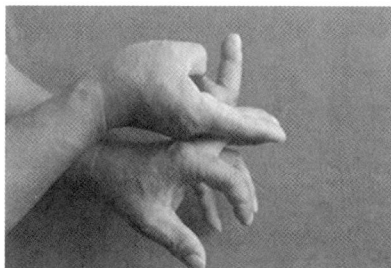

303.

名称：阳马诀

手法：左手在下，大拇指、食指、无名指和小指弯曲朝地象征马脚，中指伸直向前。右手在上，与左手手背相贴，以无名指于左手中指的左面扣住中指，再加上食指一起扣住，象征马头；大拇指抵住向上竖起的中指中节之左面，象征骑在马上的人。

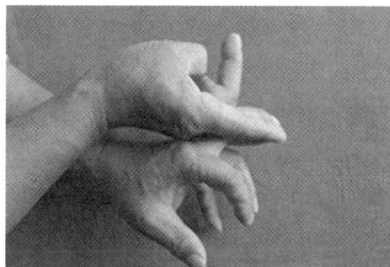

304. 　名称：天神马诀 　别名：功曹马诀 　手法：左手在下，大拇指、食指、无名指和小指弯曲朝地象征马脚，中指伸直向前。右手在上，与左手手背相贴，中指从右侧扣住左手中指，竖起大拇指象征骑马的天神，余下的三指曲收内抱。	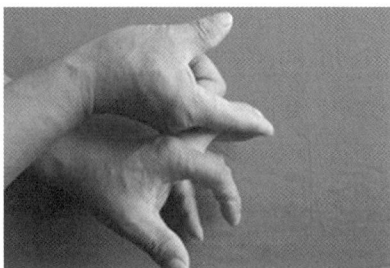
305. 　名称：地神马诀 　手法：左手在下，大拇指、食指、无名指和小指弯曲朝地象征马脚，中指伸直向前。右手在上，与左手手背相贴，中指从右侧扣住左手中指，竖起食指象征骑马的地神，余下的三指曲收内抱。	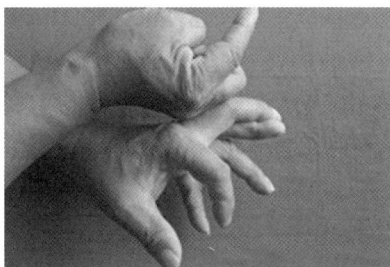
306. 　名称：水神马诀 　手法：左手在下，大拇指、食指、无名指和小指弯曲朝地象征马脚，中指伸直向前。右手在上，与左手手背相贴，中指从右侧扣住左手中指，竖起无名指象征骑马的水神，余下的三指曲收内抱。	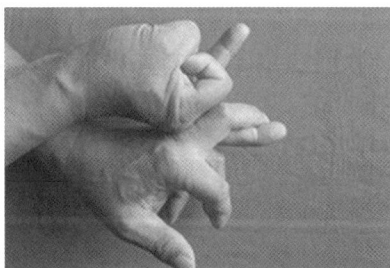

307.	
名称：阳神马诀 手法：左手在下，大拇指、食指、无名指和小指弯曲朝地象征马脚，中指伸直向前。右手在上，与左手手背相贴，中指从右侧扣住左手中指，竖起小指象征骑马的阳神，余下的三指曲收内抱。	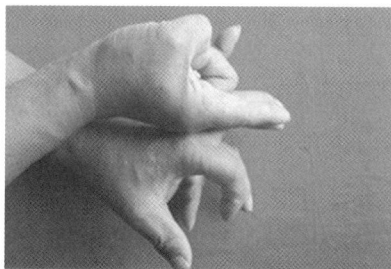
308.	
名称：赤鬃大马诀 别名：君王大马诀 手法：左手在下，大拇指、食指、无名指和小指弯曲朝地象征马脚，中指伸直向前。右手在上，与左手手背相贴，中指从右侧扣住左手中指，大拇指与食指指尖相抵成圈，象征骑马的君王。	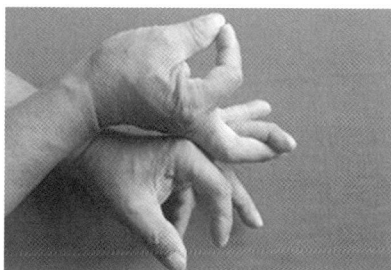
309.	
名称：银鬃大马诀 别名：祖师马诀 手法：左手在下，大拇指、食指、无名指和小指弯曲朝地象征马脚，中指伸直向前。右手在上，与左手手背相贴，中指从右侧扣住左手中指，余下四指曲收内抱，象征骑马的祖师。	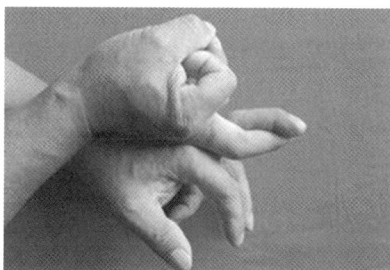

310.	
名称：**高头大马诀** 别名：**二十四戏神马诀** 手法：**左手在下，大拇指、食指、无名指和小指弯曲朝地象征马脚，中指伸直向前。右手在上，与左手手背相贴，中指从右侧扣住左手中指，竖起余下四指，象征骑马的二十四戏神。**	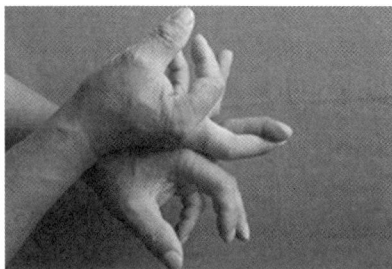
311.	
名称：**龙车大马诀** 别名：**百鸟嘈嘈马诀** 手法：**左手在下，大拇指、食指、无名指和小指弯曲朝地象征马脚，中指伸直向前。右手在上，与左手手背相贴，中指从右侧扣住左手中指，用大拇指压住余下三指。**	
312.	
名称：**飞天马诀** 手法：**左手在下，大拇指、食指、无名指和小指弯曲朝地并收拢，中指伸直向前。右手在上，与左手手背相贴，无名指从左侧扣住左手中指，再用食指从右侧扣住左手中指象征马头，右手大拇指扣住中指指尖。**	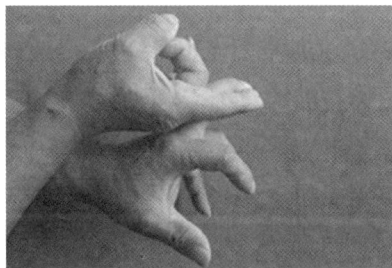

313.

名称：地马诀

手法：右手在下，大拇指、食指、无名指和小指弯曲朝地象征马脚，中指伸直向前。右手在上，与左手手背相贴，中指从右侧扣住左手中指，余下四指竖起并拢。

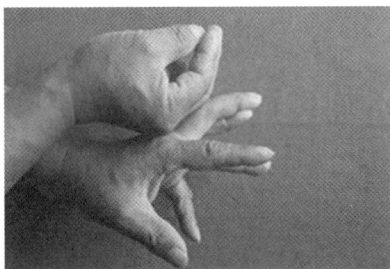

314.

名称：快马诀

手法：右手在下，大拇指、食指、无名指和小指弯曲朝地象征马脚，其中食指及无名指向前叉起作奔腾状，中指伸直向前。右手在上，与左手手背相贴，中指从右侧扣住左手中指，余下四指竖起并拢。

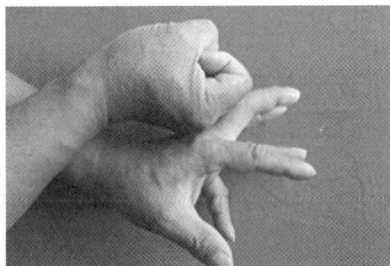

315.

名称：回马诀

手法：左手在下，右手在上，左手与右手手背相贴。左手四指象征马脚，右手大拇指压住其余三指。

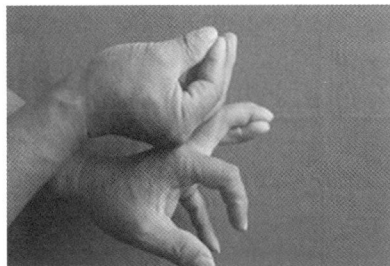

316.	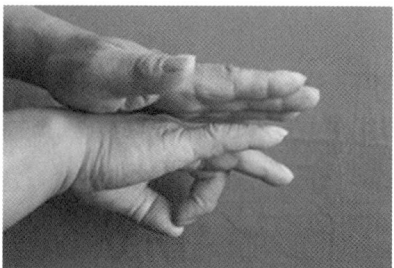
名称：车诀 手法：左右手中指和无名指相互绞住，食指与小指指尖相抵，之后以两大拇指顺时针互绕。	
317.	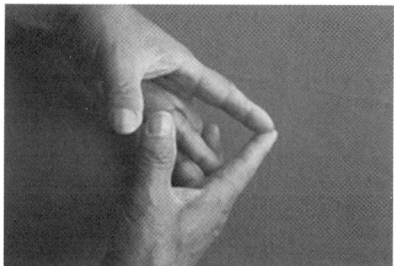
名称：天车诀 手法：左手在上，右手在下，两手均朝下相贴。右手大拇指和中指相抵成圈，象征车轮。	
318.	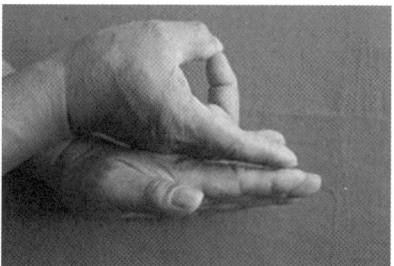
名称：地车诀 手法：左手在下，右手在上，两手手背相贴。右手大拇指和中指相抵成圈，象征车轮。	
319.	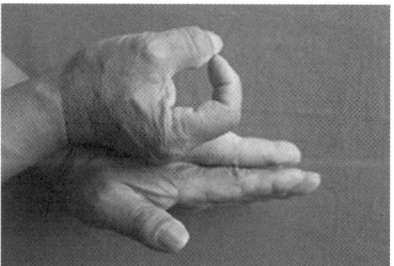
名称：阴车诀 手法：左手在下，右手在上，两手手背相贴。右手大拇指和食指相抵成圈，象征车轮。	

320.

名称：阳车诀

手法：左手在下，右手在上，两手手背相贴。右手大拇指和中指相抵成圈象征车轮。

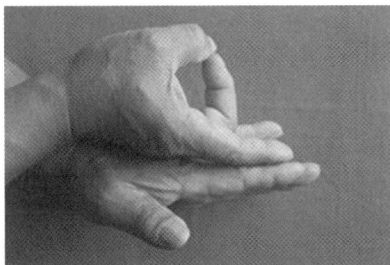

321.

名称：金车诀

手法：左手在上，右手在下，两手均朝下相贴。右手大拇指和食指相抵成圈，象征车轮。

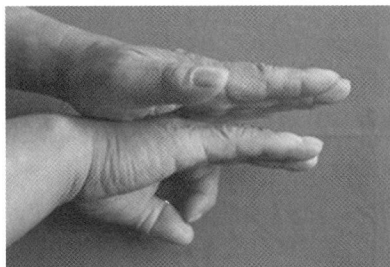

322.

名称：银车诀

手法：左手在上，右手在下，两手均朝下相贴。右手大拇指和中指相抵成圈，象征车轮。

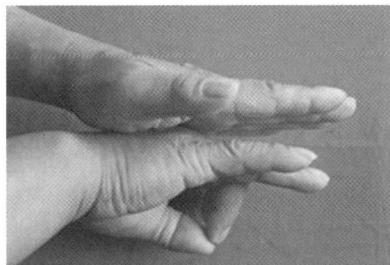

323.

名称：铜车诀

手法：左手在上，掌背朝上；右手在下，掌心朝下，大拇指和无名指相抵成圈，象征车轮。

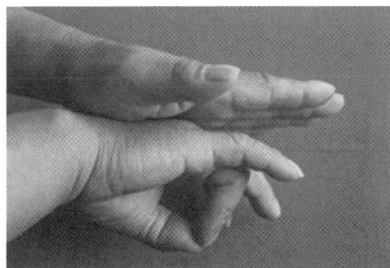

324. 　名称：铁车诀 　手法：左手在上，掌背朝上； 　　　　右手在下，掌心朝下， 　　　　大拇指和小指相抵成 　　　　圈，象征车轮。	
325. 　名称：车诀 　手法：左手在上，掌背朝上； 　　　　右手在下，掌心朝下， 　　　　握空拳成圈，象征车轮。	
326. 　名称：小车诀 　手法：左手在上，掌背朝上； 　　　　右手在下，大拇指、中 　　　　指、无名指相抵成圈， 　　　　象征车轮。	
327. 　名称：炮诀 　手法：左手在下，掌心朝上； 　　　　右手在上，掌心朝上。 　　　　中指和无名指对背相 　　　　扣，右手朝前翻转后， 　　　　伸直右手大拇指，架在 　　　　左手大拇指与食指叉 　　　　上，象征炮架和炮筒， 　　　　指向前方。	

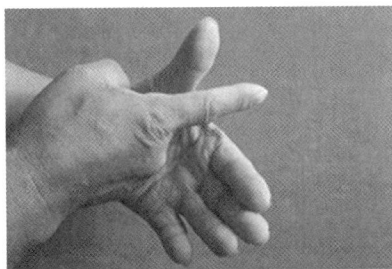

328.
名称：铜炮诀
手法：将右手食指架在左手手
叉上。

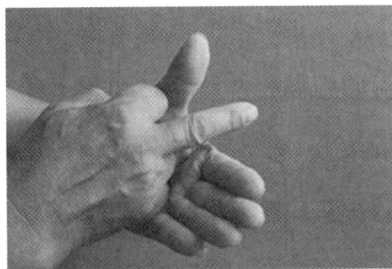

329.
名称：铁炮诀
手法：将右手中指架在左手手
叉上。

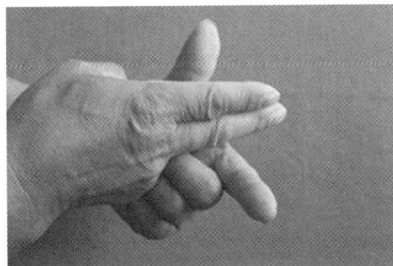

330.
名称：阴炮诀
手法：右手做剑诀，架在左手
手叉上。

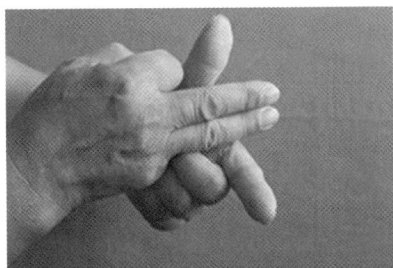

331.
名称：阳炮诀
手法：将右手中指和无名指并
拢，架在左手手叉上。

332. 　　名称：将军大炮诀 　　手法：将右手大拇指架在左手 　　　　　手叉上。	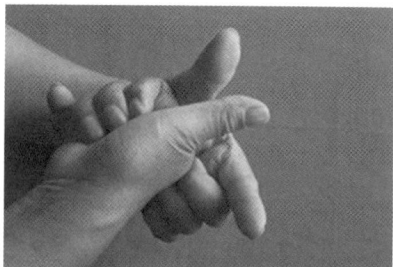
333. 　　名称：将车小炮诀 　　手法：将右手小指架在左手手 　　　　　叉上。	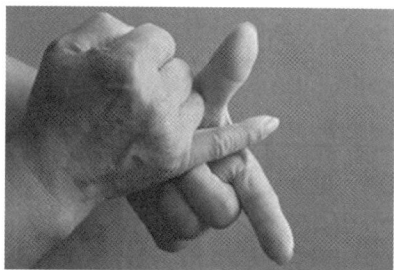
334. 　　名称：合炮诀 　　手法：右手五指并拢，架在左 　　　　　手手叉上。	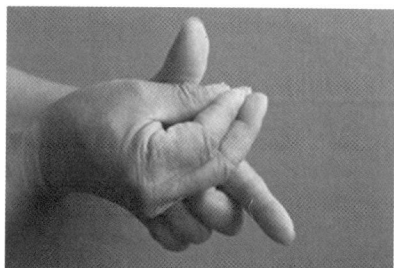
335. 　　名称：天炮诀 　　手法：将左手大拇指架在右手 　　　　　手叉上。	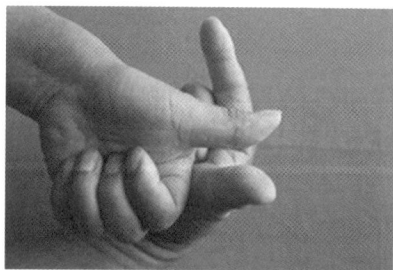

336.

名称：地炮诀

手法：将左手食指架在右手手叉上。

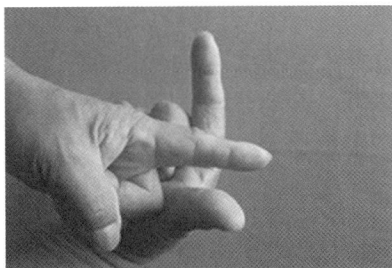

337.

名称：神炮诀

手法：将左手中指架在右手手叉上。

338.

名称：仙炮诀

手法：将左手无名指架在右手手叉上。

339.

名称：鬼炮诀

手法：将左手小指架在右手手叉上。

340. 　　名称：雷炮诀 　　手法：左手做剑诀，架在右手 　　　　　手叉上。	
341. 　　名称：三连九炮诀 　　手法：将左手食指、中指及无 　　　　　名指并拢，架在右手手 　　　　　叉上。	
342. 　　名称：礼炮诀 　　手法：将左手五指并拢，架在 　　　　　右手手叉上。	
343. 　　名称：大将军诀 　　手法：左手握拳，伸出大拇指。	

344. 　　名称：武哨大弁诀 　　手法：右手握拳，伸出大拇指 　　　　　并曲收上节。	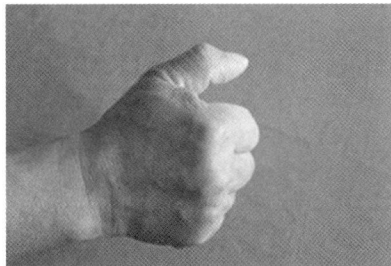
345. 　　名称：大元帅诀 　　手法：右手握拳，伸出大拇指。	
346. 　　名称：红黑大帽诀 　　手法：左手握拳，竖起大拇 　　　　　指，用右掌壳盖上。	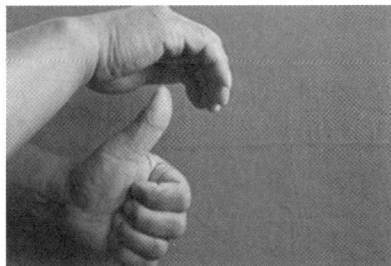
347. 　　名称：金盔诀 　　手法：左手握拳，竖起大拇 　　　　　指，右掌壳收大拇指， 　　　　　盖在上面。	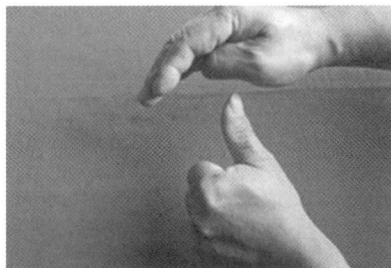

348.

名称：银盔诀

手法：左手握拳，竖起大拇
指，右掌壳收食指，盖
在上面。

349.

名称：铜盔诀

手法：左手握拳，竖起大拇
指，右掌壳收中指，盖
在上面。

350.

名称：铁盔诀

手法：左手握拳，竖起大拇
指，右掌壳收无名指，
盖在上面。

351.

名称：神盔诀

别名：大盔诀

手法：左手握拳，竖起大拇
指，右掌壳收小指，盖
在上面。

352. 　　名称：小将军诀 　　手法：左手握拳，竖起食指。	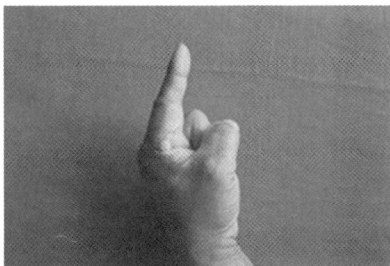
353. 　　名称：武哨小弁诀 　　手法：左手握拳，竖起小指。	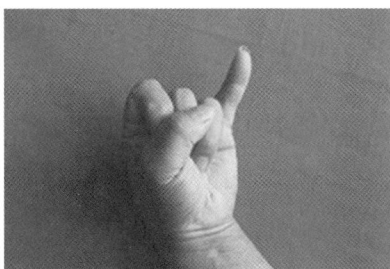
354. 　　名称：铜柱诀 　　手法：左手握拳，竖起中指。	
355. 　　名称：铁柱诀 　　手法：左手握拳，竖起无名指 　　　　　和小指，两指并拢。	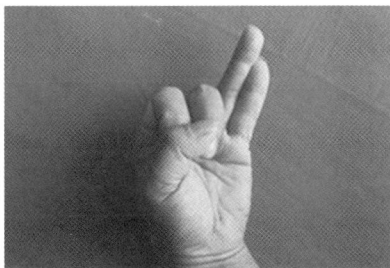

356. 　名称：撑天柱诀 　手法：左手握拳，竖起中指和 　　　　无名指，两指并拢。	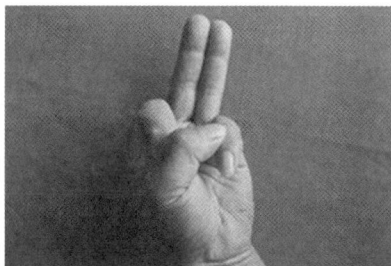
357. 　名称：将军大柱诀 　手法：左手握拳，竖起大拇指 　　　　和食指，两指并拢。	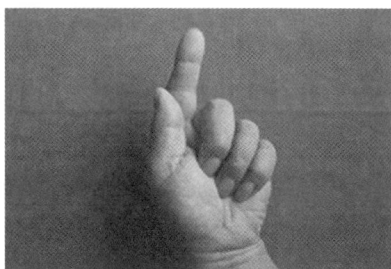
358. 　名称：将军小柱诀 　手法：左手握拳，竖起食指和 　　　　小指。	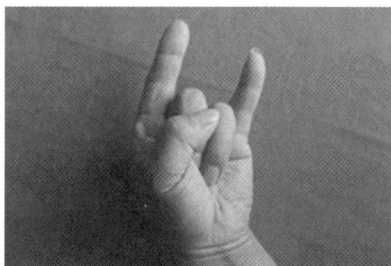
359. 　名称：神柱诀 　手法：左手握拳，竖起食指、 　　　　中指及无名指，三指并 　　　　拢。	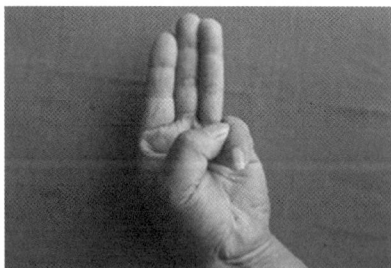

360.

　名称：红黑小帽诀

　手法：左手握拳，竖起食指，
　　　　以右掌壳盖上。

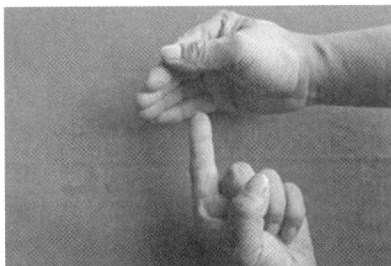

361.

　名称：小盔诀

　手法：左手握拳，竖起小指，
　　　　以右掌壳盖上。

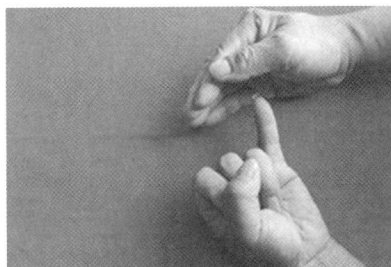

362.

　名称：兵盔诀

　手法：左手握拳，竖起无名
　　　　指，以右掌壳盖上。

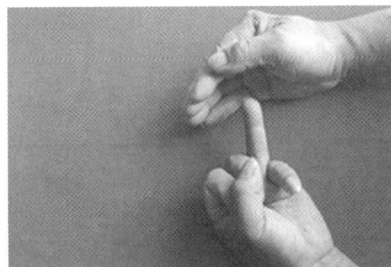

363.

　名称：头盖诀

　手法：左手握拳，竖起中指，
　　　　以右掌壳盖上。

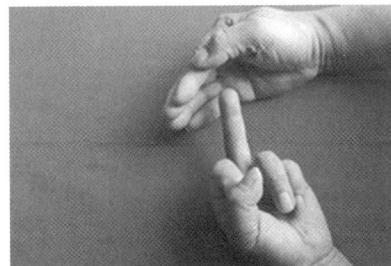

364.

名称：三元将军诀

手法：左手朝下，朝前伸直，食指、中及无名指并拢，收大拇指、小指。

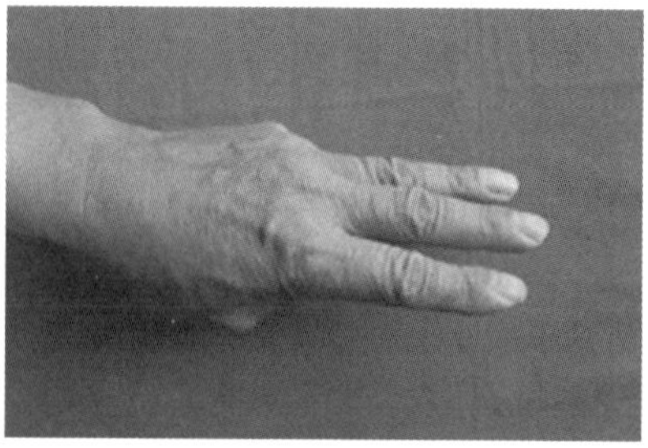

365.

名称：三礼三拜诀

别名：稽首诀

手法：左手以大拇指指尖压住小指，曲伸食指、中指和无名指。

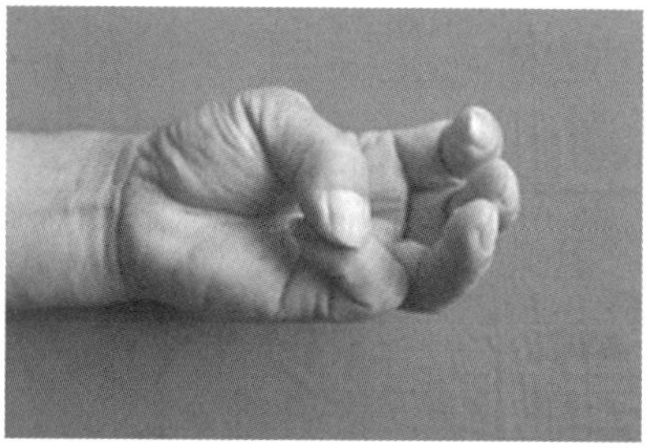

366.

名称：三生万物诀

手法：左手掌心朝前，大拇指压住小指，叉开食指、中指及无名指。

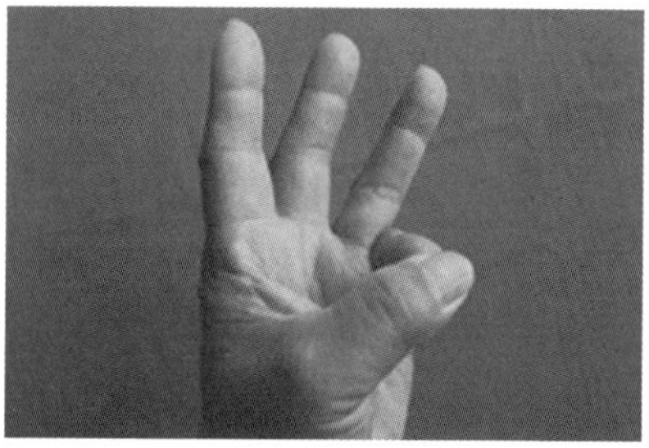

367.

名称：三堂诀

别名：圆满诀

手法：左手掌心朝右，大拇指尖抵小指尖成圆圈状，朝前叉开其余三指。

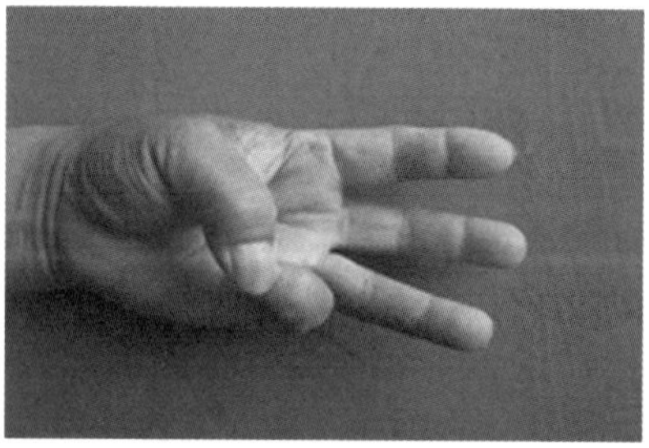

368.

名称：三分诀

手法：左手掌心朝右，朝前叉开食指、中指及无名指，大拇指压住小指；右手做剑诀，压住左手大拇指。

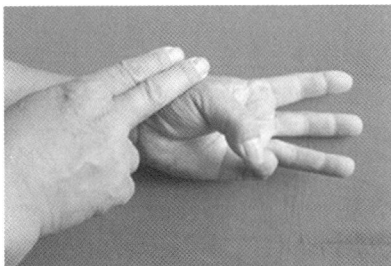

369.

名称：三道诀

手法：右手手背朝上，伸直食指、中指和无名指。

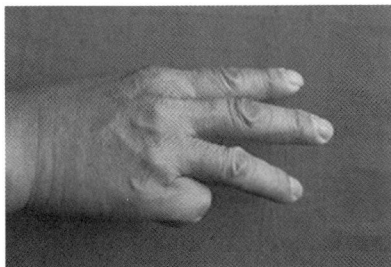

370.

名称：三山诀

手法：右手掌心朝外，竖起中指、无名指及小指。

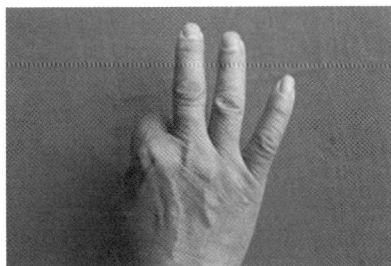

371.

名称：三清诀

手法：右手掌心朝外，竖起大拇指、食指及中指。

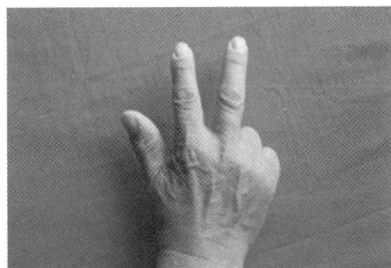

372.

名称：三迎三请诀

手法：右手大拇指指尖压住小指，曲伸食指、中指及无名指。

373.

名称：三合诀

手法：两手掌背朝上，各收大拇指及小指，双掌交叉相并。

374.

名称：三元诀

手法：两手掌背朝下，各收大拇指及小指，双掌相并。

375.

名称：三昧诀

手法：左手在下朝上，右手在上朝下，各收大拇指及小指，余下三指并拢后交叉相贴。

376.

名称：四员枷铐诀

手法：右手收起大拇指，掌心朝外，竖起其余四指。

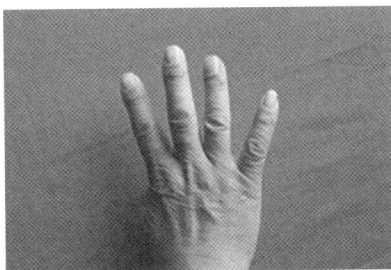

377.

名称：四季诀

手法：右手收起大拇指，掌心朝外，竖起其余四指。

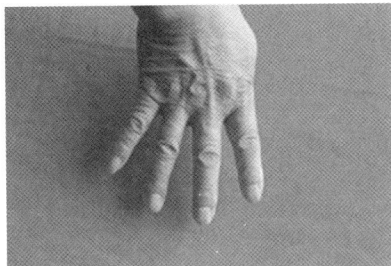

378.

名称：四通诀

手法：右手收起大拇指，掌心朝外，竖起其余四指。

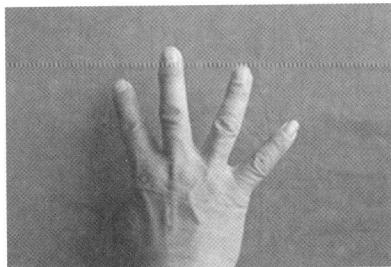

379.

名称：四海诀

手法：右手收起大拇指，掌心朝外，竖起其余四指，再用左手之食指横在右手手掌的指根部位。

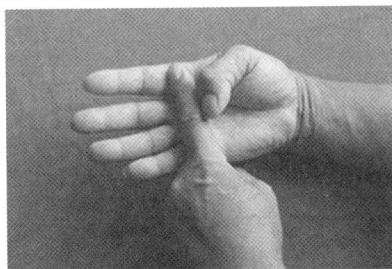

380.

名称：四象诀

手法：右手收起大拇指，掌心朝外，竖起其余四指，再用左手之中指横在右手手掌的指尖部位。

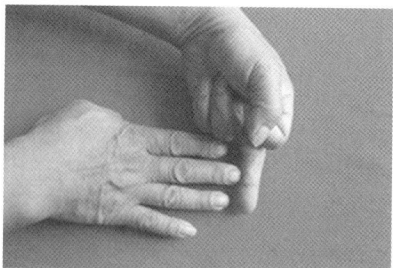

381.

名称：四面诀

手法：右手收起大拇指，掌心朝外，竖起其余四指，再用左手之中指横在右手手背的指中部位。

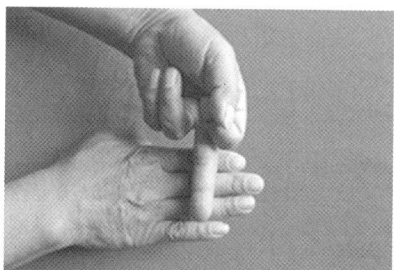

382.

名称：四大天王诀

手法：左手收起大拇指，掌心朝外，竖起其余四指，再用右手之剑诀横在右手手背上。

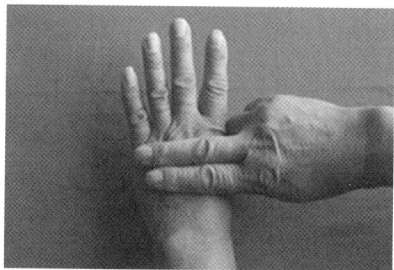

383.

名称：五营兵马诀

手法：左手掌心朝外，竖起所叉开的五指。右手手掌搭于左手手背上。

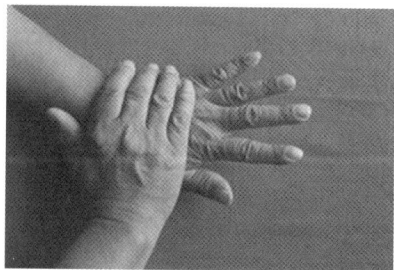

384.
名称：五方五位诀
手法：右手掌心朝外，竖起所
　　　叉开的五指。左手手掌
　　　搭于右手手背上。

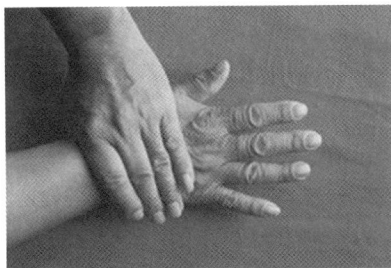

385.
名称：五龙诀
手法：左手掌心朝上，右手五
　　　指稍曲，置于左手掌心
　　　之上。

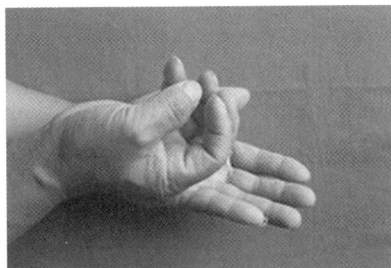

386.
名称：五虎诀
手法：左手掌心朝上，右手置
　　　于左手掌心之上，五指
　　　略收，作抓物状。

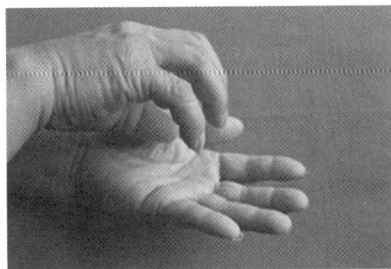

387.
名称：五道诀
手法：左手掌心朝上，右手做
　　　剑诀，摆在左手掌掌心
　　　上。

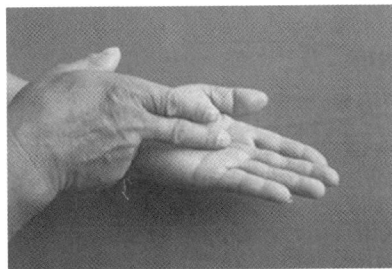

388.

名称：五岳诀

手法：左手掌心朝上，右手握拳，摆在左手掌掌心上。

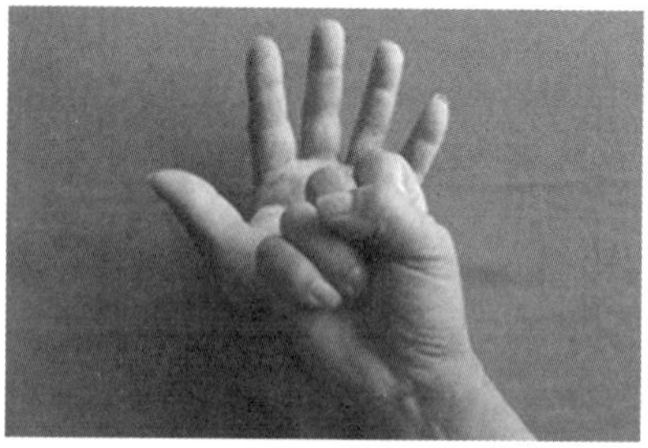

389.

名称：五通五显诀

手法：左手掌心朝上，右手大拇指摆在左手掌掌心上。

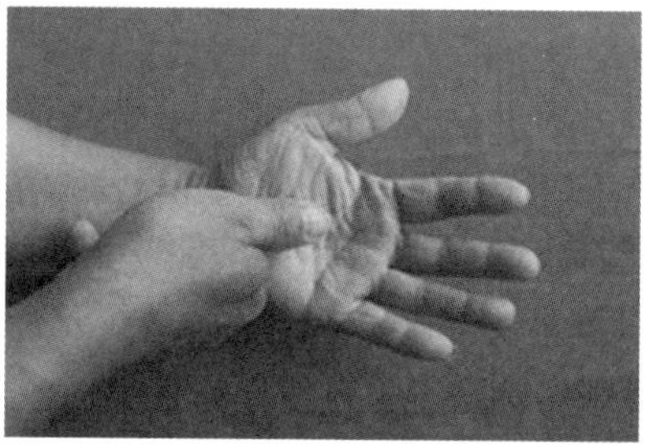

390.

名称：五路诀

手法：右手手背朝上，叉开五指。

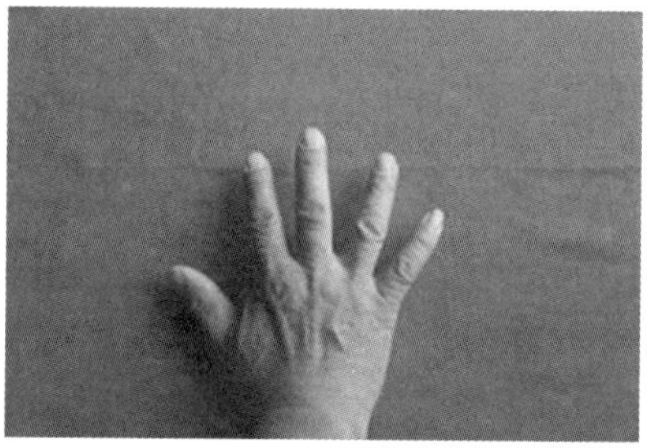

391.

名称：五洲四海诀

手法：左手掌掌心朝上，右手置于左手之上。

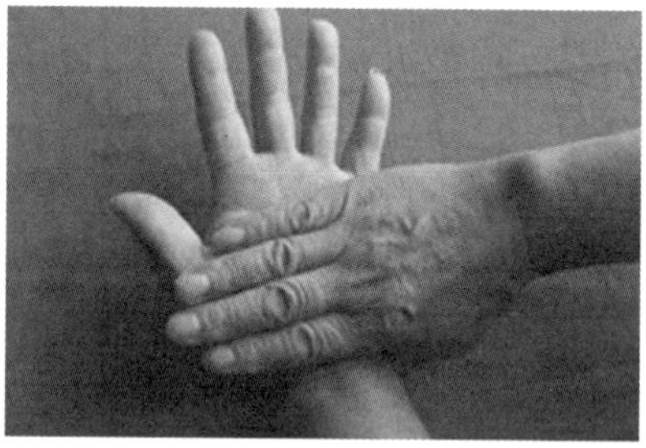

392.

名称：五哨诀

手法：右手掌心朝前竖起，左手食指点在右手手背上。

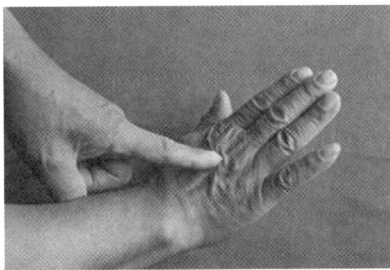

393.

名称：五灵童子诀

手法：右手掌心朝前竖起，左手小指点在右手手背上。

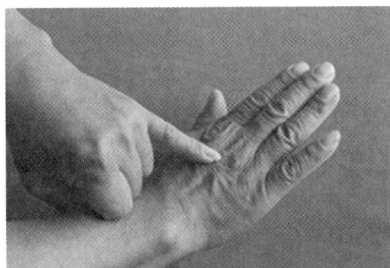

394.

名称：五天诀

手法：右手掌心朝前竖起，左手大拇指点在右手手背上。

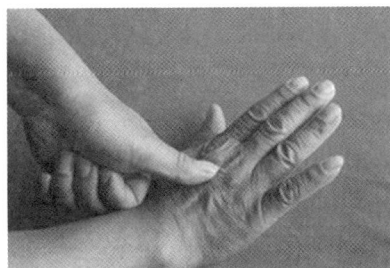

395.

名称：五色旗号诀

手法：右手掌心朝前竖起，左手中指点在右手手背上。

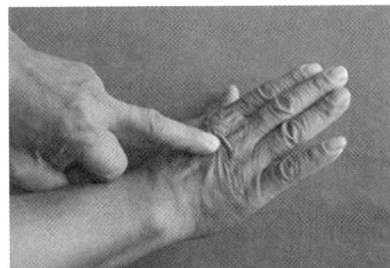

396.

名称：五云诀

手法：右手掌心朝前竖起，左手五指并拢，点在右手手背上。

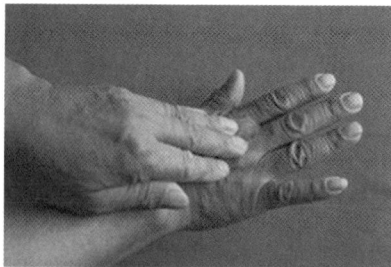

397.

名称：五花诀

手法：右手掌心朝前竖起，左手小指点在右手手背上。

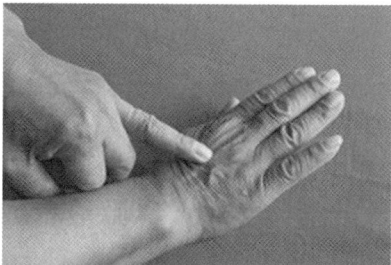

398.

名称：六丁六甲诀

手法：左手掌心朝前，并拢五指竖起，再以右手大拇指与左手大拇指相并共成六数。

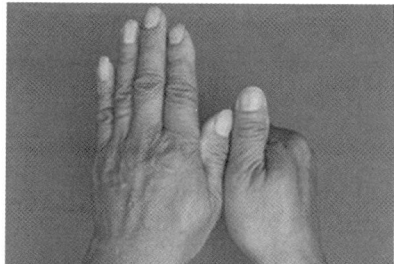

399.

名称：六位高升诀

手法：左手掌心朝前，并拢五指竖起，再以右手大拇指与左手小指相并共成六数。

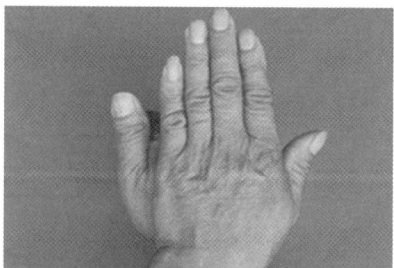

400.

名称：六六大顺诀

手法：左手掌心朝前，并拢五
指竖起，再以右手食指
与左手小指相并共成六
数。

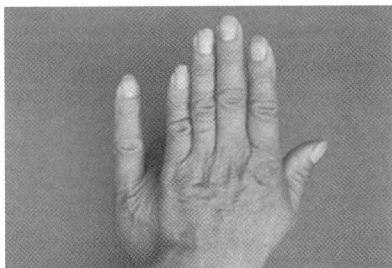

401.

名称：六耕六种诀

手法：左手掌心朝前，并拢五
指竖起，再以右手中指
与左手小指相并共成六
数。

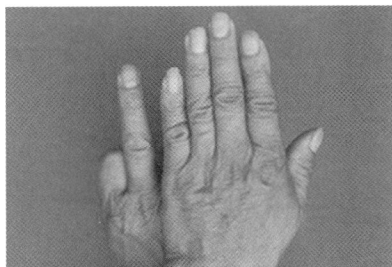

402.

名称：六壬大牢诀

手法：左手掌心朝下，并拢五
指，再以右手大拇指与
左手大拇指相并共成六
数。

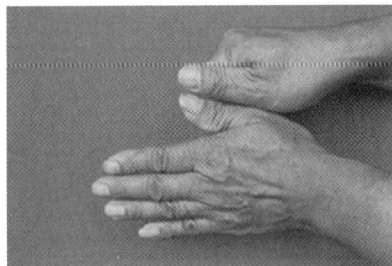

403.

名称：六庚天刑诀

手法：左手掌心朝下，并拢五
指，再以右手食指与左
手大拇指相并共成六
数。

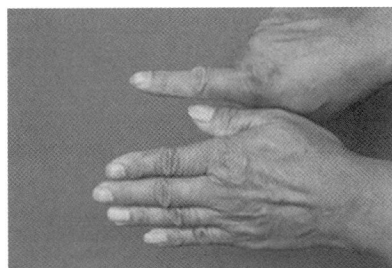

404. 　　名称：六辛天延诀 　　手法：左手掌心朝下，并拢五 　　　　　指，再以右手中指与左 　　　　　手大拇指相并共成六 　　　　　数。	
405. 　　名称：六癸天狱诀 　　手法：左手掌心朝下，并拢五 　　　　　指，再以右手无名指与 　　　　　左手大拇指相并共成六 　　　　　数。	
406. 　　名称：六甲天福诀 　　手法：左手掌心朝下，并拢五 　　　　　指，再以右手小指与左 　　　　　手大拇指相并共成六 　　　　　数。	
407. 　　名称：六乙天德诀 　　手法：左手掌心朝下，收起大 　　　　　拇指，并拢其余四指， 　　　　　再以右手食指与中指相 　　　　　并共成六数。	

408.	
名称：六丙天成诀	
手法：左手掌心朝下，收起大拇指，并拢其余四指，再以右手中指与无名指相并共成六数。	

409.	
名称：六丁天阴诀	
手法：左手掌心朝下，收起大拇指，并拢其余四指，再以右手无名指与小指相并共成六数。	

410.	
名称：七千雄兵诀	
手法：双手手背朝上，左四(收大拇指)右三(收大拇指与小指)相并共成七数。	

411.	
名称：七仙姊妹诀	
手法：双手掌心朝上，左手收大拇指，右手大拇指压住小指，左四右三相并共成七数。	

412.

名称：七子团圆诀

手法：双手掌心朝上，右手收大拇指，左手大拇指压住小指，右四左三相并共成七数。

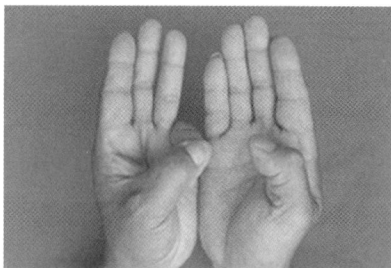

413.

名称：七七圆满诀

手法：双手手背朝上，左手收大拇指、小指，右手收大拇指，左三右四相并共成七数。

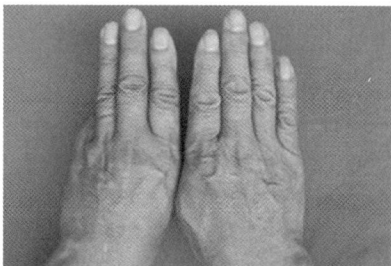

414.

名称：七七四九诀

手法：双手手背朝上，左手收大拇指，右手收大拇指食指，左四右三相并共成七数。

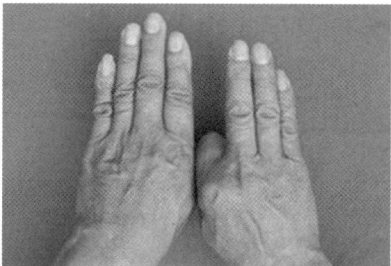

415.

名称：七擒七放诀

手法：双手手背朝上，左手收大拇指，右手收大拇指与中指，左四右三相并共成七数。

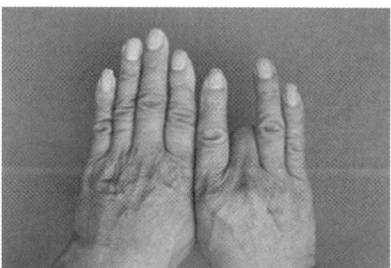

416.

名称：七打七胜诀

手法：双手手背朝上，左手收大拇指与食指，右手收大拇指，左三右四相并共成七数。

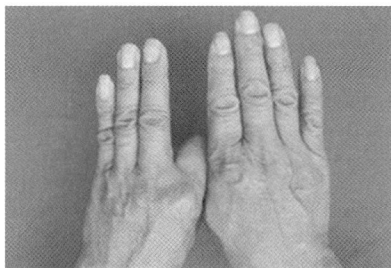

417.

名称：八万猛将诀

手法：双手掌心朝上，两小指互绞，分别伸直其余四指共成八数。

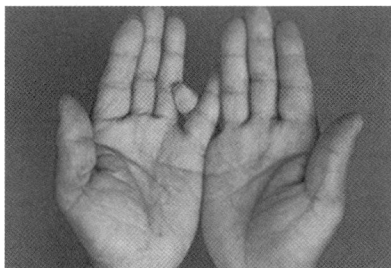

418.

名称：八大金刚诀

手法：双手掌心朝前，两大指互绞，分别伸直其余四指共成八数。

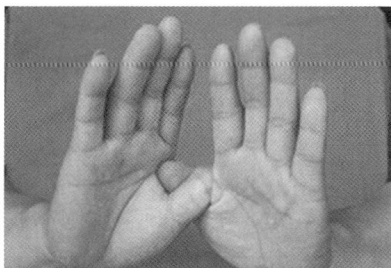

419.

名称：八方诀

手法：双手掌心朝下，收起两大拇指，分别叉开其余四指共成八数。

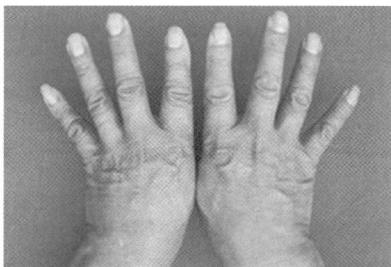

420.

名称：八面诀

手法：双手掌心朝下，两手交
叉，收起两大拇指，其
余手指相并，共成八数。

421.

名称：八大块诀

手法：双掌朝下平放，各收大
拇指。

422.

名称：八门诀

手法：双手掌心朝上，两小指
相并后，各以大拇指指
尖抵住中指以成圈状。

423.

名称：八八六四诀

手法：双手掌心朝上，四指相
夹后，大拇指指尖各抵
住另一手中指以成圈
状。

424.

名称：八八圆满诀

手法：双手掌心朝上，大拇指
与无名指指尖相抵后，
余指叉开。

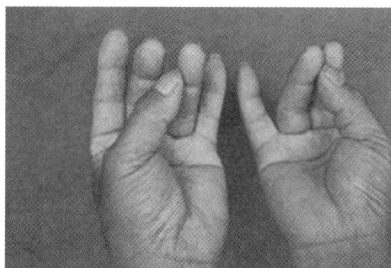

425.

名称：八轮诀

手法：双掌相对，伸直四指，
两大拇指互绞。

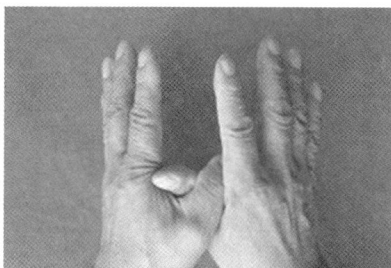

426.

名称：八盘诀

手法：双手掌心朝上，四指交
叉重叠。

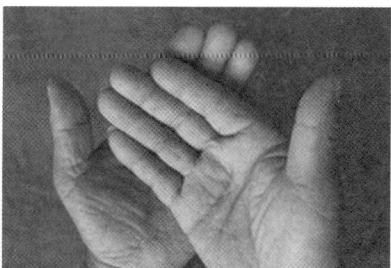

427.

名称：牛角诀

手法：右手伸出大拇指与小
指，曲收其余三指。

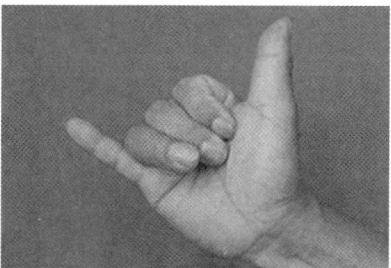

428.
名称：铜号诀
手法：右手空拳，伸直食指。

429.
名称：铁号诀
手法：右手空拳，伸直无名指。

430.
名称：长号诀
手法：双手空拳，右上左下，
两拳相抵。

431.
名称：短号诀
手法：右手空拳，伸直小指。

432.

名称：阴号诀

手法：左手空拳，伸直食指。

433.

名称：阳号诀

手法：左手空拳，伸直中指。

434.

名称：双吹双号诀

手法：双手空拳，隔空相对。

435.

名称：神号诀

手法：左手空拳，伸直无名指。

436.

名称：鬼号诀

手法：左手空拳，伸直小指。

437.

名称：穿山过海诀

手法：将右手小指从左手小指处伸入左手空拳内。

438.

名称：穿坡过岭诀

手法：将右手无名指从左手小指处伸入左手空拳内。

439.

名称：穿岩过洞诀

手法：将右手小指与无名指并拢，然后从左手小指处伸入左手空拳内。

440.

名称：穿壁过墙诀

手法：将右手中指竖起插入左手中指与无名指的缝间。

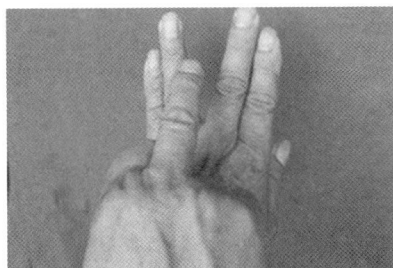

441.

名称：穿弯过坳诀

手法：将右手食指从左手小指处伸入左手空拳内。

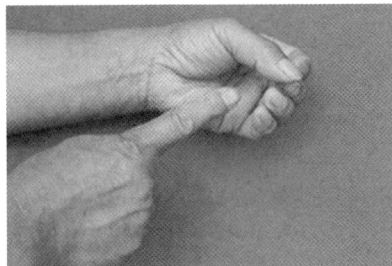

442.

名称：空肠过肚诀

手法：右手做剑诀，从左手小指处伸入左手空拳内。

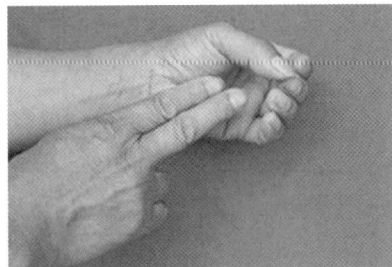

443.

名称：穿骨过肉诀

手法：将右手大拇指从左手小指处伸入左手空拳内。

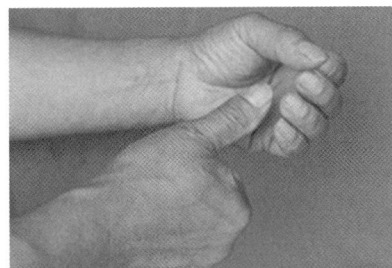

444. 　　名称：穿火过罡诀 　　手法：竖起并拢的左手五指，右手食指插入左手食指与中指的缝间。	
445. 　　名称：城墙诀 　　手法：左手在下，右手在上，掌心朝内，双掌相接。	
446. 　　名称：铜城墙诀 　　手法：左手掌竖起大拇指，其余四指伸直并拢，横向挡在前面。	
447. 　　名称：铁城墙诀 　　手法：左手掌五指伸直并拢，横向挡在前面。	

448.

　名称：岩城墙诀

　手法：右手掌竖起大拇指，其
　　　　余四指伸直并拢，横向
　　　　挡在前面。

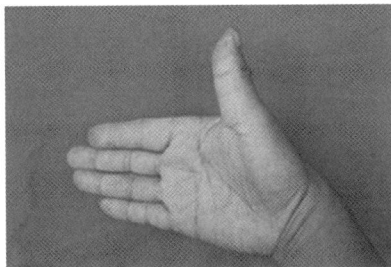

449.

　名称：土城墙诀

　手法：右手掌五指并拢，横向
　　　　挡在前面。

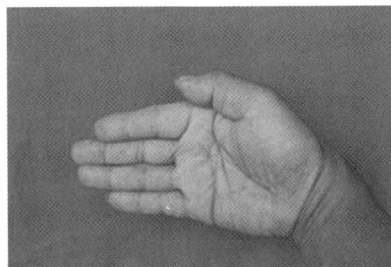

450.

　名称：隔挡诀

　手法：双手掌心朝外，交叉挡
　　　　在前面。

451.

　名称：阳隔诀

　手法：双手掌心朝内，交叉挡
　　　　在前面。

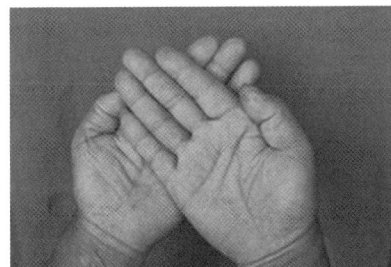

452. 　名称：阴隔诀 　手法：双手掌心朝外，曲收大 　　拇指，余指相并挡在前 　　面。	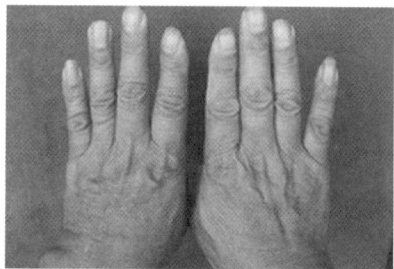
453. 　名称：天隔诀 　手法：双手掌心朝上，曲收两 　　大拇指，余指相并。	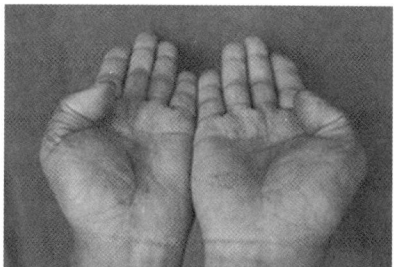
454. 　名称：地隔诀 　手法：双手掌心朝下，曲收两 　　大拇指，余指相并。	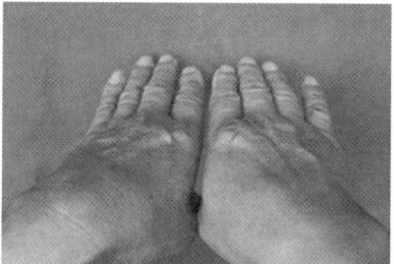
455. 　名称：水隔诀 　手法：左手在前，竖起食指； 　　右手在后，竖起作挡隔 　　状。	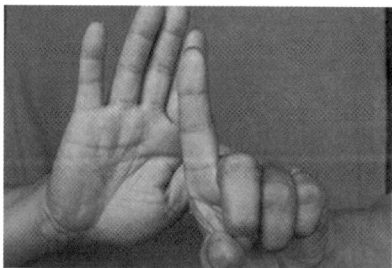

456. 　名称：火隔诀 　手法：左手在前，竖起中指； 　　　　右手在后，竖起作挡隔 　　　　状。	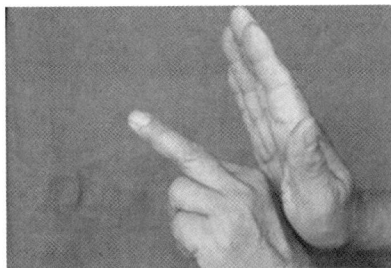
457. 　名称：人隔诀 　手法：左手在前，竖起大拇 　　　　指；右手在后，竖起作 　　　　挡隔状。	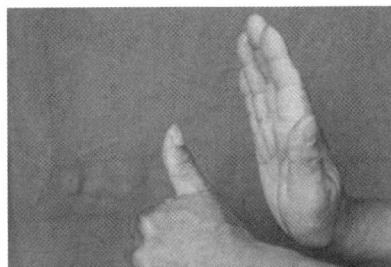
458. 　名称：神隔诀 　手法：左手在前，竖起无名 　　　　指；右手在后，竖起作 　　　　挡隔状。	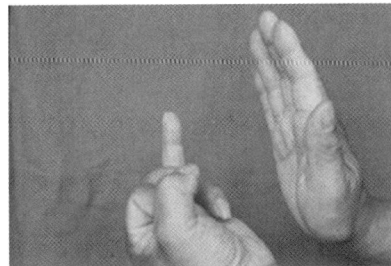
459. 　名称：鬼隔诀 　手法：左手在前，竖起小指； 　　　　右手在后，竖起作挡隔 　　　　状。	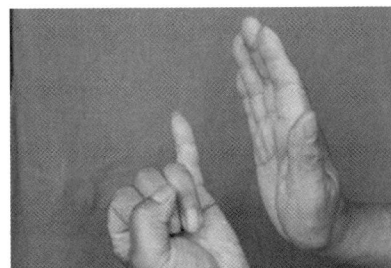

460.	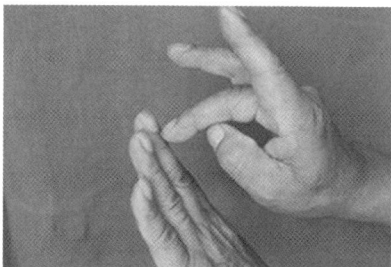
名称：围隔诀 手法：双掌横向，指尖相抵，作围拦状。	

461.	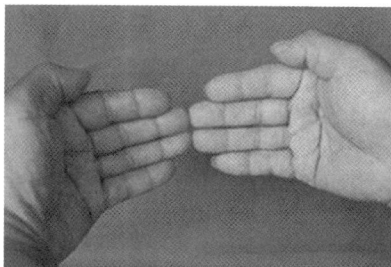
名称：封挡诀 手法：左手在前，右手做祖师诀，右手中指指尖抵住左手中指指背的上节。	

462.	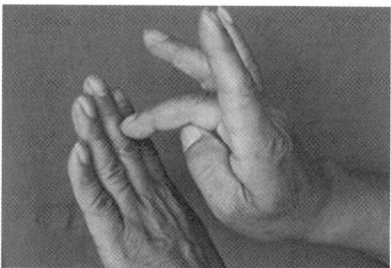
名称：阻隔诀 手法：左手在前，右手做祖师诀，右手中指指尖抵住左手中指指背的中节。	

463.	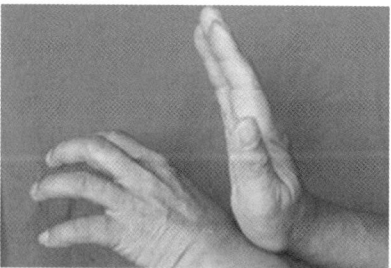
名称：挡风诀 手法：左手作抓状在前，右手竖起挡隔在后。	

464.

名称：护面诀

手法：竖起右手在前，左手拳
背与右手相贴。

465.

名称：护坛诀

手法：竖起右手在前，左手做
祖师诀且与右手手背相
贴。

466.

名称：保安诀

手法：竖起右手在前，横架左
手在后，小指与右手手
背相贴。

467.

名称：护身诀

手法：竖起右手在前，左手握
拳并竖起大拇指与右手
手背相贴。

468. 名称：牛头诀 手法：竖起左拳之食指与小 　　　指。	
469. 名称：单叉诀 手法：朝前方伸直左拳之食指 　　　与小指。	
470. 名称：双叉诀 手法：朝前方伸直左拳与右拳 　　　之食指与小指。	
471. 名称：抵门诀 手法：左手大拇指与食指手叉 　　　朝下，右手做剑诀指向 　　　手叉，表示抵门。	

472.

　　名称：关门诀

　　手法：左手大拇指与食指手叉朝下，右手做剑诀指向手叉，表示关门。

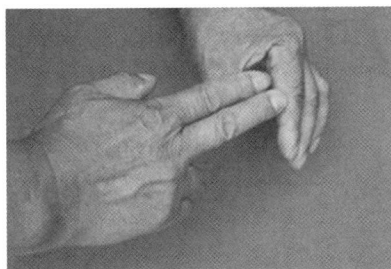

473.

　　名称：封门诀

　　手法：左手大拇指与食指手叉朝下，右手之食指、中指及无名指并拢，横拦手叉，表示封门。

474.

　　名称：锁门诀

　　手法：左手大拇指与食指手叉朝下，右手食指作曲钩状摆在手叉中，表示锁门。

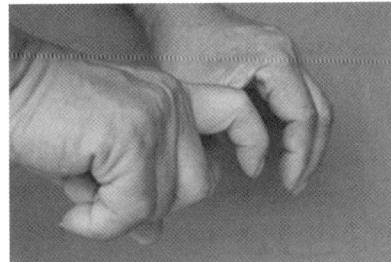

475.

　　名称：拴门诀

　　手法：左手大拇指与食指手叉朝下，右手食指横架于手叉中，表示拴门。

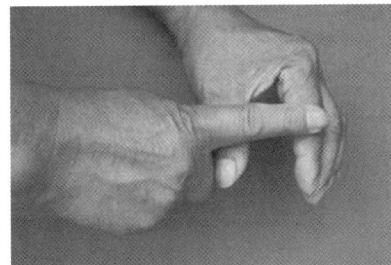

476. 　名称：闭门诀 　手法：左手大拇指与食指手叉 　　　　朝下，右手掌封住手 　　　　叉，表示闭门。	
477. 　名称：塞门诀 　手法：左手大拇指与食指手叉 　　　　朝下，右手拳头塞在手 　　　　叉中，表示塞门。	
478. 　名称：大门诀 　手法：左掌伸直，掌心朝内， 　　　　右手食指及小指指尖抵 　　　　住左掌下方，表示大 　　　　门。	
479. 　名称：小门诀 　手法：左掌伸直，掌心朝内， 　　　　右手掌心朝外，中指及 　　　　小指指尖抵住左掌下 　　　　方，表示小门。	

480.

名称：阴门诀

手法：左掌伸直，掌心朝外，大拇指收起，右手食指及小指指尖抵住左掌下方，表示阴门。

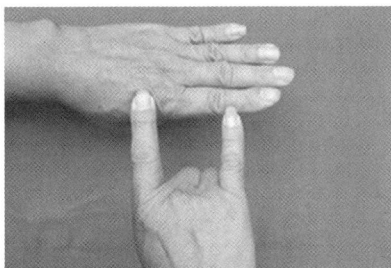

481.

名称：阳门诀

手法：左掌伸直，掌心朝内；右手掌心朝内，中指及小指指尖抵住左掌下方，表示阳门。

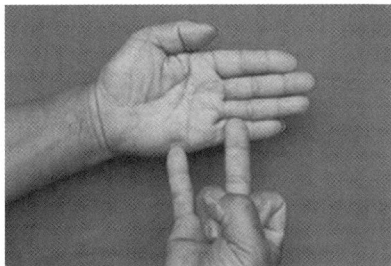

482.

名称：鬼门诀

手法：左掌掌心朝内握拳，伸直小指，右手食指及小指指尖抵住左手小指，表示鬼门。

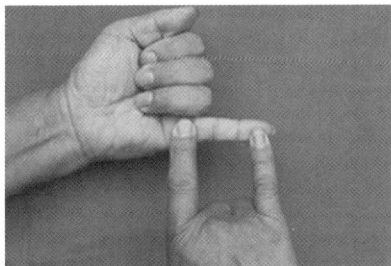

483.

名称：神门诀

手法：左掌掌心朝内握拳，只伸直无名指，右手食指及小指指尖抵住左手无名指，表示神门。

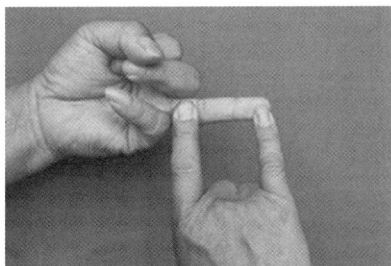

484.

　名称：天门诀

　手法：双手大拇指指尖相抵，
　　　　双手食指朝上伸直，表
　　　　示天门。

485.

　名称：地门诀

　手法：双手食指指尖相搭，双
　　　　手大拇指朝下伸直，表
　　　　示地门。

486.

　名称：山门诀

　手法：竖起左手食指和小指，
　　　　右手食指横架在两指指
　　　　尖上面。

487.

　名称：火门诀

　手法：竖起左手食指和小指，
　　　　右手中指横架在两指指
　　　　尖上面。

488.
　名称：风门诀
　手法：竖起左手食指和小指，
　　　　右手无名指横架在两指
　　　　指尖上面。

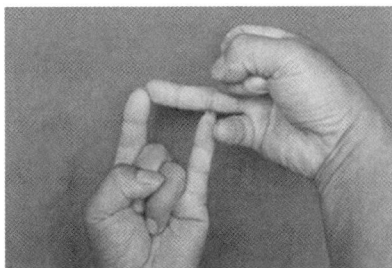

489.
　名称：水门诀
　手法：竖起左手食指和小指，
　　　　右手小指横架在两指指
　　　　尖上面。

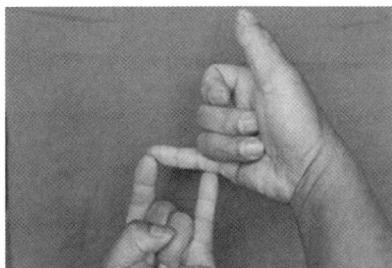

490.
　名称：岩门诀
　手法：竖起左手食指和小指，
　　　　右手做剑诀，横架在两
　　　　指指尖上面。

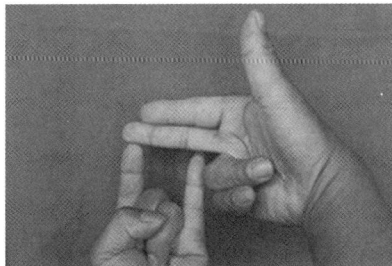

491.
　名称：木门诀
　手法：竖起左手食指和小指，
　　　　右手中指与无名指并拢
　　　　后横架在两指指尖上
　　　　面。

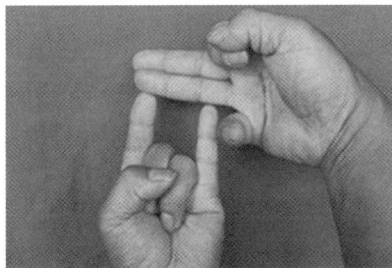

492. 名称：铜门诀 手法：竖起左手食指和小指，右手无名指与小指并拢后横架在两指指尖上面。	
493. 名称：铁门诀 手法：竖起左手食指和小指，右手小指、无名指和中指并拢后横架在两指指尖上面。	
494. 名称：怪门诀 手法：竖起左手食指和小指，右手食指、中指和无名指并拢后横架在两指指尖上面。	
495. 名称：虎头诀 手法：双手外交叉抱拳，两个竖起的大拇指表示耳朵。	

496. 　　名称：白虎诀 　　手法：双手内交叉抱拳，两个 　　　　　竖起的大拇指表示耳 　　　　　朵，偏向右边表示白 　　　　　虎。	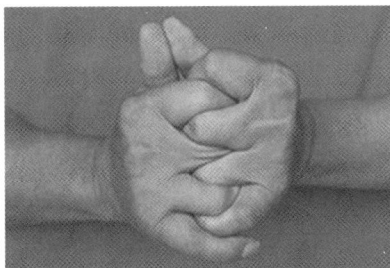
497. 　　名称：过山虎诀 　　手法：双手内交叉抱拳，两个 　　　　　竖起的大拇指表示耳 　　　　　朵，虎耳偏向左边表示 　　　　　过山虎。	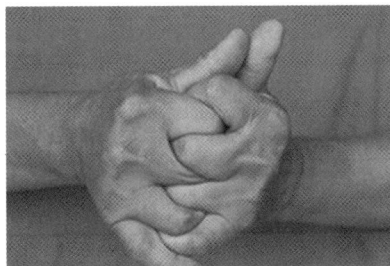
498. 　　名称：兽王诀 　　手法：双手内交叉抱拳，两个 　　　　　竖起的大拇指表示耳 　　　　　朵，打开掌根部位以形 　　　　　成空间。	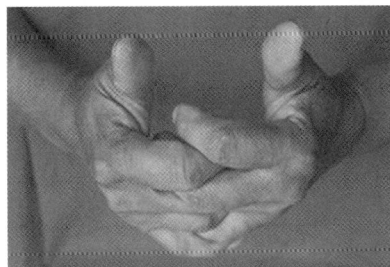
499. 　　名称：麒麟诀 　　手法：双手外交叉抱拳，两个 　　　　　大拇指伸直表示耳朵， 　　　　　伸直双手小指。	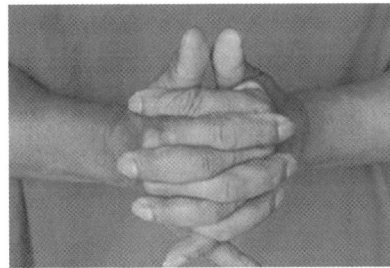

500.
名称：狮子诀
手法：双手外交叉抱拳，两个大拇指伸直表示耳朵，伸直左手小指。

501.
名称：黄斑饿虎诀
手法：双手外交叉抱拳，大拇指伸直并拢，两无名指相抵。

502.
名称：魁头诀
手法：双手各自握拳，然后并拢。

503.
名称：红虎大王诀
手法：双手各自握拳，然后并拢，两大拇指交叉。

504.	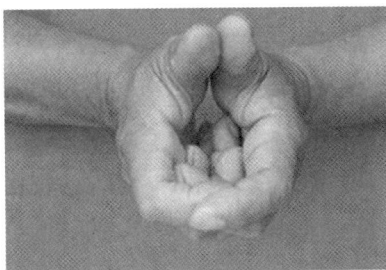
名称：咬鬼诀 手法：双手小指、无名指及中指外交叉后合拢，食指相抵，大拇指并拢。	

505.	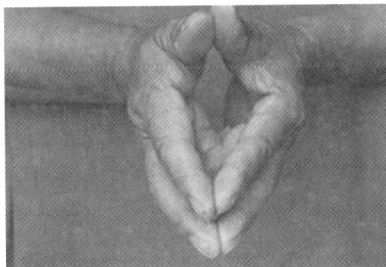
名称：吃鬼诀 手法：双手四指外交叉后合拢，大拇指并拢。	

506.	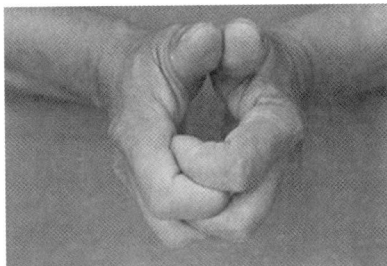
名称：咬邪精诀 手法：双手小指、无名指外交叉，中指及食指各自相抵，大拇指并拢。	

507.	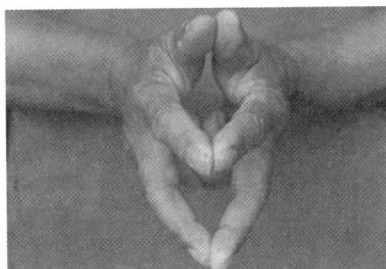
名称：咬邪师魂诀 手法：双手小指、无名指外交叉，中指及食指各自相抵并叉开，大拇指并拢。	

508. 　　名称：咬蛊诀 　　手法：双手小指、无名指外交 　　　　　叉，中指、食指各自相 　　　　　抵并叉开。	
509. 　　名称：吃蛊婆魂诀 　　手法：双手小指、无名指及中 　　　　　指外交叉，大拇指及食 　　　　　指相抵。	
510. 　　名称：咬怪诀 　　手法：双手小指、无名指及中 　　　　　指内交叉，大拇指相 　　　　　抵，食指伸直。	
511. 　　名称：吞鬼诀 　　手法：双手四指外交叉后收 　　　　　拢，两大拇指相抵。	

512.

名称：吞风诀

手法：双手小指、无名指及中指内交叉后收拢，食指伸直，两大拇指并拢。

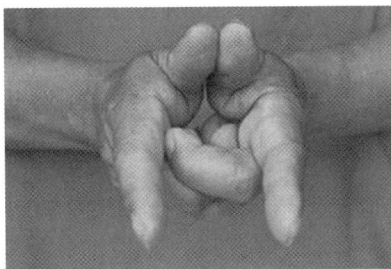

513.

名称：吞邪精诀

手法：双手小指、无名指内交叉后收拢，中指与食指伸直，两大拇指并拢。

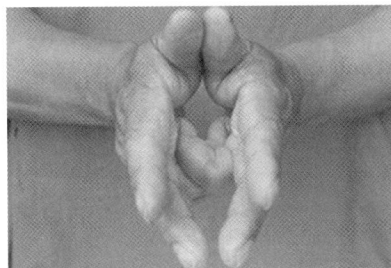

514.

名称：吞怪诀

手法：双手中指、食指内交叉后收拢，小指与无名指各自内收，两大拇指相抵。

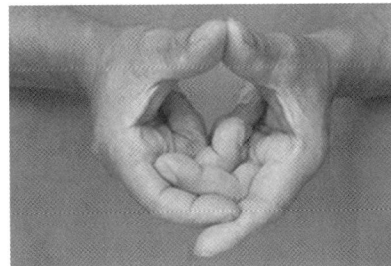

515.

名称：吞食魔王诀

手法：双手中指、食指及无名指内交叉后收拢，小指各自内收，两大拇指相抵。

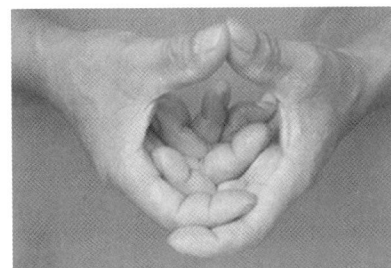

516. 　名称：吞唊诀 　手法：右手食指、中指及无名指并拢在下，左手食指、中指及无名指并拢在上，两小指交叉，双手收拢，两大拇指相并。	
517. 　名称：大吞诀 　手法：左手食指、中指及无名指并拢在下，右手食指、中指及无名指并拢在上，两小指交叉，双手收拢，两大拇指相并。	
518. 　名称：吞煞诀 　手法：左手食指、中指并拢在下，右手食指、中指并拢在上，无名指、小指交叉，双手收拢，两大拇指相并。	
519. 　名称：吞天诀 　手法：左手四指并拢在下，右手四指并拢在上，双手收拢，两大拇指相并。	

520.

名称：吞地诀

手法：右手四指并拢在下，左手四指并拢在上，双手收拢，两大拇指相并。

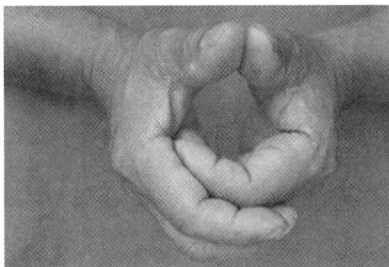

521.

名称：吞日诀

手法：左手四指并拢在下，右手三指并拢在上，收小指夹在左手掌下，双手收拢，两大拇指相并。

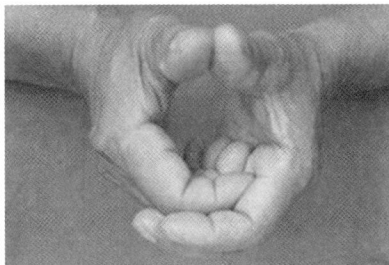

522.

名称：吞月诀

手法：右手四指并拢在下，左手三指并拢在上，收小指夹在右手掌下，双手收拢，两大拇指相并。

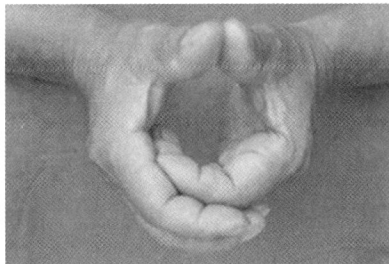

523.

名称：千里眼诀

手法：双手握空拳成筒状，两大拇指伸直相抵。

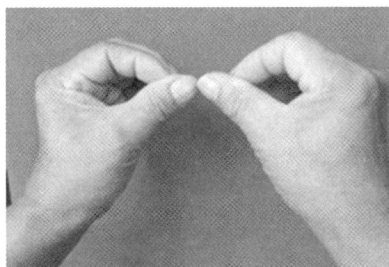

524.

名称：千里照诀

手法：双手握空拳成筒状，两小指伸直相抵。

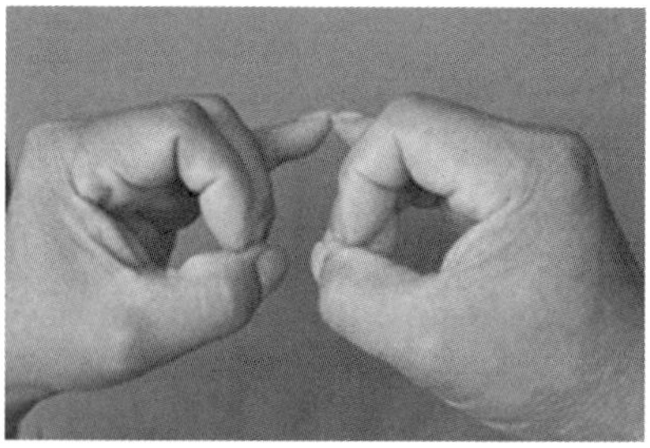

525.

名称：照妖诀

手法：左手空拳在后，照向在前的、伸直的右手小指。

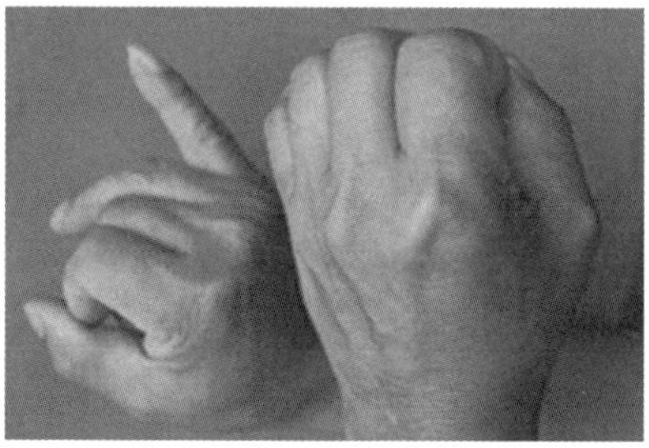

526.

名称：现形诀

手法：左手空拳在后，照向在前的、弯曲着的右手食指。

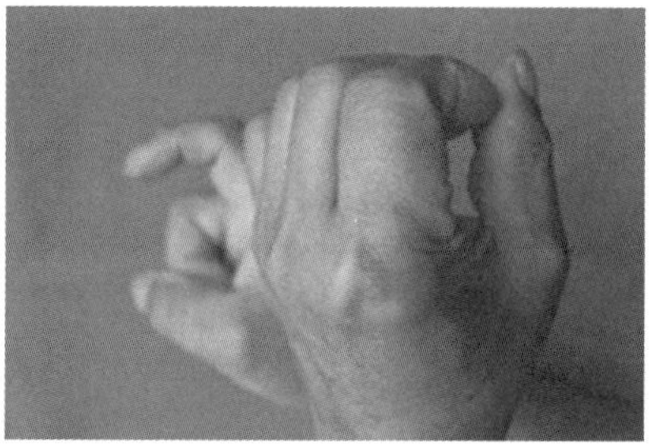

527.

名称：光明诀

手法：两手空拳相隔，各伸直小指。

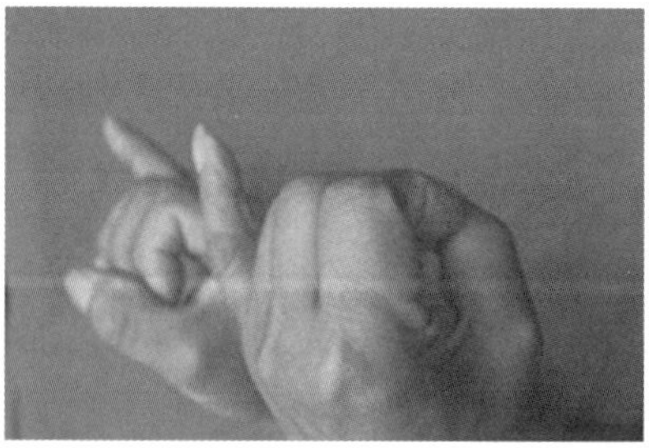

528.

名称：豪光诀

手法：两手空拳相隔，稍弯曲
小指与无名指。

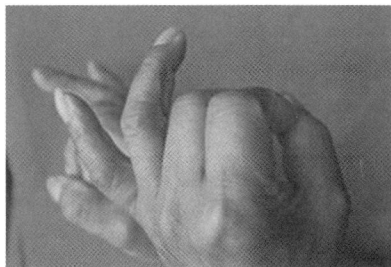

529.

名称：金光诀

手法：两手空拳相隔，各伸直
小指、无名指及中指。

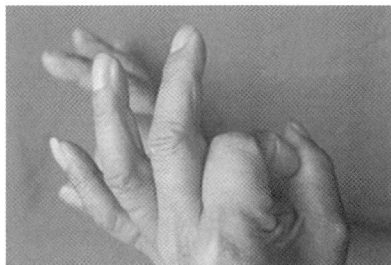

530.

名称：日光诀

手法：左手大拇指与食指相抵
成圈，又开三指，右手
于旁伸出大拇指。

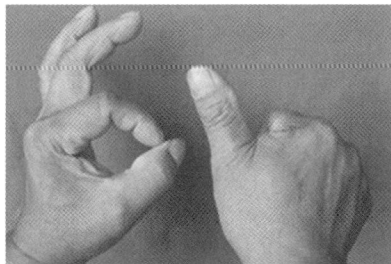

531.

名称：月光诀

手法：左手大拇指与食指相抵
成圈，又开其余三指，
右手于旁伸出中指。

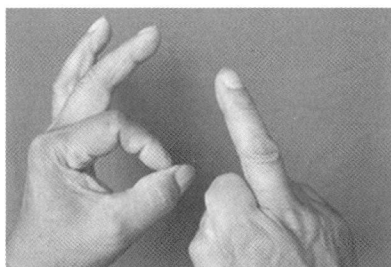

532.

名称：星光诀

手法：左手大拇指与食指相抵
成圈，又开其余三指，
右手于旁伸出食指。

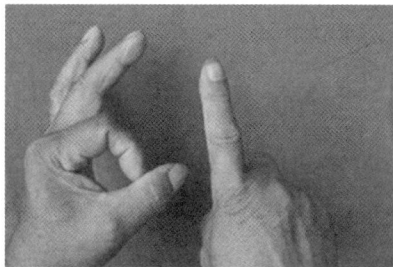

533.

名称：神光诀

手法：左手大拇指与食指相抵
成圈，又开其余三指，
右手于旁伸出无名指。

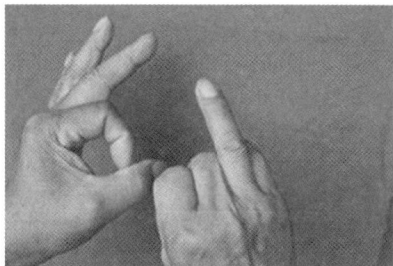

534.

名称：铜照诀

手法：左手大拇指与食指相抵
成圈，又开其余三指，
右手于旁伸出大拇指与
食指。

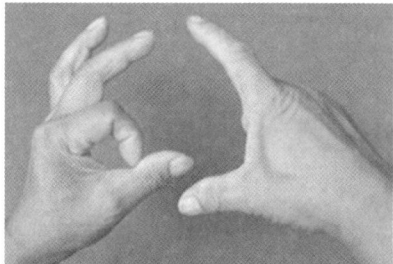

535.

名称：铁照诀

手法：左手大拇指与食指相抵
成圈，又开其余三指，
右手于旁伸出大拇指与
小指。

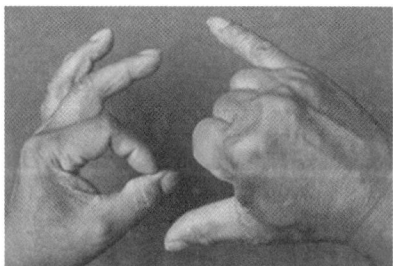

536.

名称：顺风耳诀

手法：两手握空拳，贴于两耳边。

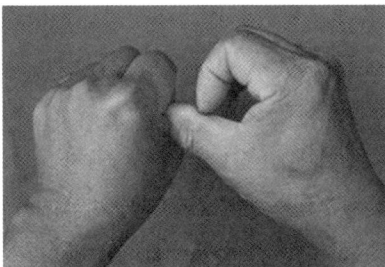

537.

名称：鬼报信诀

手法：两手握拳，右手伸大拇指与小指贴于左拳拳口。

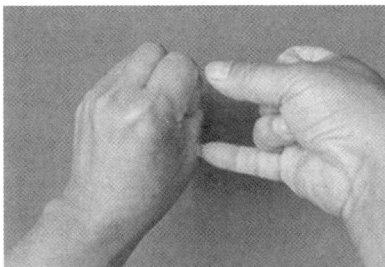

538.

名称：千里音诀

手法：两手握拳，右手伸大拇指贴于左拳拳口。

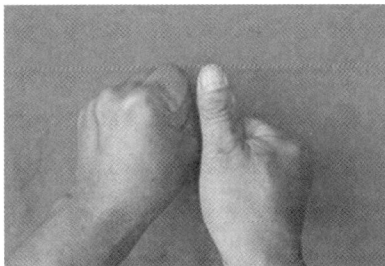

539.

名称：耳报诀

手法：两手大拇指指根扣住食指指尖成圈，贴于两耳边。

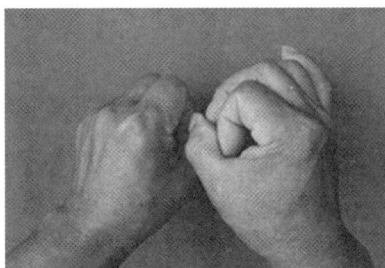

540.

名称：听魔音诀

手法：右手大拇指与中指相抵成圈，贴于左拳拳口。

541.

名称：探邪诀

手法：右手大拇指与无名指相抵，贴于左拳拳口。

542.

名称：香炉诀

手法：将右手掌壳置于左手掌心之上。

543.

名称：金仓诀

手法：将右手空拳竖置于左手掌心之上。

544.
名称：银库诀
手法：将左手空拳竖置于右手
　　　掌心之上。

545.
名称：钱仓诀
手法：将右手空拳竖置于左手
　　　掌背之上。

546.
名称：米库诀
手法：将左手空拳竖置于右手
　　　掌背之上。

547.
名称：东河东海诀
手法：两手掌壳相并成窝状
　　　后，曲两手食指入内。

548.

名称：南河南海诀

手法：两手掌壳相并成窝状后，曲两手中指入内。

549.

名称：西河西海诀

手法：两手掌壳相并成窝状后，曲两手无名指入内。

550.

名称：北河北海诀

手法：两手掌壳相并成窝状后，曲两手小指入内。

551.

名称：中河中海诀

手法：两手掌壳相并成窝状后，曲两手大拇指入内。

552.

名称：五湖四海诀

手法：两手掌壳相并成窝状后，曲右手大拇指入内。

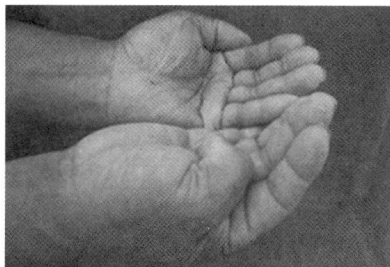

553.

名称：十二盘洋大海诀

手法：两手掌壳相并成窝状。

554.

名称：酒杯诀

手法：右手握空拳，竖置于左手掌上，以小指夹左手小指。

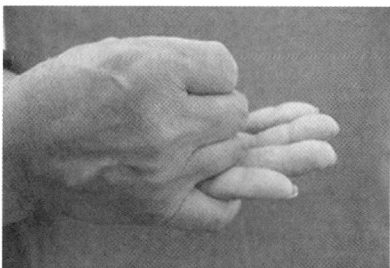

555.

名称：金杯银碗诀

手法：右手握空拳，竖置于右手掌上，左手小指夹右手小指。

556.

名称：金勺诀

手法：右手做剑诀，置于左手掌壳之根部。

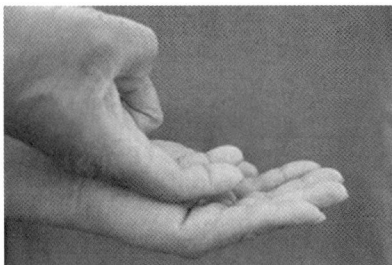

557.

名称：银筷诀

手法：将右手食指、中指叉开，置于左手掌壳内。

558.

名称：水碗诀

手法：将左手掌壳置于右手手背上。

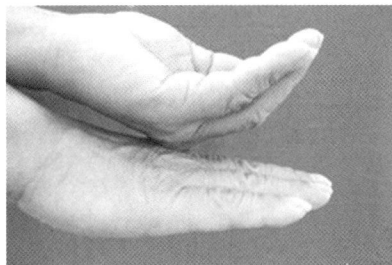

559.

名称：二龙圣水诀

手法：两手无名指交叉，右手收拢置于左手上，表示两条龙绞在一起。

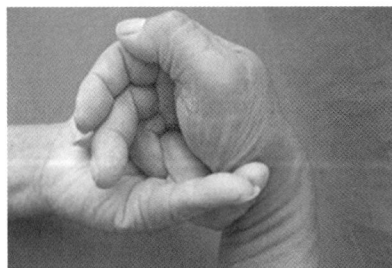

560.

名称：龙宫诀

手法：将两手大拇指、中指并
拢，无名指相抵后，竖
直食指和小指。

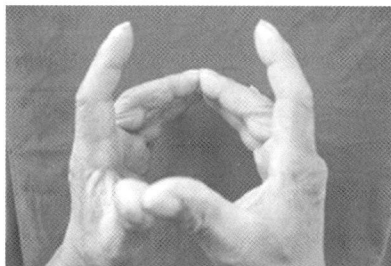

561.

名称：绞诀

手法：两手食指、中指相绞，
余指叉开。

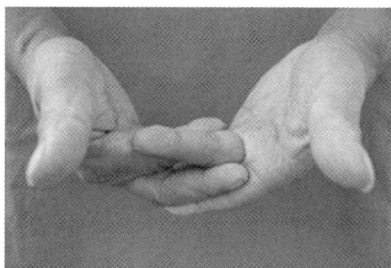

562.

名称：阴绞诀

手法：两手中指和无名指相
绞，余指叉开。

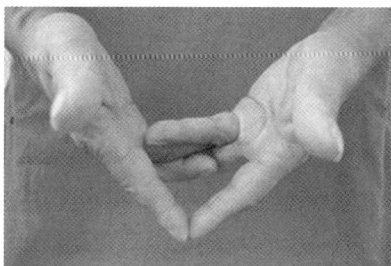

563.

名称：阳绞诀

手法：两手无名指和小指相
绞，余指叉开。

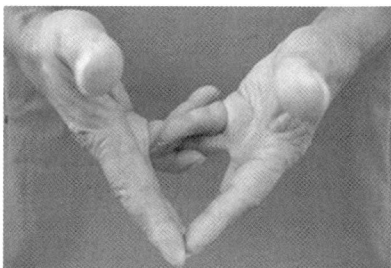

564.

　　名称：铜绞诀

　　手法：两手食指、中指和无名
　　　　　指相绞，余指叉开。

565.

　　名称：铁绞诀

　　手法：两手中指、无名指和小
　　　　　指相绞，余指叉开。

566.

　　名称：天绞诀

　　手法：两手手背朝天，四指相
　　　　　互交叉。

567.

　　名称：地绞诀

　　手法：两手手背朝地，四指相
　　　　　互交叉。

568.

名称：神绞诀

手法：两手中指和无名指相绞
后，各曲食指和大拇
指。

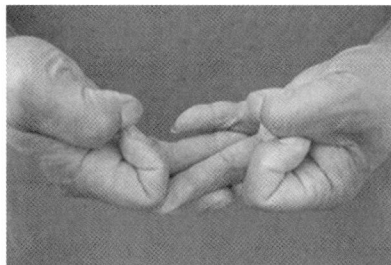

569.

名称：仙绞诀

手法：两手中指和无名指相绞
后，曲食指，大拇指相
抵。

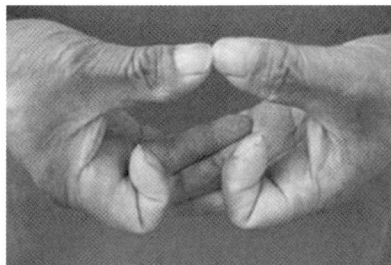

570.

名称：邪绞诀

手法：两手中指和无名指相绞
后，左手食指交叉压住
右手食指，曲大拇指。

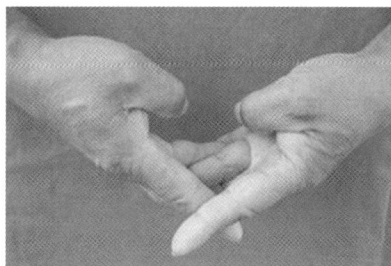

571.

名称：鬼绞诀

手法：两手中指和无名指相绞
后，食指相抵，左手大
拇指交叉压住右手大拇
指。

572. 　　名称：盾牌诀 　　手法：将右掌竖置于左掌上。	
573. 　　名称：阴盾诀 　　手法：将右掌四指竖插在左掌 　　　　　上。	
574. 　　名称：阳盾诀 　　手法：将右掌横架于左掌上。	
575. 　　名称：金盾诀 　　手法：将左掌竖置于右掌上。	

576.

名称：银盾诀

手法：将左掌四指竖插在右掌
　　　上。

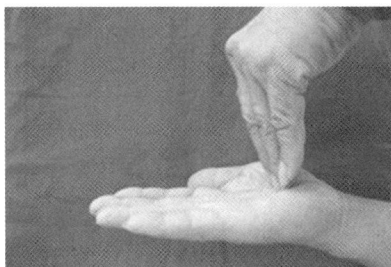

577.

名称：铜盾诀

手法：将左掌横架于右掌上。

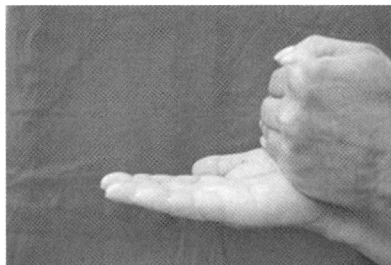

578.

名称：铁盾诀

手法：将左掌斜放在右掌上。

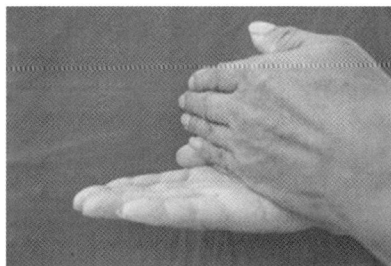

579.

名称：护身诀

手法：双手朝外，左掌在前、
　　　右掌在后，交叉挡在胸
　　　前。

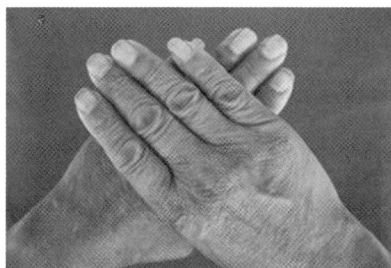

580. 　名称：护心诀 　手法：双手朝外，右掌在前、 　　　　左掌在后，交叉挡在胸 　　　　前。	
581. 　名称：护胸诀 　手法：双手朝外，右掌在前、 　　　　左掌在后，右掌小指插 　　　　入左掌背后，交叉挡在 　　　　胸前。	
582. 　名称：阴护诀 　手法：双手朝外，左掌在前、 　　　　右掌在后，两掌掌心相 　　　　贴，右掌大拇指与小指 　　　　插入左掌背后，交叉挡 　　　　在胸前。	
583. 　名称：阳护诀 　手法：双手朝外，左掌在前、 　　　　右掌在后，两掌掌心相 　　　　贴，右掌食指与大拇指 　　　　插入左掌背后，交叉挡 　　　　在胸前。	

584.
名称：隔挡诀
手法：双手朝外，左掌在前、
右掌在后，交叉隔于胸
前。

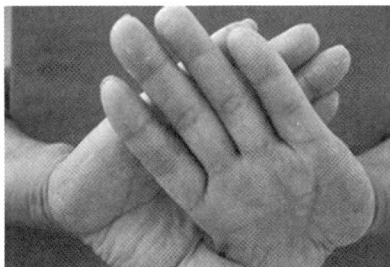

585.
名称：阴挡诀
手法：双手朝外，左掌在前、
右掌在后，右掌小指插
于左掌前，交叉隔于胸
前。

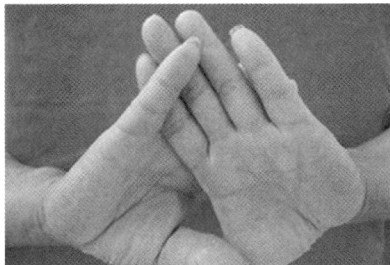

586.
名称：阳挡诀
手法：双手朝外，右掌在前，
左掌在后，左掌小指插
于右掌前，交叉隔于胸
前。

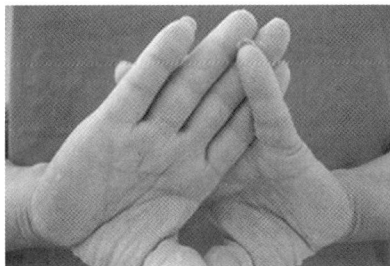

587.
名称：挡前诀
手法：将右掌横架于左掌掌尖
部位。

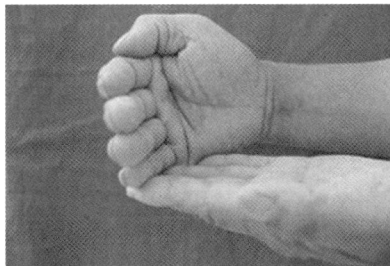

588.

名称：挡后诀

手法：将右掌横架于左掌掌根部位。

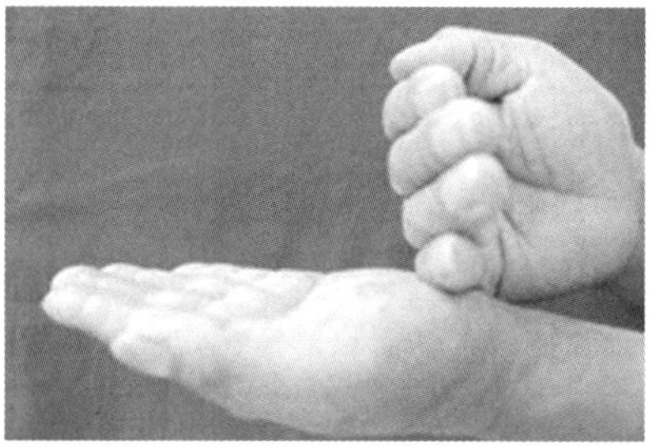

589.

名称：挡风诀

手法：将左掌横架于右掌掌尖部位。

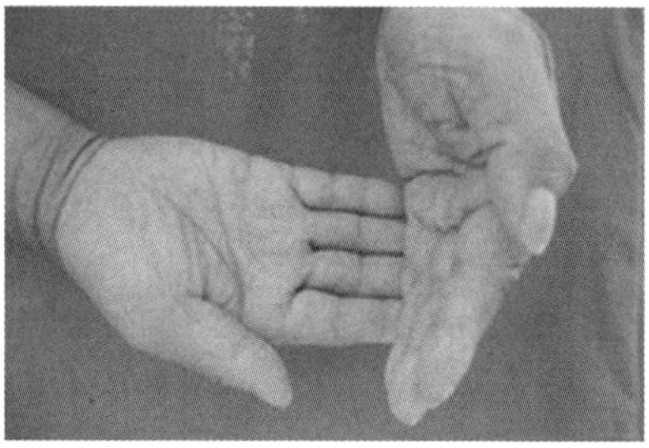

590.

名称：挡雨诀

手法：将左掌横架于右掌掌根部位。

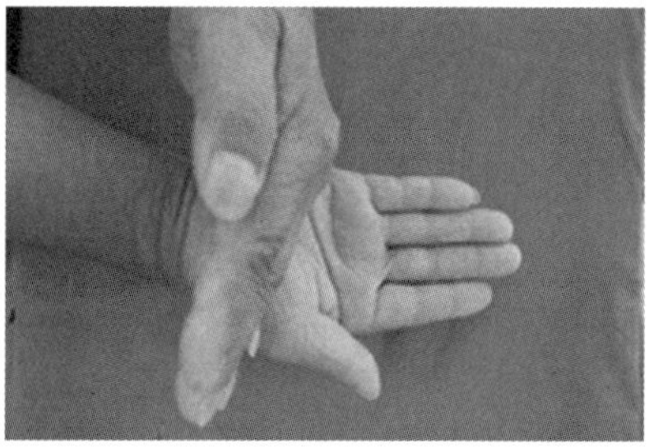

591.

名称：阴手诀

手法：右手大拇指、食指和中指成抓物状。

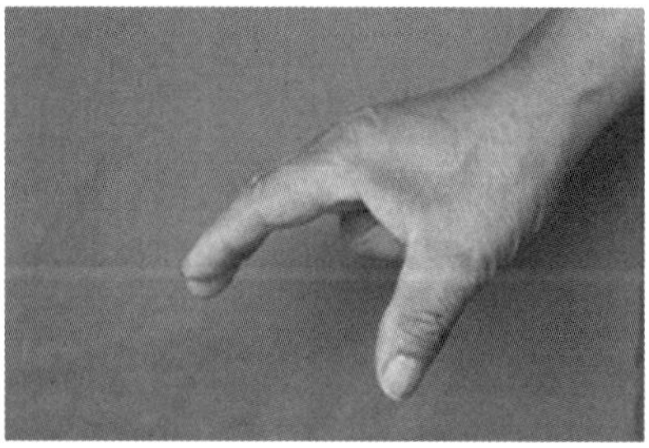

592. 　　名称：阳手诀 　　手法：左手大拇指、食指和中 　　　　　指成抓物状。	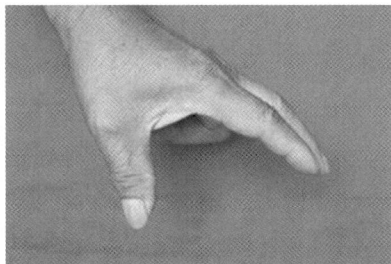
593. 　　名称：阴收诀 　　手法：右手食指指尖抵大拇指 　　　　　根部，大拇指指尖与中 　　　　　指指尖相抵成圈，包住 　　　　　食指所成的小圈。	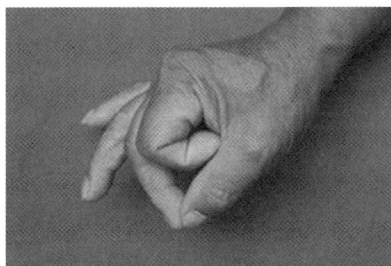
594. 　　名称：阳收诀 　　手法：左手食指指尖抵大拇指 　　　　　根部，大拇指指尖与中 　　　　　指指尖相抵成圈，包住 　　　　　食指所成的小圈。	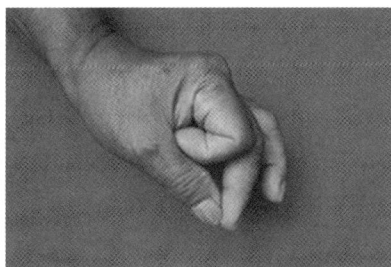
595. 　　名称：阴除诀 　　手法：右手中指指尖抵大拇指 　　　　　中节，朝外做弹出状。	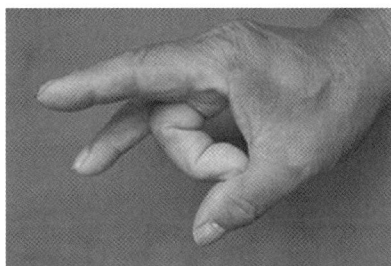

596.

名称：阳除诀

手法：左手中指指尖抵大拇指
中节，朝外做弹出状。

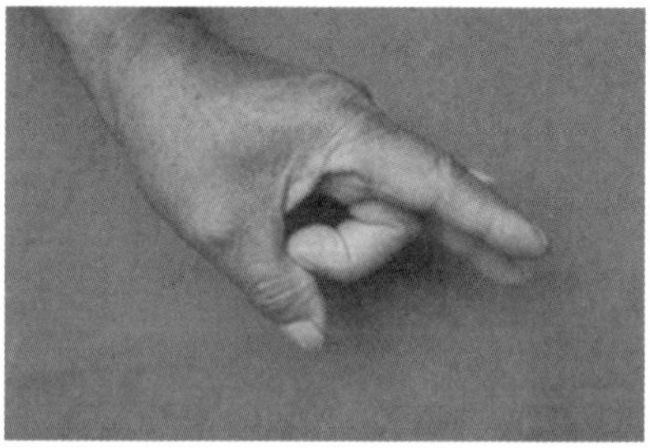

597.

名称：护阴魂诀

手法：右手大拇指置于左手掌
心。

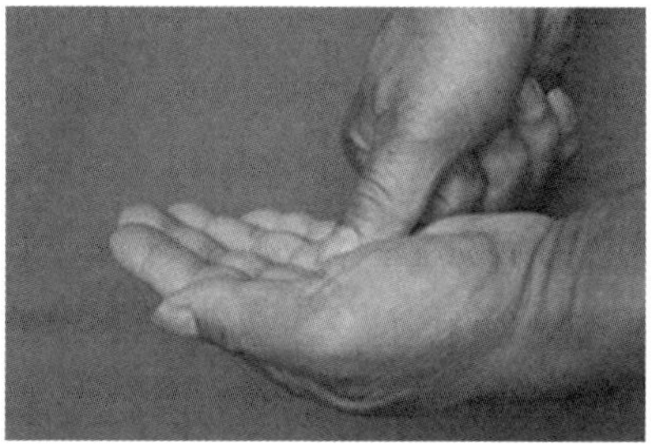

598.

名称：护阳魂诀

手法：左手大拇指置于右手掌
心。

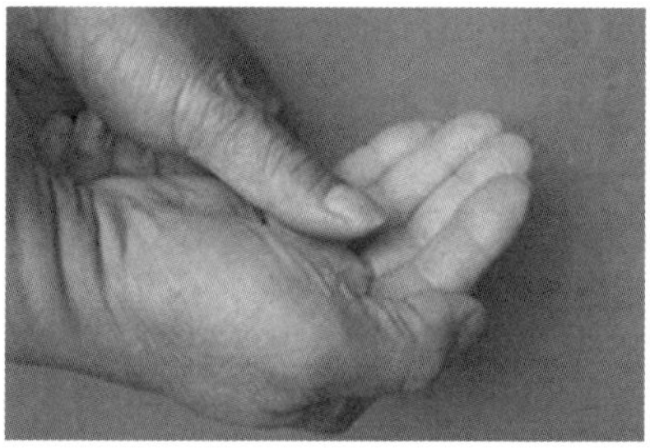

599.

名称：扫除诀

手法：将左手四指置于右掌掌
根，向外扫去。

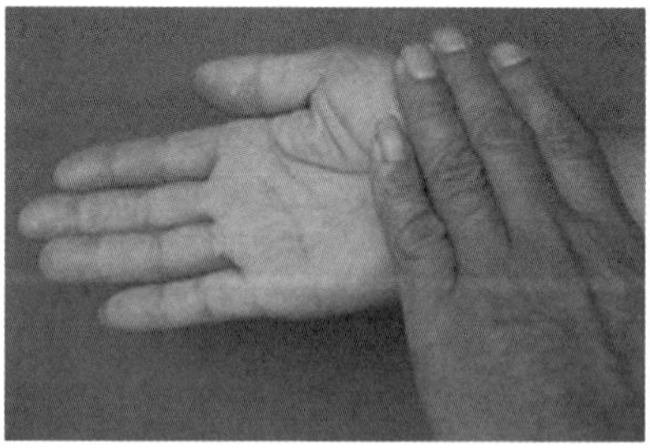

600.

名称：天扫诀

手法：将左手食指置于右掌掌
根，向外扫去。

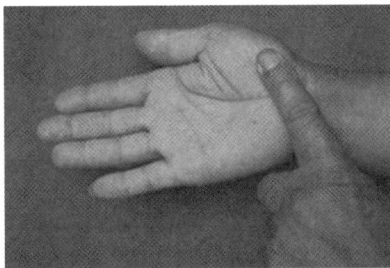

601.

名称：地扫诀

手法：将右手食指置于左掌掌
根，向外扫去。

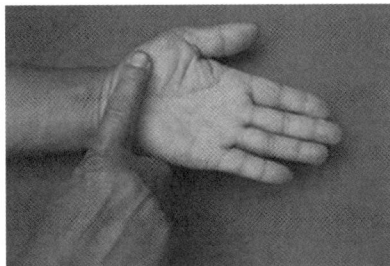

602.

名称：阴扫诀

手法：右手收小指，将食指、
中指和无名指置于左掌
掌根，向外扫去。

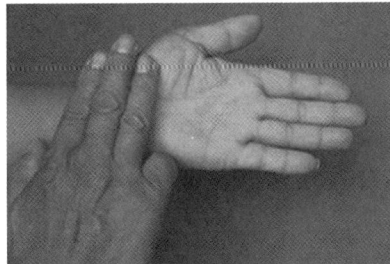

603.

名称：阳扫诀

手法：左手收小指，将食指、
中指和无名指置于左掌
掌根，向外扫去。

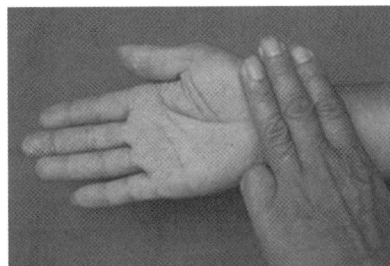

604.

　名称：收魂上身诀
　手法：右手做剑诀，横架于左
　　　　手中指指根，缓缓向指
　　　　尖移动。

605.

　名称：收惊诀
　手法：右手做剑诀，横架于左
　　　　手中指下节，缓缓向指
　　　　尖移动。

606.

　名称：除晦气诀
　手法：右手做剑诀，横架于左
　　　　手中指中节，缓缓地往
　　　　指尖移。

607.

　名称：除灾殃诀
　手法：左手做剑诀，横架于右
　　　　手中指根部，缓缓向指
　　　　尖移动。

608.

名称：除口嘴诀

手法：右手大拇指与食指指尖
相抵成圈，于左手中指
根部缓缓向指尖移动。

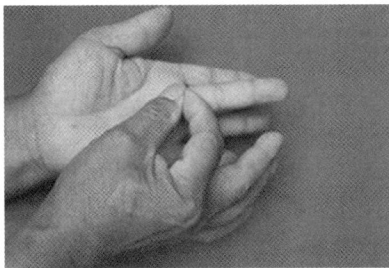

609.

名称：除官非诀

手法：左手大拇指与食指指尖
相抵成圈，于右手中指
根部缓缓向指尖移动。

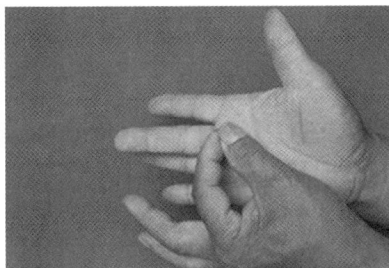

610.

名称：除病解痛诀

手法：右手大拇指抵于左手中
指根部，缓缓向指尖移
动。

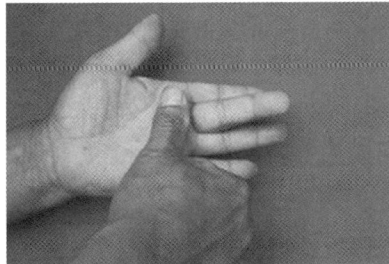

611.

名称：除邪气诀

手法：左手大拇指抵于右手中
指根部，缓缓向指尖移
动。

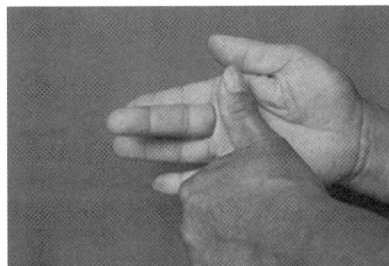

612.	
名称：手弹诀 手法：双手中指抵在大拇指根部，掌心朝上，作对外弹出状。	

613.	
名称：阴手弹诀 手法：右手中指抵在大拇指根部，右手大拇指抵在左手掌根部。	

614.	
名称：阳手弹诀 手法：左手中指抵在大拇指根部，左手大拇指抵在右手掌根部。	

615.	
名称：金手弹诀 手法：右手食指抵在大拇指根部，右手大拇指抵在左手掌根部。	

616.

名称：银手弹诀

手法：右手无名指抵在大拇指根部，右手大拇指抵在左手掌根部。

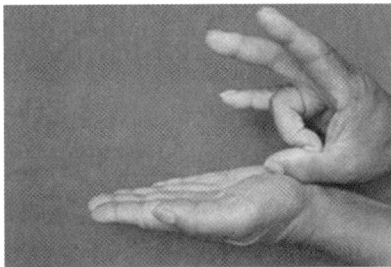

617.

名称：铜手弹诀

手法：右手小指抵在大拇指根部，右手大拇指抵在左手掌根部。

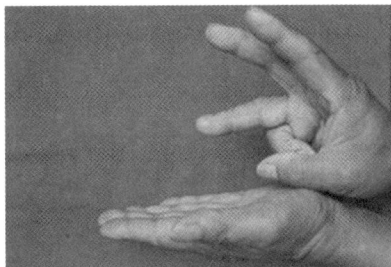

618.

名称：铁手弹诀

手法：右手中指和无名指并拢，抵在大拇指根部，右手大拇指抵在左手掌根部。

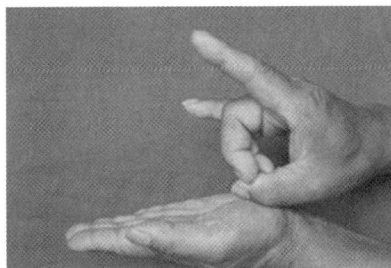

619.

名称：打魔弹诀

手法：右手中指和食指并拢，抵在大拇指根部，右手大拇指抵在左手掌根部。

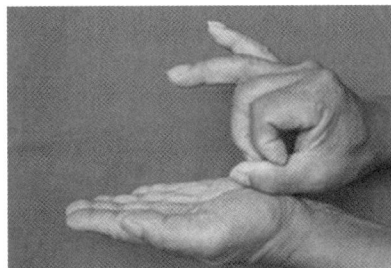

620.

名称：打邪弹诀

手法：右手无名指和小指并拢，抵在大拇指根部，右手大拇指抵在左手掌根部。

621.

名称：打神弹诀

手法：左手食指抵在大拇指根部，左手大拇指抵在右手掌根部。

622.

名称：打鬼弹诀

手法：左手无名指抵在大拇指根部，左手大拇指抵在右手掌根部。

623.

名称：雷筒大炮弹诀

手法：左手小指抵在大拇指根部，左手大拇指抵在右手掌根部。

624.

名称：天炮弹诀

手法：双手中指抵在大拇指根部，掌心朝下，作对外弹出状。

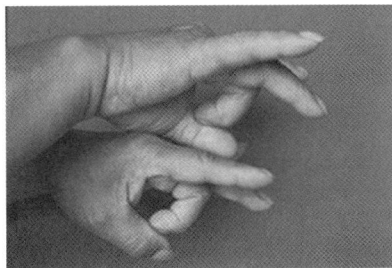

625.

名称：地炮弹诀

手法：两手掌心相对，左手中指抵在大拇指根部，左手大拇指贴在右手掌根部。

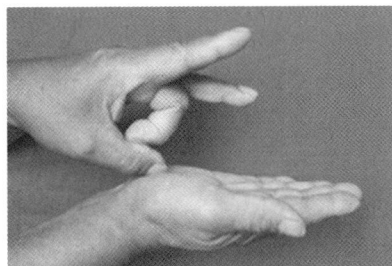

626.

名称：弓箭诀

手法：将左手大拇指、中指与右手大拇指、食指相抵做弓，将左手食指伸直做箭。

627.

名称：阴弓诀

手法：将左手大拇指、食指与右手大拇指、食指相抵做弓，将左手中指伸直做箭。

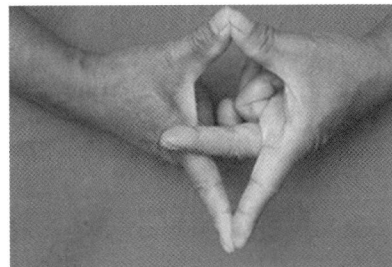

628.

名称：阳弓诀

手法：将右手大拇指、中指与
左手大拇指、食指相抵
做弓，将右手食指伸直
做箭。

629.

名称：金弓诀

手法：将右手大拇指、食指与
左手大拇指、食指相抵
做弓，将右手中指伸直
做箭。

630.

名称：银弓诀

手法：将左手大拇指、食指与
右手大拇指、食指相抵
做弓，将左手无名指伸
直做箭。

631.

名称：铜弓诀

手法：将左手大拇指、食指与
右手大拇指、食指相抵
做弓，将左手小指伸直
做箭。

632.

名称：铁弓诀

手法：将右手大拇指、食指与
左手大拇指、食指相抵
做弓，将右手无名指伸
直做箭。

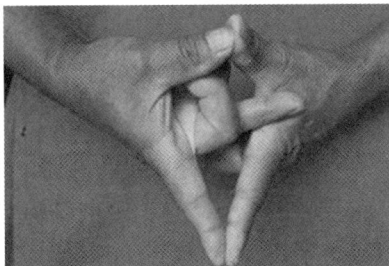

633.

名称：神弓诀

手法：将右手大拇指、食指与
左手大拇指、食指相抵
做弓，将右手小指伸直
做箭。

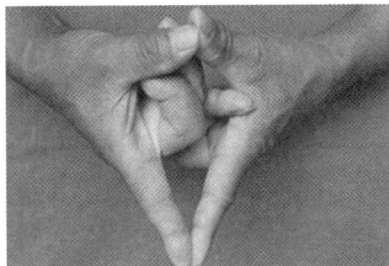

634.

名称：鬼箭诀

手法：左手大拇指与食指相抵
后，将右手食指从左手
食指与中指之间伸出去。

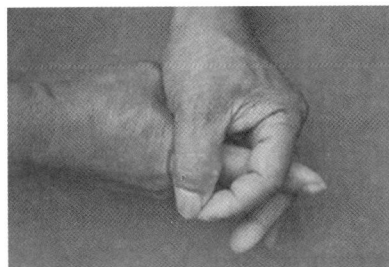

635.

名称：弩弓诀

手法：左手大拇指与食指相抵
后，将右手中指从左手
食指与中指之间伸出去。

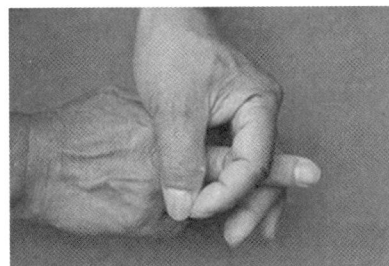

636.

名称：弩箭诀

手法：左手大拇指与食指相抵后，将右手无名指从左手食指与中指之间伸出去。

637.

名称：穿心箭诀

手法：左手大拇指与食指相抵后，将右手小指从左手食指与中指之间伸出去。

638.

名称：射风诀

手法：右手大拇指与食指相抵后，将左手食指从右手食指与中指之间伸出去。

639.

名称：射妖诀

手法：右手大拇指与食指相抵后，将左手中指从右手食指与中指之间伸出去。

640.

名称：射怪异诀

手法：右手大拇指与食指相抵后，将左手无名指从右手食指与中指之间伸出去。

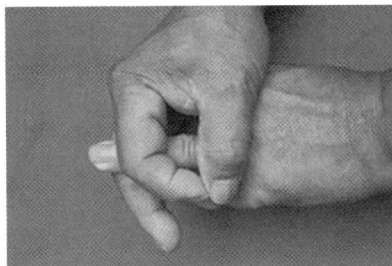

641.

名称：射邪师诀

手法：右手大拇指与食指相抵后，将左手大拇指从右手的食指与中指之间伸出去。

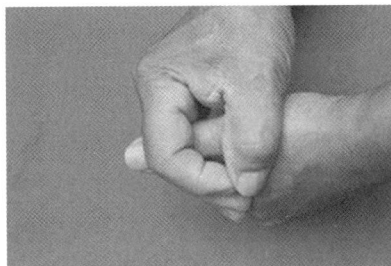

642.

名称：仙鹅诀

手法：两手掌心朝下，将双手大拇指交叉表示头，两手掌斜张表示翅。

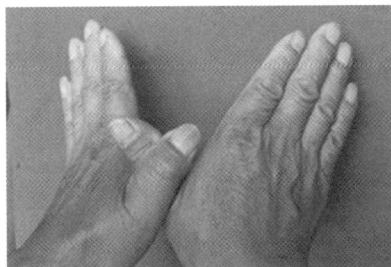

643.

名称：飞身诀

手法：右手做祖师诀，架在左手背上。

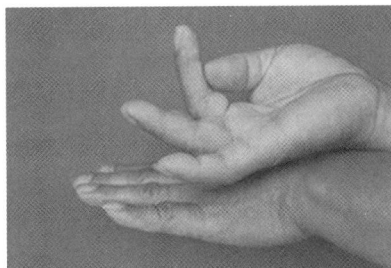

644.

名称：神鸟诀

手法：掌心朝下，将双手食指并拢表示头，斜张中指、无名指、小指表示翅。

645.

名称：仙鹤诀

手法：掌心朝下，将双手大拇指、食指分别交叉，斜张其余三指。

646.

名称：腾云诀

手法：右手做剑诀，置于左手背上。

647.

名称：驾雾诀

手法：右手食指、中指和无名指并拢，置于左手背上。

648.

名称：度仙诀

手法：左手竖大拇指，置于右
手背上。

649.

名称：铜背诀

手法：左手做剑诀，置于右手
背上。

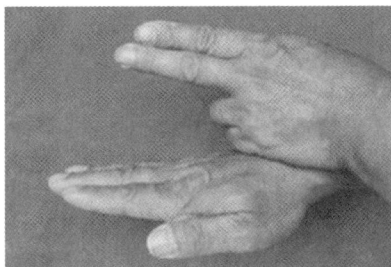

650.

名称：铁背诀

手法：左手中指与无名指并
拢，置于右手背上。

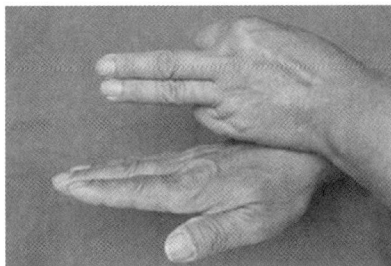

651.

名称：步罡诀

手法：右手伸出食指和中指，
点于左手掌心内。

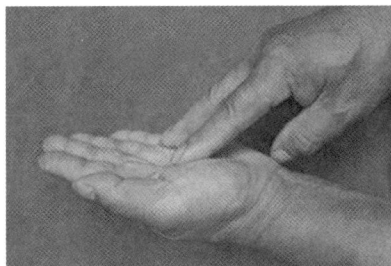

652.

名称：天罡斗数诀
手法：右手伸出中指和无名
指，点于左手掌心内。

653.

名称：紫府步虚诀
手法：右手伸出食指和小指，
点于左手掌心内。

654.

名称：踏罡斗步诀
手法：右手伸出食指和无名
指，点于左手掌心内。

655.

名称：斗府朝礼诀
手法：竖右手食指，置于左手
掌心上。

656.

名称：法堂朝礼诀

手法：竖右手中指，置于左手
掌心上。

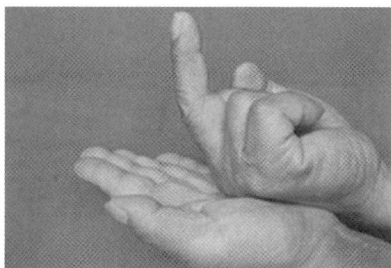

657.

名称：正坛朝礼诀

手法：竖右手无名指，置于左
手掌心上。

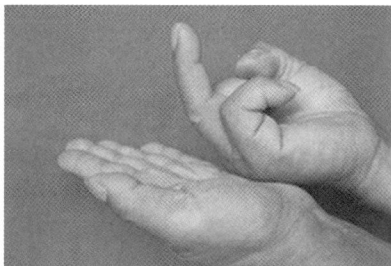

658.

名称：正殿朝礼诀

手法：竖右手小指，置于左手
掌心上。

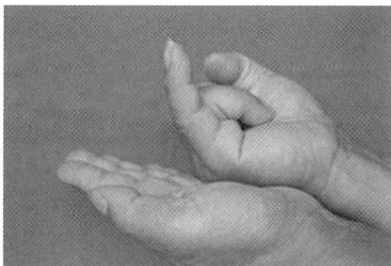

659.

名称：送神诀一

手法：两手掌心朝上，四指交
叉，露出指尖，两手大
拇指各与另一只手的小
指指尖相抵。

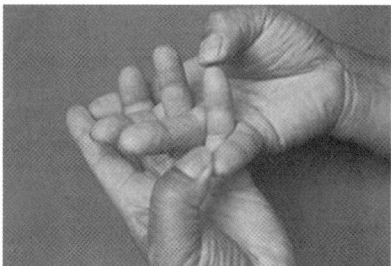

660. 　名称：送神诀二 　手法：两手掌心朝上，四指交 　　　叉，露出指尖，两手大 　　　拇指各与另一只手的无 　　　名指指尖相抵。	
661. 　名称：送神诀三 　手法：两手掌心朝上，四指交 　　　叉，露出指尖，两手大 　　　拇指各与另一只手的中 　　　指指尖相抵。	
662. 　名称：送神诀四 　手法：两手掌心朝上，四指交 　　　叉，露出指尖，两手大 　　　拇指各与另一只手的食 　　　指指尖相抵。	
663. 　名称：送瘟诀 　手法：左手掌在下、右手掌在 　　　上，右手掌从左手掌掌 　　　根向掌尖扫去。	

664.

名称：遣怪诀

手法：右手掌在下、左手掌在上，左手掌从右手掌掌根向掌尖扫去。

665.

名称：送灾诀

手法：左手掌在下、右手掌在上，右手掌曲收小指后，从左手掌掌根向掌尖扫去。

666.

名称：驱鬼诀

手法：右手掌在下、左手掌在上，左手掌曲收小指后，从左手掌掌根向掌尖扫去。

667.

名称：赶杀诀

手法：左手掌在下、右手掌在上，右手做剑诀，从左手掌掌根向掌尖扫去。

668. 　名称：追杀诀 　手法：右手掌在下、左手掌在 　　　　上，左手做剑诀，从右 　　　　手掌掌根向掌尖扫去。	
669. 　名称：洞府诀 　手法：右手空拳，贴于左手拳 　　　　门上。	
670. 　名称：阴洞诀 　手法：右手空拳，贴于左手拳 　　　　背上。	
671. 　名称：阳洞诀 　手法：右手空拳，接在左手拳 　　　　口上。	

672.
名称：仙洞诀
手法：右手空拳，竖起食指
后，贴于左手拳门上。

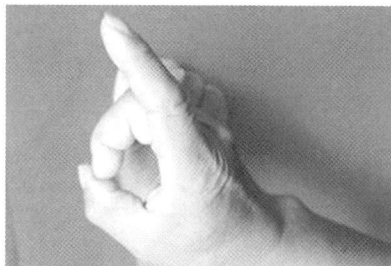

673.
名称：神洞诀
手法：右手空拳，竖起中指
后，贴于左手拳门上。

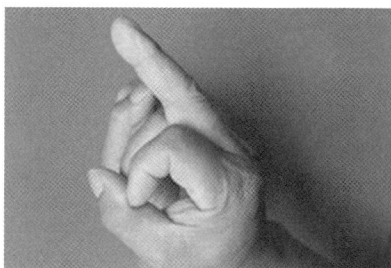

674.
名称：鬼洞诀
手法：右手空拳，竖起无名指
后，贴于左手拳门上。

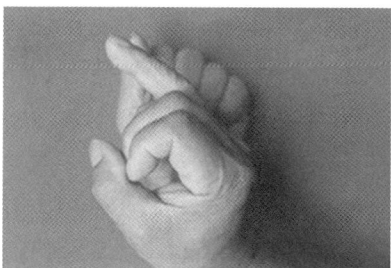

675.
名称：桃源仙洞诀
手法：左手空拳，贴于右手拳
门上。

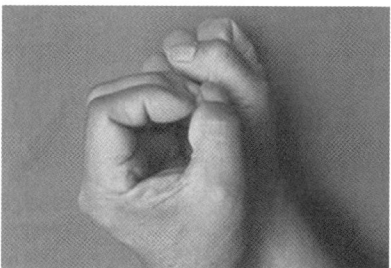

676.

名称：华山洞府诀

手法：左手空拳，贴于右手拳背上。

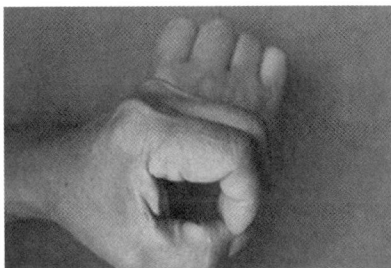

677.

名称：仙道洞天诀

手法：左手空拳，接于右手拳口上。

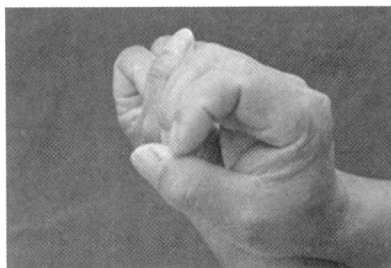

678.

名称：溪源潭洞诀

手法：左手空拳，竖起食指后，贴于右手拳门上。

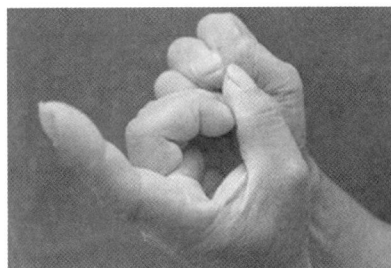

679.

名称：五岳洞天诀

手法：左手空拳，竖起中指后，贴于右手拳门上。

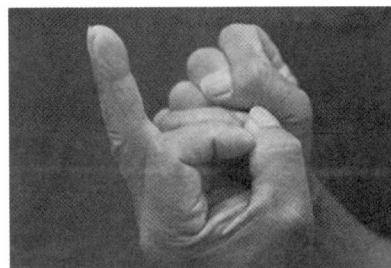

680.

　　名称：五庙神洞诀
　　手法：左手空拳，竖起无名指
　　　　　后，贴于右手拳门上。

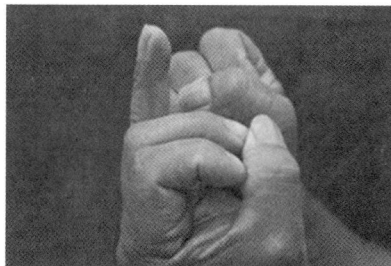

681.

　　名称：无名山洞诀
　　手法：左手空拳，竖起小指
　　　　　后，贴于右手拳门上。

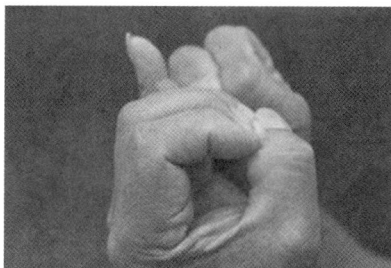

682.

　　名称：围兵诀
　　手法：双手大拇指和食指相抵
　　　　　成圈。

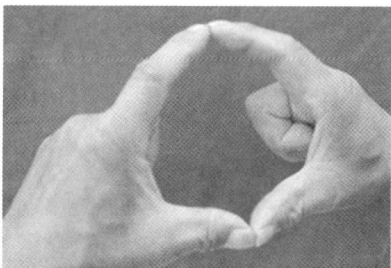

683.

　　名称：围界诀
　　手法：双手大拇指和无名指相
　　　　　抵成圈。

684.

名称：围山诀

手法：双手大拇指和小指相抵
　　　成圈。

685.

名称：围城诀

手法：双手大拇指和中指相抵
　　　成圈。

686.

名称：围墙诀

手法：双手大拇指和其余四指
　　　相抵成圈。

687.

名称：围杀诀

手法：双手大拇指和其余四指
　　　相抵成圈后，曲收两小
　　　指于圈中，表示刺杀。

688.

名称：围剿诀

手法：双手大拇指和其余四指相抵成圈后，曲收两无名指于圈中，表示剿杀。

689.

名称：围魔诀

手法：双手大拇指和其余四指相抵成圈后，曲收两中指于圈中，表示伏魔。

690.

名称：围水诀

手法：双手大拇指和其余四指相抵成圈后，曲收两食指于圈中，表示水波。

691.

名称：铜围诀

手法：双手大拇指和其余四指相抵成圈后，竖直右手小指。

692.	
名称：铁围诀 手法：双手大拇指和其余四指 相抵成圈后，竖直左手 小指。	

693.	
名称：围东诀 手法：双手大拇指和其余四指 相抵成圈后，竖直左手 食指。	

694.	
名称：围南诀 手法：双手大拇指和其余四指 相抵成圈后，竖直右手 食指。	

695.	
名称：围西诀 手法：双手大拇指和其余四指 相抵成圈后，竖直右手 无名指。	

696.	
名称：围北诀 手法：双手大拇指和其余四指 相抵成圈后，竖直左手 无名指。	
697.	
名称：围中诀 手法：双手大拇指和其余四指 相抵成圈后，竖直右手 中指。	
698.	
名称：围天诀 手法：双手大拇指和其余四指 相抵成圈后，伸直左手 大拇指。	
699.	
名称：围地诀 手法：双手大拇指和其余四指 相抵成圈后，伸直右手 大拇指。	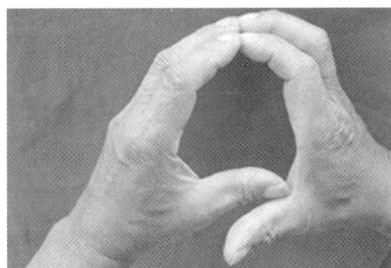

700.

名称：围阴诀

手法：双手大拇指和其余四指相抵成圈后，竖直两小指。

701.

名称：围阳诀

手法：双手大拇指和其余四指相抵成圈后，竖直左手中指。

702.

名称：管兵诀

手法：两手成拳状，将右手小指从下方伸入左手空拳内。

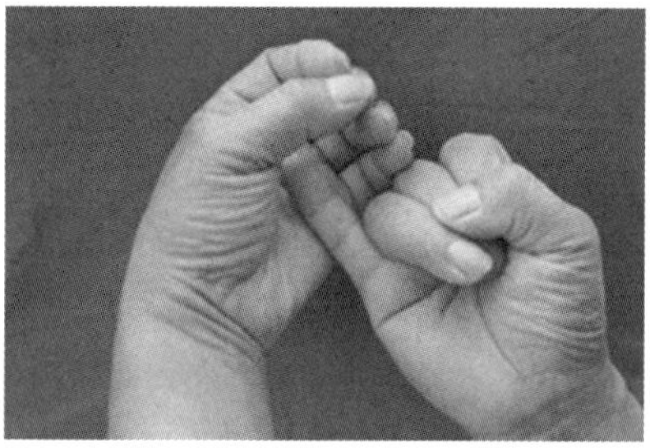

703.

名称：锁兵诀

手法：用左手食指钩住右手小指中节。

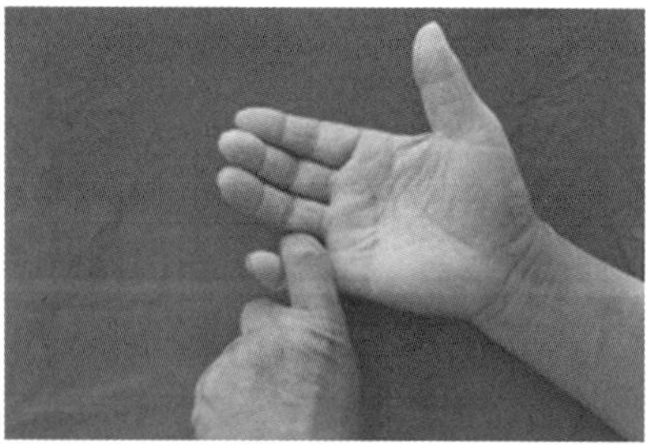

704.

名称：制兵诀

手法：两手成拳状，将左手小指从下方伸入右手空拳内。

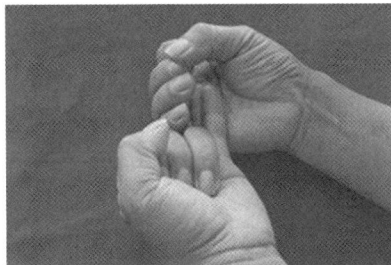

705.

名称：拢兵诀

手法：右手做剑诀，从下方伸入左手空拳内。

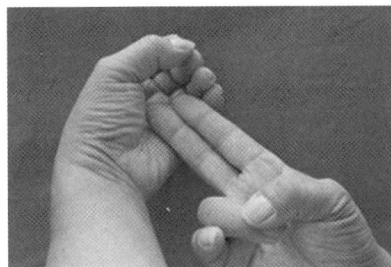

706.

名称：团兵诀

手法：左手做剑诀，从下方伸入右手空拳内。

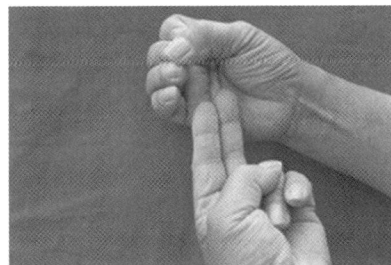

707.

名称：合兵诀

手法：左手成拳状，将右手五指指尖从下方伸入左手空拳内。

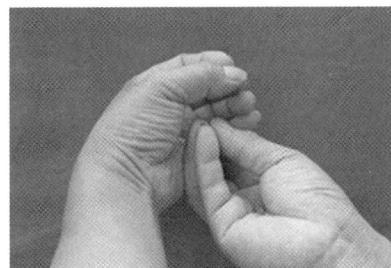

708.

名称：发兵诀

手法：左手小指与右手小指相钩后，右手做剑诀，横置伸于左手掌上。

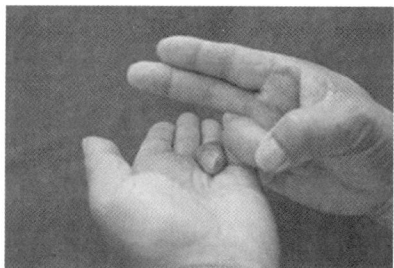

709.

名称：收兵诀

手法：右手成拳状，将左手五指指尖从下方伸入右手空拳内。

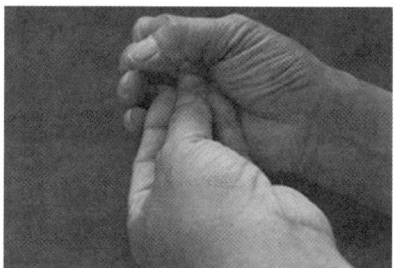

710.

名称：进兵诀

手法：左手小指与右手小指相钩后，右手食指伸直，横置于左手掌上。

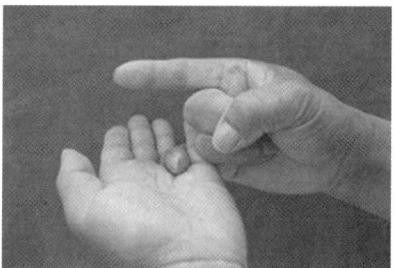

711.

名称：退兵诀

手法：左手小指与右手小指相钩后，右手食指弯成钩状，置于左手掌上。

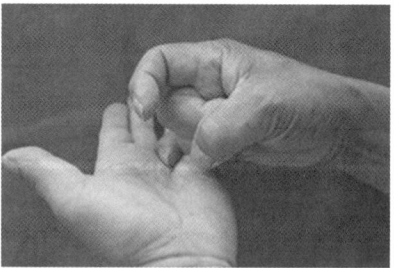

712.

名称：歇兵诀

手法：左手小指与右手小指相
钩后，右手无名指伸
直，横置于左手掌上。

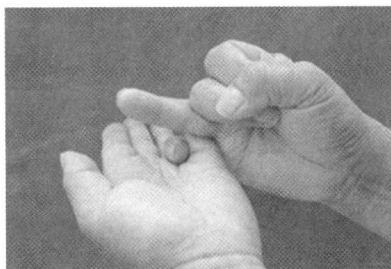

713.

名称：扎兵诀

手法：左手小指与右手小指相
钩后，右手中指与无名
指并拢伸直，横置于左
手掌上。

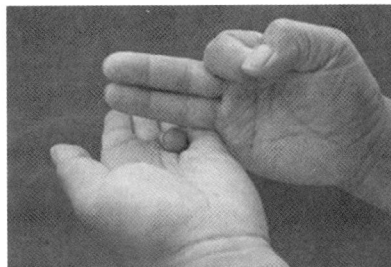

714.

名称：激兵诀

手法：左手小指与右手小指相
钩后，右手大拇指伸
直，置于左手掌上。

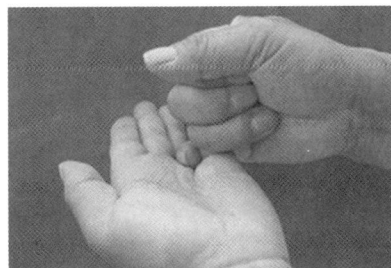

715.

名称：乐兵诀

手法：左手小指与右手小指相
钩后，右手食指与大拇
指相抵成圈置于左手掌
上。

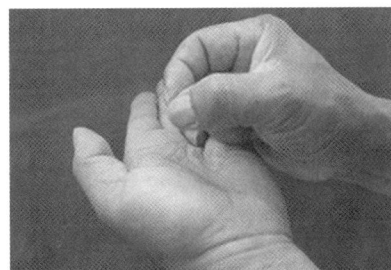

716. 名称：和合诀 手法：两手交叉，手背相靠，两食指伸直并拢，收住其余各指。	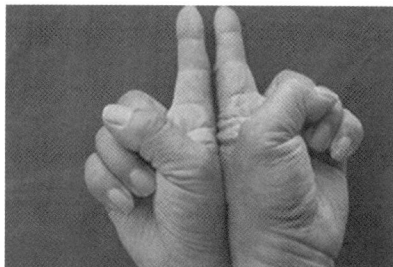
717. 名称：和好诀 手法：双手掌心朝天，两中指伸直并拢，收住其余各指。	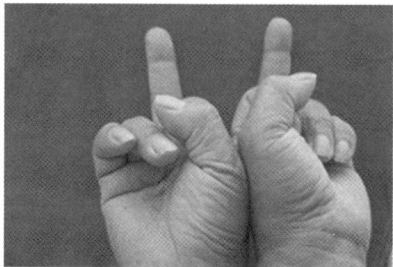
718. 名称：同心诀 手法：将左掌抱住右拳。	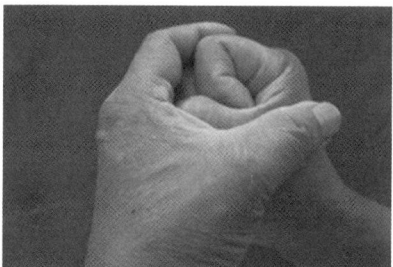
719. 名称：贴心诀 手法：用右掌抱住左拳。	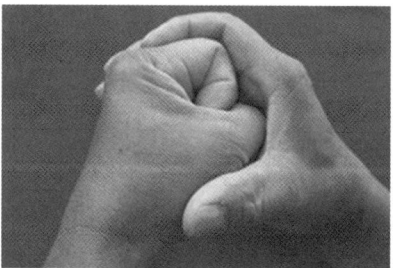

720.

　名称：南蛇诀

　手法：两手做牛角诀，右手在
　　　　前，左手在后，首尾相
　　　　接。

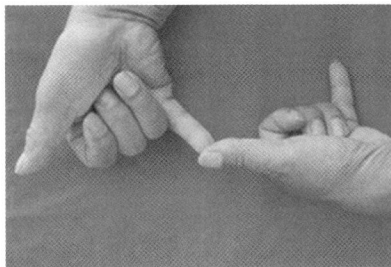

721.

　名称：大莽诀

　手法：两手做牛角诀，左手在
　　　　前，右手在后，首尾相
　　　　接。

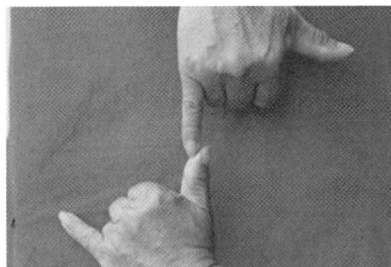

722.

　名称：穿山诀

　手法：左掌朝上，将右手食指
　　　　从指尖插入左手食指与
　　　　中指之间。

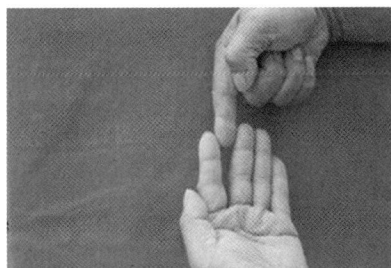

723.

　名称：过海诀

　手法：左掌朝上，将右手食指
　　　　从指尖插入左手中指与
　　　　无名指之间。

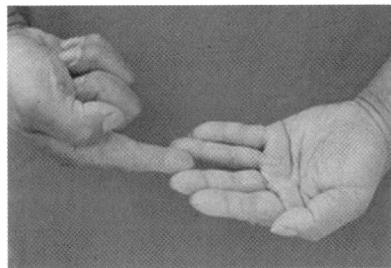

724.

　名称：穿弯诀

　手法：左掌朝上，将右手中指
　　　　从指尖插入左手食指与
　　　　中指之间。

725.

　名称：过坳诀

　手法：左掌朝上，将右手无名
　　　　指从指尖插入左手食指
　　　　与中指之间。

726.

　名称：穿坡诀

　手法：左掌朝上，将右手小指
　　　　从指尖插入左手食指与
　　　　中指之间。

727.

　名称：过岭诀

　手法：左掌朝上，将右手食指
　　　　和中指从指尖插入左手
　　　　食指与中指之间。

728.

名称：大穿诀

手法：左掌朝上，将右手大拇指从指尖插入左手中指与无名指之间。

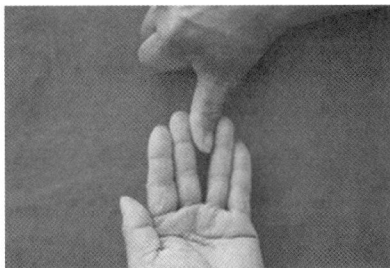

729.

名称：堂屋诀

别名：龙堂诀

手法：右手做持诀，点于左掌中心部位。

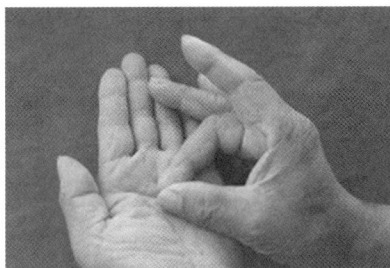

730.

名称：中堂诀

手法：将右手食指点于左掌中心部位。

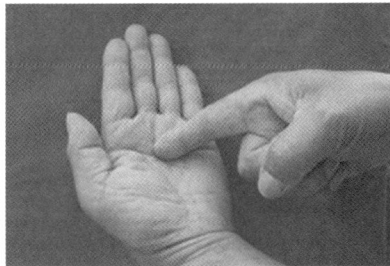

731.

名称：神坛诀

手法：将右手大拇指点于左掌中心部位。

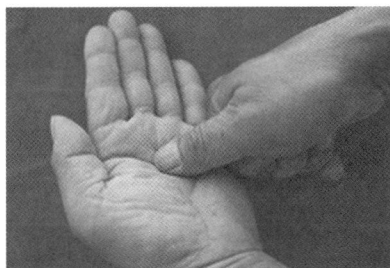

732. 　　名称：凡间诀 　　手法：将右手无名指点于左掌 　　　　　中心部位。	
733. 　　名称：中厅诀 　　手法：将右手中指点于左掌中 　　　　　心部位。	
734. 　　名称：大门诀 　　手法：右手做加持诀，点于左 　　　　　掌食指与大拇指相连 　　　　　处。	
735. 　　名称：阳界关口诀 　　手法：右手做加持诀，点于左 　　　　　手手背食指与大拇指相 　　　　　连处。	

736.

名称：楼门诀

别名："竹吹"诀

手法：右手做加持诀，点于左
掌食指与大拇指相连处
凸线的中间部位。

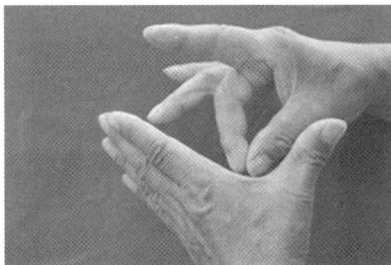

737.

名称：当坊土地诀

别名：村头龙神诀

手法：右手做加持诀，点于左
掌中指指根横纹下方。

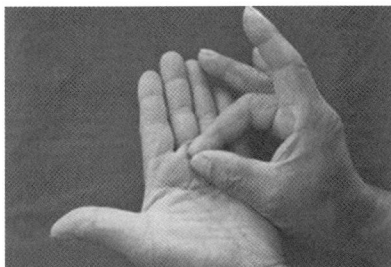

738.

名称：五方土地龙神诀

手法：右手做加持诀，点于左
掌中指指根横纹处。

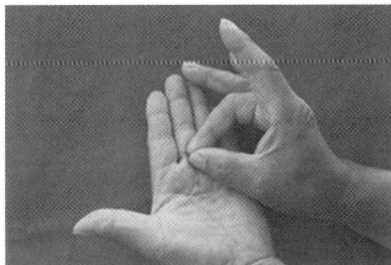

739.

名称：鱼神肉神堂诀

手法：右手做加持诀，点于左
掌中指下节中心。

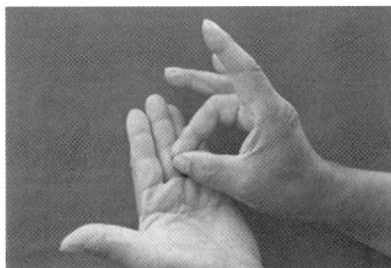

740.

名称：阴界关口诀

别名：阴界第一天诀

手法：右手做加持诀，点于左
掌中指从上往下第二条
横纹处。

741.

名称：山川洞神诀

手法：右手做加持诀，点于左
掌中指下节之右面。

742.

名称：山神堂诀

别名："斗补告补"诀

手法：右手做加持诀，点于左
掌中指下节之左面。

743.

名称：先祖堂殿诀

别名："依流西向"诀

手法：右手做加持诀，点于左
掌中指中节之右面。

744.

名称：阴界第二天诀

手法：右手做加持诀，点于左
掌中指中节。

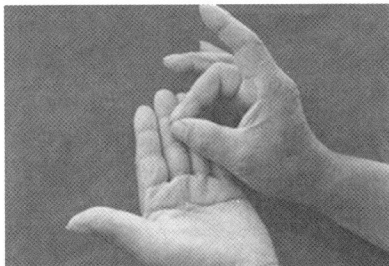

745.

名称：族堂祖殿诀

别名："意苟格补"诀

手法：右手做加持诀，点于左
掌中指中节之左面。

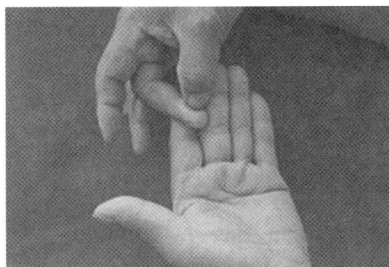

746.

名称：阴间神堂诀

别名："冬绒冬棍"诀

手法：右手做加持诀，点于左
掌中指上节。

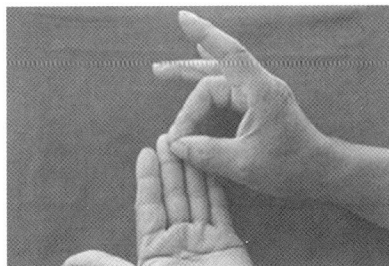

747.

名称：岳王大堂诀

手法：右手做加持诀，点于左
掌中指上节之右面。

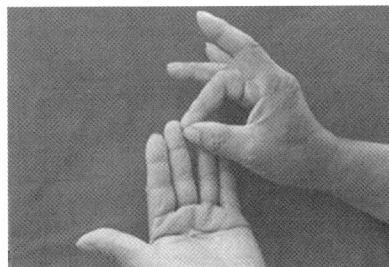

748.

名称：阴界最高天诀

别名："林豆林且"诀

手法：右手做加持诀，点于左掌中指上节指尖。

749.

名称：万年本殿诀

别名：本堂本殿诀

手法：右手做加持诀，点于左掌中指上节之左面。

750.

名称：桃源上洞诀

手法：右手做加持诀，点于左手手背中指上节。

751.

名称：第一洞天诀

别名：天仙洞诀

手法：右手做加持诀，点于左手手背中指上节之右面。

752.
名称：许愿洞诀
手法：右手做加持诀，点于左手手背中指上节之左面。

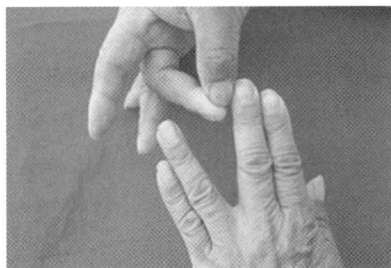

753.
名称：桃源中洞诀
手法：右手做加持诀，点于左手手背中指中节。

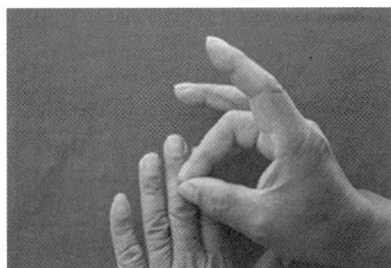

754.
名称：第二洞天诀
别名：地仙洞诀
手法：右手做加持诀，点于左手手背中指中节之右面。

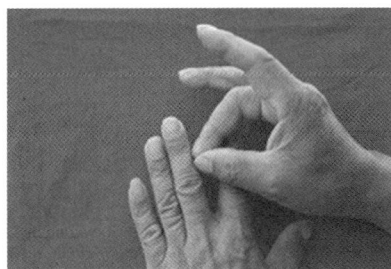

755.
名称：摧愿洞诀
手法：右手做加持诀，点于左手手背中指中节之左面。

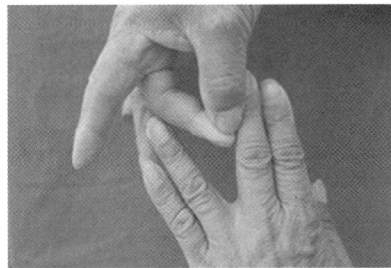

756.

名称：桃源下洞诀

手法：右手做加持诀，点于左手手背中指下节。

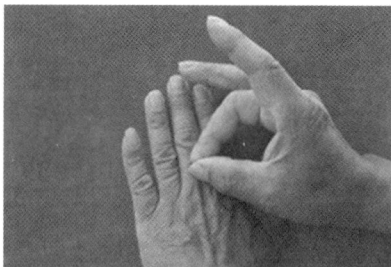

757.

名称：第三洞天诀

别名：凡仙洞

手法：右手做加持诀，点于左手手背中指下节之右面。

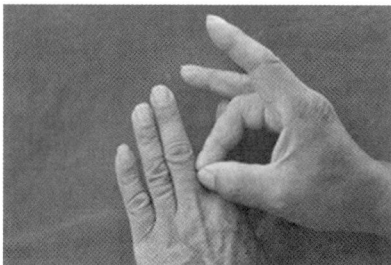

758.

名称：钩愿洞诀

手法：右手做加持诀，点于左手手背中指下节之左面。

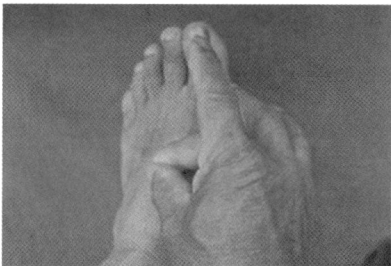

759.

名称：桃源洞脑诀

别名：洞门山诀

手法：右手做加持诀，点于左手手背中指指根的小凸骨处。

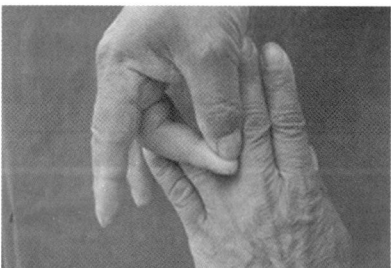

760. 　　名称：阴山平川诀 　　别名：世外桃源诀 　　手法：右手做加持诀，点于左 　　　　　手手背中心。	
761. 　　名称：铜榔诀 　　别名：铜地盘诀 　　手法：右手做加持诀，点于左 　　　　　手手背中指指根凸骨 　　　　　前。	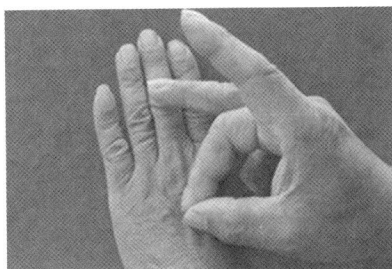
762. 　　名称：铁界诀 　　别名：铁地盘诀 　　手法：右手做加持诀，点于左 　　　　　手手背中指指根凸骨 　　　　　后。	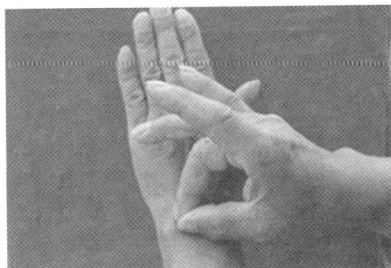
763. 　　名称：后山州诀 　　别名："洞腊追补"诀 　　手法：右手做加持诀，从左臂 　　　　　移至后肩骨左。	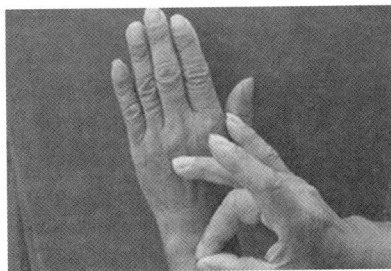

764. 名称：后山殿诀 别名："洞油追绒"诀 手法：右手做加持诀，从左臂 　　　移至后肩骨右。	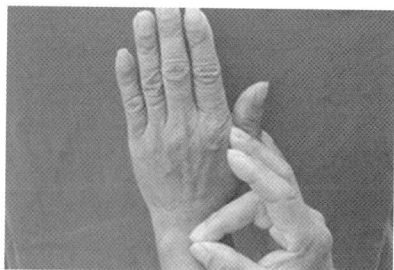
765. 名称：五岳尖山诀 手法：右手做加持诀，点于左 　　　脚拇趾趾尖。	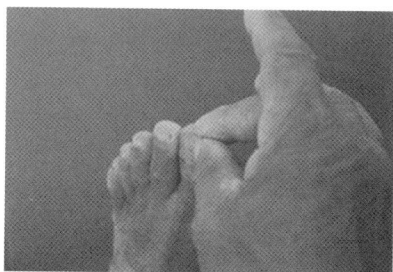
766. 名称：五岳平山诀 手法：右手做加持诀，点于左 　　　脚背。	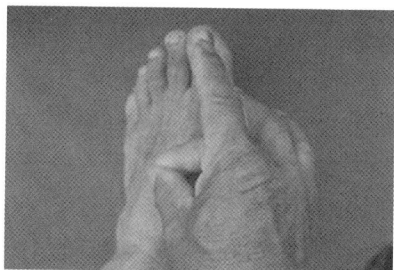
767. 名称：华山庙堂诀 手法：右手做加持诀，点于左 　　　脚三趾趾尖。	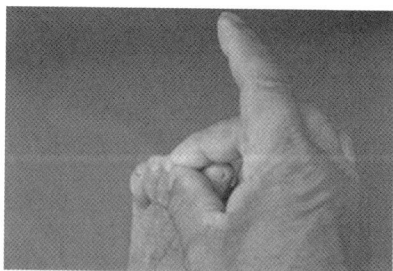

768. 　　名称：五岳神庙诀 　　手法：右手做加持诀，点于左 　　　　　脚二趾趾尖。	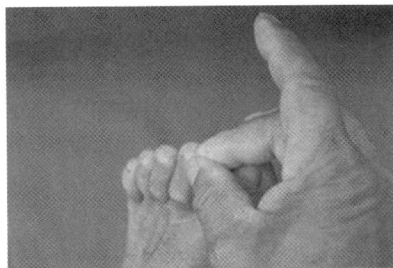
769. 　　名称：五岳圣主诀 　　手法：左手五指竖起，掌心朝 　　　　　外，右手握住左手手背 　　　　　根部。	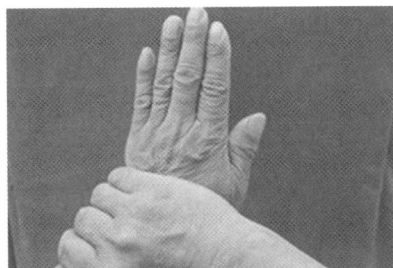
770. 　　名称：五盟诀 　　手法：左掌朝内竖起，将右掌 　　　　　五指贴在左掌五指上， 　　　　　左掌要略低一点。	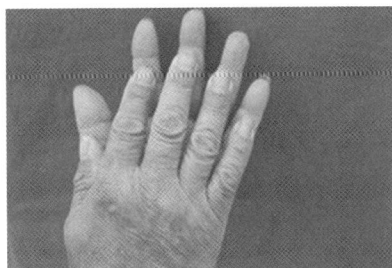
771. 　　名称：铜尖诀 　　手法：左手朝内竖起，伸开五 　　　　　指，将右手食指插入左 　　　　　手中指与食指之间。	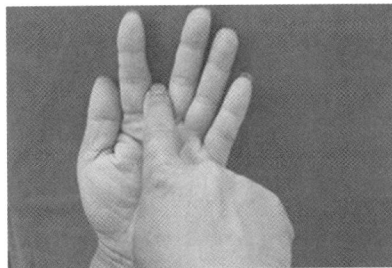

772.

名称：铁尖诀

手法：左手朝内竖起，伸开五
指，将右手中指插入左
手中指与食指之间。

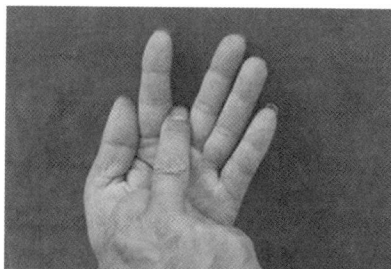

773.

名称：金键诀

手法：左手朝内竖起，伸开五
指，将右手大拇指插入
左手中指与食指之间。

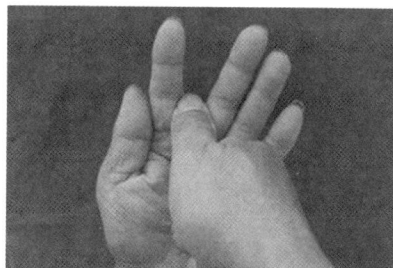

774.

名称：银键诀

手法：左手朝内竖起，伸开五
指，右手做剑诀，插入
左手中指与食指之间。

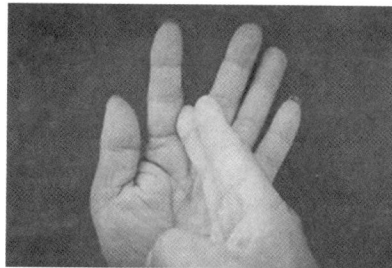

775.

名称：阴键诀

手法：左手朝内竖起，伸开五
指，将右手无名指插入
左手中指与食指之间。

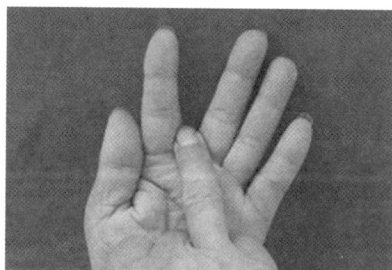

776. 　名称：阳键诀 　手法：左手朝内竖起，伸开五 　　　　指，将右手食指插入左 　　　　手中指与无名指之间。	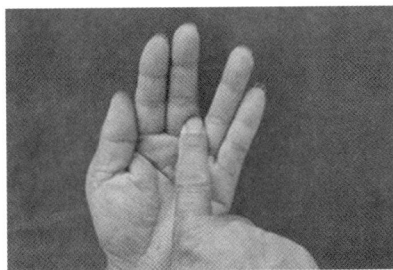
777. 　名称：大键诀 　手法：左手朝内竖起，伸开五 　　　　指，将右手五指插入其 　　　　间。	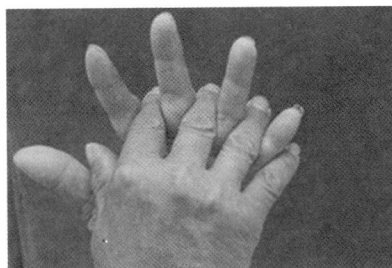
778. 　名称：小键诀 　手法：左手朝内竖起，大拇指 　　　　收起，伸开其余四指， 　　　　将右手四指插入其间。	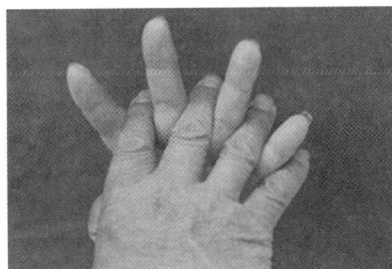
779. 　名称：铜栓诀 　手法：竖起左手掌，并拢四 　　　　指，用右手食指和中指 　　　　去夹。	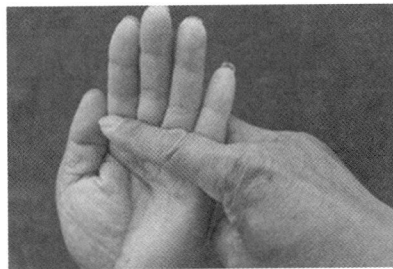

780.

名称：铁栓诀

手法：竖起左手掌，并拢四指，用右手中指和无名指去夹。

781.

名称：铜关诀

手法：竖起左手掌，并拢四指，右手做剑诀，横压其上。

782.

名称：铁关诀

手法：竖起左手掌，并拢四指，右手中指与无名指并拢，横压其上。

783.

名称：回驴诀

手法：右手做加持诀，点于左手中指指尖，往中节移动。

784.

名称：转步诀

手法：右手做加持诀，点于左
手中指中节，往下节移
动。

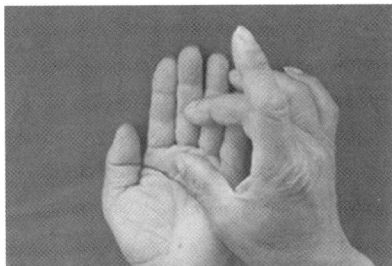

785.

名称：回车诀

手法：右手做加持诀，点于左
手中指下节，往下节移
动至掌根部位。

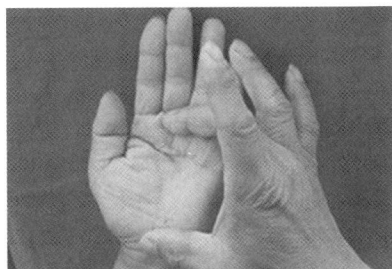

786.

名称：转身诀

手法：右手做加持诀，点于左
手掌根，移至手背大拇
指与食指交合处。

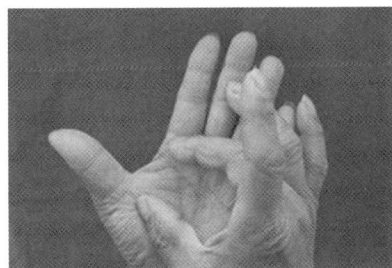

787.

名称：金童诀

手法：将左手大拇指抵于无名
指中节。

788. 　　名称：玉女诀 　　手法：将右手大拇指抵于小指 　　　　　中节。	
789. 　　名称：判官诀 　　手法：将右手大拇指抵于无名 　　　　　指中节。	
790. 　　名称：小鬼诀 　　手法：将右手大拇指抵于小指 　　　　　中节。	
791. 　　名称：童男诀 　　手法：将左手大拇指抵于食指 　　　　　中节。	

792. 名称：童女诀 手法：将右手大拇指抵于食指中节。	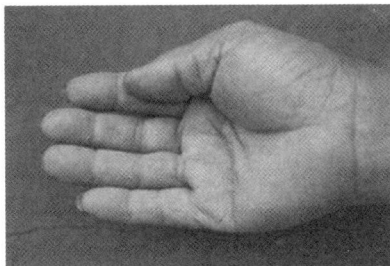
793. 名称：夹诀 手法：用右手大拇指及其余四指夹住左手掌。	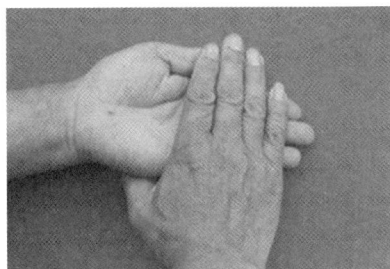
794. 名称：金夹诀 手法：用右手食指及其余四指夹住左手掌。	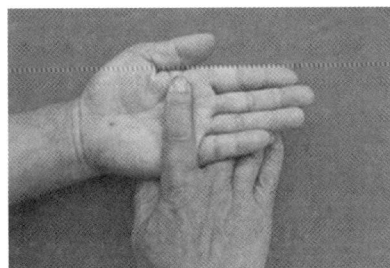
795. 名称：银夹诀 手法：用右手中指及其余四指夹住左手掌。	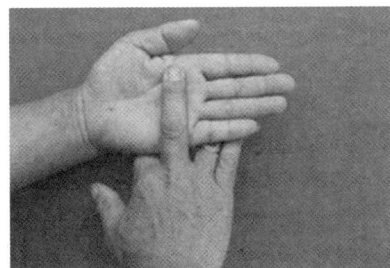

796.
名称：铜夹诀
手法：用右手无名指及其余四指夹住左手掌。

797.
名称：铁夹诀
手法：用右手小指及其余四指夹住左手掌。

798.
名称：阴夹诀
手法：右手做剑诀，夹住左手掌。

799.
名称：阳夹诀
手法：右手小指、食指在上，其余三指在下，夹住左手掌。

800.	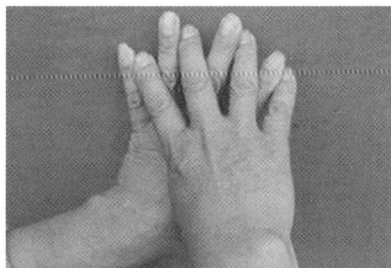
名称：大排诀 手法：两大拇指相绞，双掌相 　　　对。	

801.	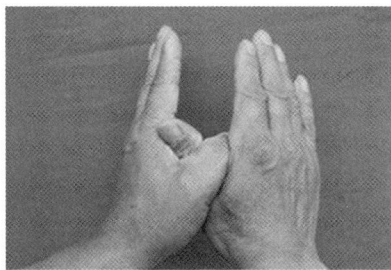
名称：小排诀 手法：两大拇指相绞，双掌相 　　　对，曲收食指。	

802.	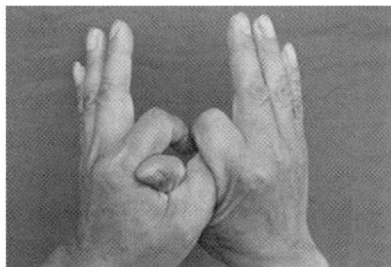
名称：大篱笆诀 手法：左掌在前、右掌在后， 　　　掌心朝前，右手四指斜 　　　向从左手手背插入其相 　　　应四指之间。	

803.	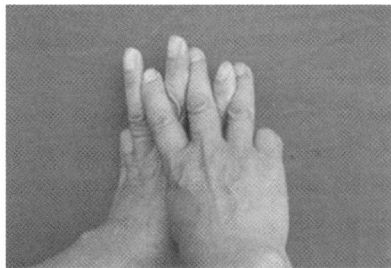
名称：小篱笆诀 手法：左掌在前，右掌在后， 　　　掌心朝前，曲收双手小 　　　指后，右手食指、中 　　　指、无名指斜向从左 　　　手手背插入其相应三指之 　　　间。	

804. 　名称：铜篱笆诀 　手法：右掌在前，左掌在后，掌心朝前，左手四指斜向从右手手背插入其相应四指之间。	
805. 　名称：铁篱笆诀 　手法：右掌在前，左掌在后，掌心向前，曲收双手小指后，右手食指、中指、无名指斜向从左手手背插入其相应三指之间。	
806. 　名称：三十六道金诀 　别名：绞大笆诀 　手法：两掌心相贴，各伸开五指后插入相应位置。	
807. 　名称：铜城墙诀 　手法：右掌在下，左掌在上，两掌相贴。	

808.

名称：铁城墙诀

手法：左掌在下，右掌在上，两掌相贴。

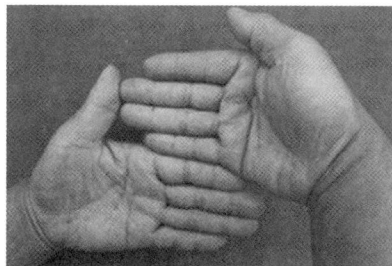

809.

名称：大斩诀

别名：大砍诀

手法：右手掌砍向左手竖起的大拇指根。

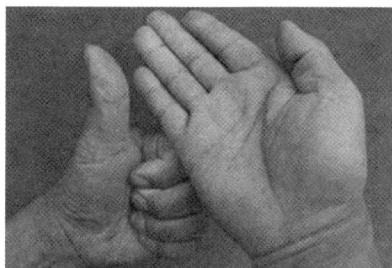

810.

名称：小斩诀

别名：小砍诀

手法：右手做剑诀，砍向左手竖起的食指根。

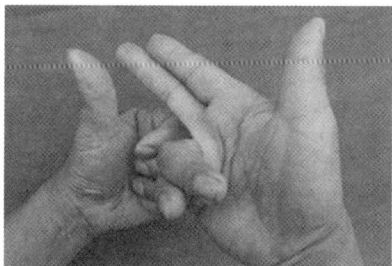

811.

名称：阴斩诀

手法：将左手掌砍向右手竖起的大拇指根。

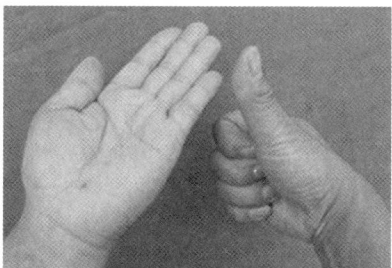

812.

名称：阳斩诀

手法：左手做剑诀，砍向右手
竖起的食指根。

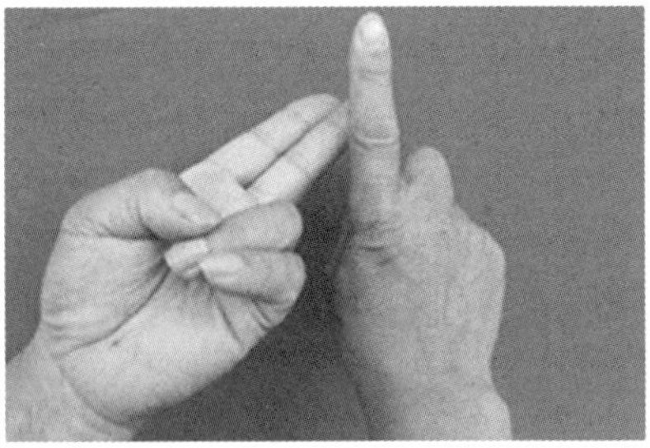

813.

名称：铜斩诀

手法：右手做剑诀，砍向左手
竖起的中指根。

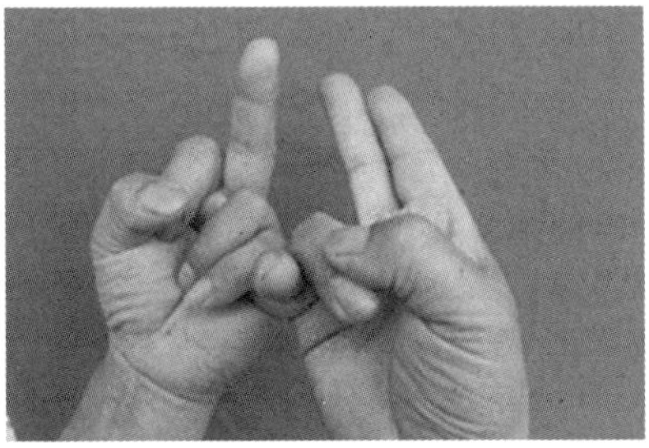

814.

名称：铁斩诀

手法：右手做剑诀，砍向左手
竖起的无名指根。

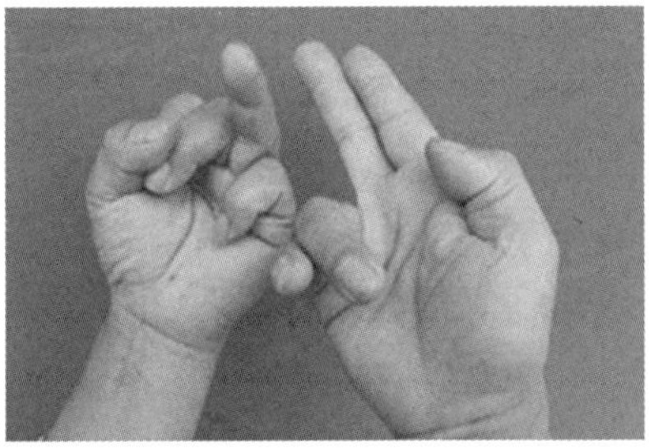

815.

名称：斩魔诀

手法：左手做剑诀，砍向右手
竖起的中指根。

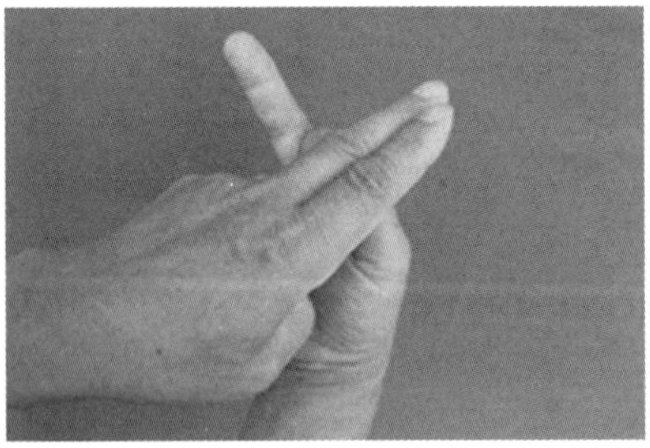

816.
　名称：斩神诀
　手法：左手做剑诀，砍向右手
　　　　竖起的无名指根。

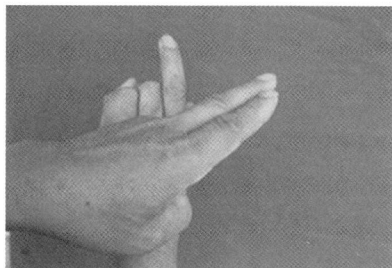

817.
　名称：斩鬼诀
　手法：左手做剑诀，砍向右手
　　　　竖起的小指根。

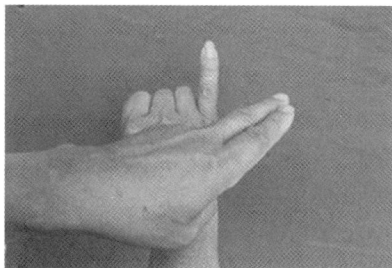

818.
　名称：斩妖诀
　手法：右手做剑诀，砍向左手
　　　　竖起的无名指根。

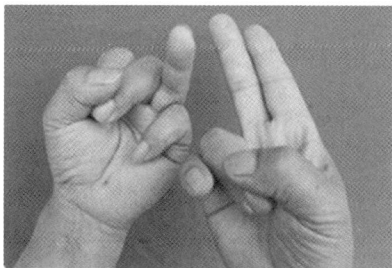

819.
　名称：斩煞诀
　手法：右手做剑诀，砍向左手
　　　　竖起的中指指根。

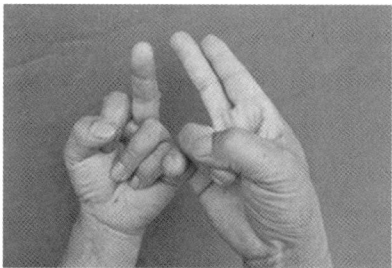

820.

名称：斩邪精诀

手法：右手做剑诀，砍向左手竖起的小指指根。

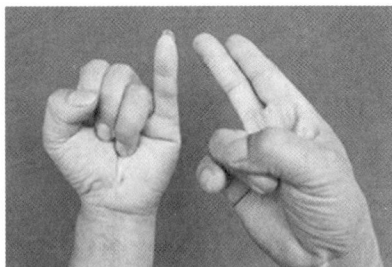

821.

名称：大砍诀

别名：砍树诀

手法：竖起左手掌，将右手掌砍向左掌根部。

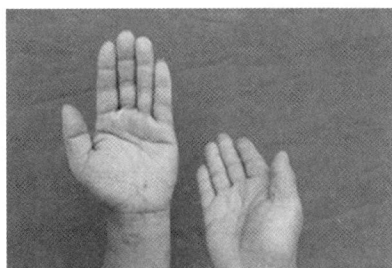

822.

名称：小砍诀

别名：割草诀

手法：左手掌竖中指，曲其余四指，将右手掌砍向左手中指根部。

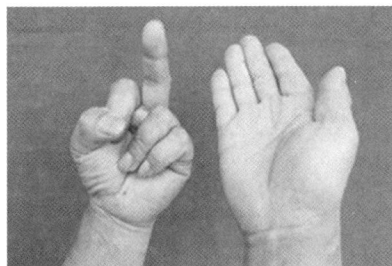

823.

名称：双砍诀

手法：竖起左手掌，右手做剑诀，砍向左掌根部。

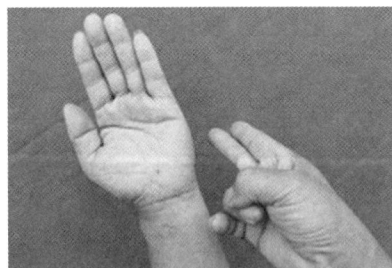

824.

名称：单砍诀

手法：竖起左手掌，伸直小指，曲其余四指，右手做剑诀，砍向左掌根部。

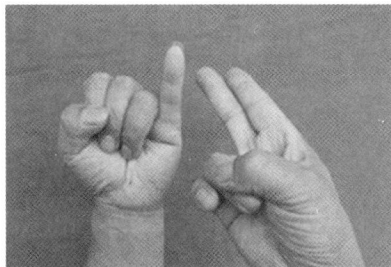

825.

名称：魑魅魍魉诀

手法：将左手掌盖住右手伸出的无名指和小指。

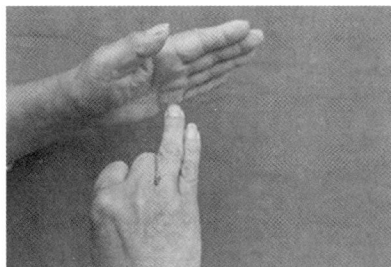

826.

名称：鬼怪诀

手法：将左手掌盖住右手伸出的小指。

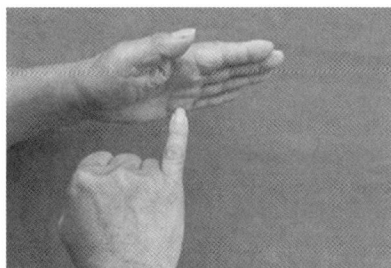

827.

名称：邪精诀

手法：将左手掌盖住右手伸出的无名指。

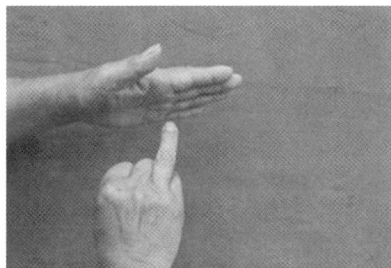

828.
　　名称：邪魔诀
　　手法：将左手掌盖住右手伸出
　　　　　的大拇指。

829.
　　名称：妖鬼诀
　　手法：将左手掌盖住右手伸出
　　　　　的食指。

830.
　　名称：恶煞诀
　　手法：将左手掌盖住右手伸出
　　　　　的中指。

831.
　　名称：长凳诀
　　手法：将两手中指和无名指并
　　　　　拢、相抵表示凳面，将
　　　　　食指和小指向下伸直表
　　　　　示凳腿。

832.

名称：香案诀

手法：将两手中指和无名指并拢、相抵表示凳面，将食指和小指向下伸直表示凳腿，然后用两手大拇指抵住凳面。

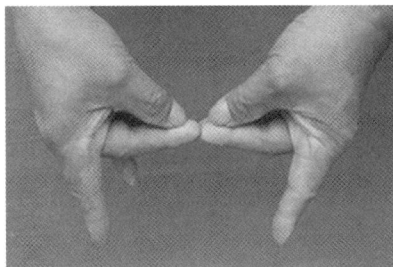

833.

名称：塞海诀

手法：将右手掌围住左手指尖。

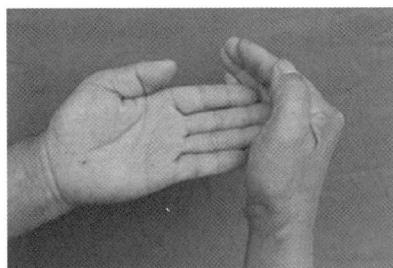

834.

名称：塞岗诀

手法：右手掌朝上，插入左手大拇指与食指之间。

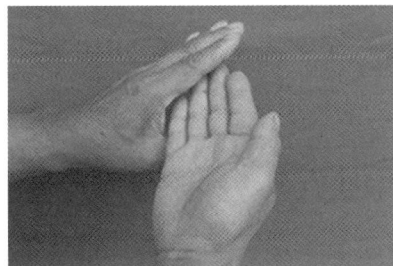

835.

名称：堵漏诀

手法：叉开左手五指，贴于右手掌心。

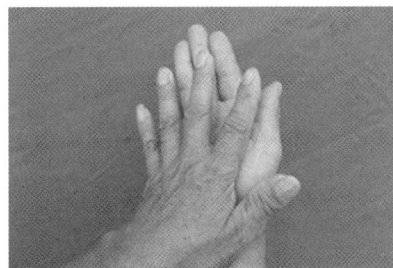

836. 名称：塞孔诀 手法：将右手拳头塞左手空拳口。	
837. 名称：填空诀 手法：将右手拳头塞于左手空拳底部。	
838. 名称：上镇豺狼虎豹诀 手法：右手做牛角诀，将左手掌盖住右手大拇指指尖。	
839. 名称：下踏溪源水口诀 手法：右手做牛角诀，右手小指指尖抵在左手手背上。	

840. 　　名称：指地成钢诀 　　手法：右手做牛角诀，右手大 　　　　　拇指指尖抵于右手掌 　　　　　心。	
841. 　　名称：塞地狱门诀 　　手法：左手掌封住右手大拇指 　　　　　与食指的手叉口。	
842. 　　名称：制天诀 　　手法：右手五指并拢，朝上抵 　　　　　于左手掌心。	
843. 　　名称：制地诀 　　手法：右手五指并拢，朝下抵 　　　　　于左手手背。	

844.

名称：制坤诀

手法：左手掌心朝上，右手掌
心朝下，两手手背相贴。

845.

名称：八尺角诀

手法：右手做叉诀，置于左拳
之上。

846.

名称：怪头诀

手法：叉开右手五指，置于左
拳之上。

847.

名称：鬼角诀

手法：叉开右手大拇指与食
指，置于左拳之上。

848.	
名称：倒毛衣诀 手法：右手四指并拢，置于左 拳之下。	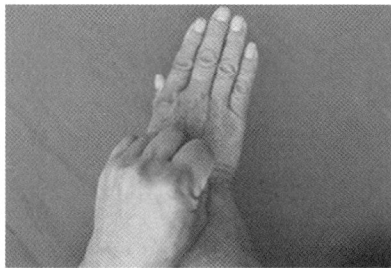
849.	
名称：怪尾诀 手法：右手中指与无名指叉 开，置于左拳之下。	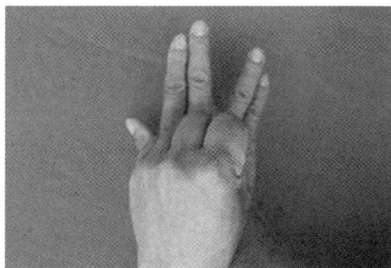
850.	
名称：倒叉诀 手法：右手做叉诀，置于左拳 之下。	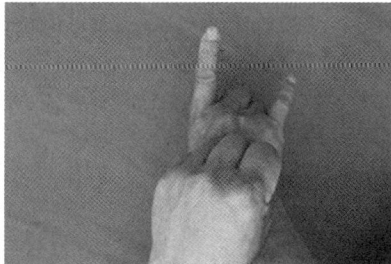
851.	
名称：上元盘古肚诀 手法：右手做剑诀，抵左手食 指上节中心部位。	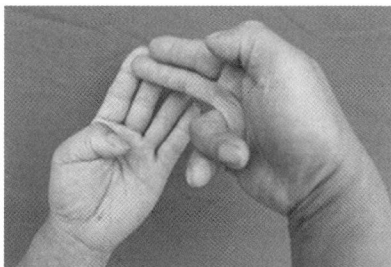

852.
名称：中元盘古肚诀
手法：右手做剑诀，抵左手食
指中节中心部位。

853.
名称：下元盘古肚诀
手法：右手做剑诀，抵左手食
指下节中心部位。

854.
名称：上洞梅山诀
手法：右手做剑诀，抵左手无
名指上节中心部位。

855.
名称：上洞尤祖诀
手法：左手做剑诀，抵右手食
指上节中心部位。

856.

名称：中洞梅山诀

手法：右手做剑诀，抵左手无名指中节中心部位。

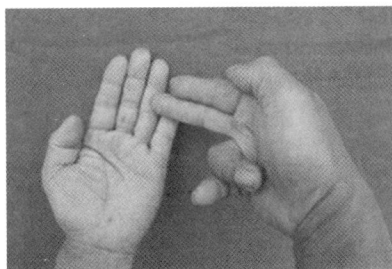

857.

名称：中洞神祖诀

手法：左手做剑诀，抵右手食指中节中心部位。

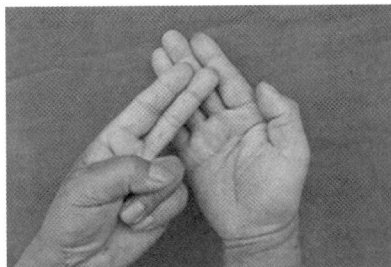

858.

名称：下洞梅山诀

手法：右手做剑诀，抵左手无名指下节中心部位。

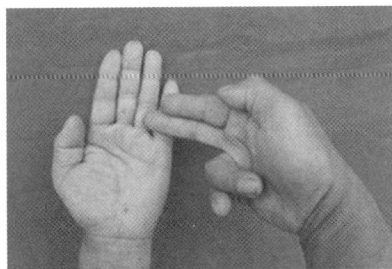

859.

名称：下洞王祖诀

手法：左手做剑诀，抵右手食指下节中心部位。

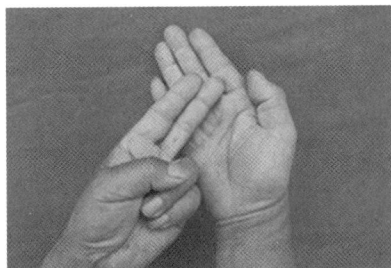

860.
名称：上八洞神仙诀
手法：左手做剑诀，抵右手无
名指上节中心部位。

861.
名称：中八洞神仙诀
手法：左手做剑诀，抵右手无
名指中节中心部位。

862.
名称：下八洞神仙诀
手法：左手做剑诀，抵右手无
名指下节中心部位。

863.
名称：弹水诀
别名：洒净诀
手法：右手大拇指扣住中指指
尖作弹状，弹向左手掌
心上方。

864.

名称：解荤腥诀

别名：持斋诀

手法：右手大拇指扣住食指指
尖作弹状，弹向左手掌
心上方。

865.

名称：净坛诀

手法：右手大拇指扣住无名指
指尖作弹状，弹向左手
掌心上方。

866.

名称：荡秽诀

手法：右手大拇指扣住小指指
尖作弹状，弹向左手掌
心上方。

867.

名称：开天门诀

手法：左掌在上，掌心朝下，
叉开中指与无名指，右
手大拇指扣住中指指尖
作弹状。

868.

名称：闭地户诀

手法：双手掌心朝下，左手在下，叉开五指，右手在上，将左掌封住。

869.

名称：升天界诀

别名：度身诀

手法：右手做祖师诀，置于左掌背上。

870.

名称：灯花诀

手法：弯曲右手食指，置于左手掌心。

871.

名称：蜡烛诀

手法：左右两手握拳并列，竖起中指。

872.

　　名称：火把诀

　　手法：左手向前伸直，并拢五
　　　　　指。

873.

　　名称：神灯诀

　　手法：弯曲左手食指，置于右
　　　　　手掌心。

874.

　　名称：阴筶诀

　　手法：两手食指、中指、无名
　　　　　指并拢朝下。

875.

　　名称：阳筶诀

　　手法：两手食指、中指、无名
　　　　　指分别并拢朝上。

876.

名称：顺笤诀

手法：两手食指、中指、无名指并拢，左手朝下，右手朝上。

877.

名称：蚩尤刀诀

手法：右手手背朝天，抵于左手大拇指与食指相抵成圈的边沿上。

878.

名称：绺巾诀

手法：左手在下，掌心朝下，弯曲四指并叉开。右手做剑诀，横置于左手手指根部。

879.

名称：马鞭诀

手法：右手掌心朝上，曲伸中指作鞭状，余指内收。

880. 　　名称：牌筶诀 　　手法：双手掌心朝上，以指尖 　　　　　相抵。	
881. 　　名称：金盔诀 　　手法：右掌朝外，弯曲手指并 　　　　　叉开。	
882. 　　名称：银甲诀 　　手法：左掌朝下，右手握拳置 　　　　　于左手手背之上。	
883. 　　名称：梳头诀 　　手法：叉开并稍曲右手五指， 　　　　　作梳子状，梳于左拳背 　　　　　上。	

884. 　名称：洗脸诀 　手法：右手三指并拢后抚于左 　　　　拳背上。	
885. 　名称：免灾诀 　手法：右手在前，掌心朝外， 　　　　左手握拳在后。	
886. 　名称：琉璃瓦屋诀 　手法：两手掌相抵作瓦屋状， 　　　　稍打开后以两手大拇指 　　　　当柱头抵住屋脊。	
887. 　名称：金堂瓦殿诀 　手法：朝上竖起左手食指和小 　　　　指，抵住右手掌壳。	

888.

　名称：茅舍诀

　手法：朝上竖起右手食指和小
　　　　指，抵住左手掌壳。

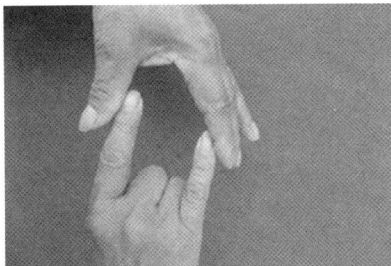

889.

　名称：金床银床诀

　手法：两手背朝上，四指相抵
　　　　成床面。

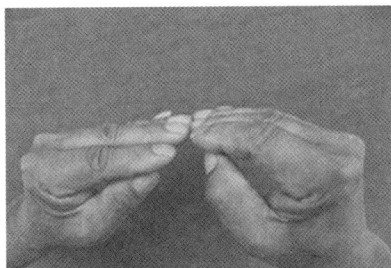

890.

　名称：龙公绞椅诀

　手法：右手做叉诀，右手大拇
　　　　指和小指朝上抵住左手
　　　　四指指背，左手从掌心
　　　　处竖起掌根表示椅背。

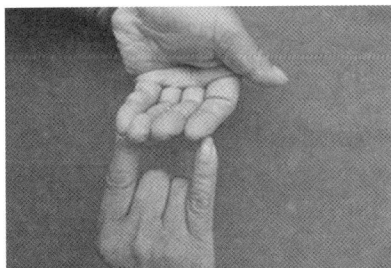

891.

　名称：捆鬼诀

　手法：用右手食指钩住左手小
　　　　指。

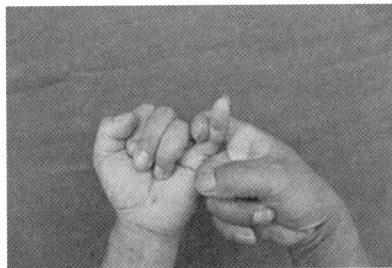

892.

名称：捆妖诀

手法：用右手食指钩住左手无
名指。

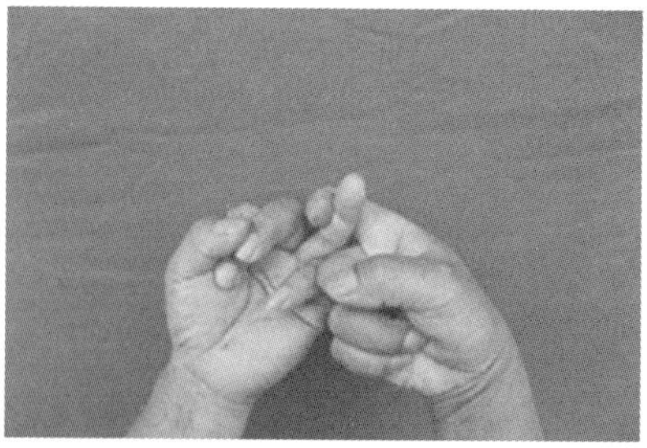

893.

名称：捆煞诀

手法：用右手食指钩住左手中
指。

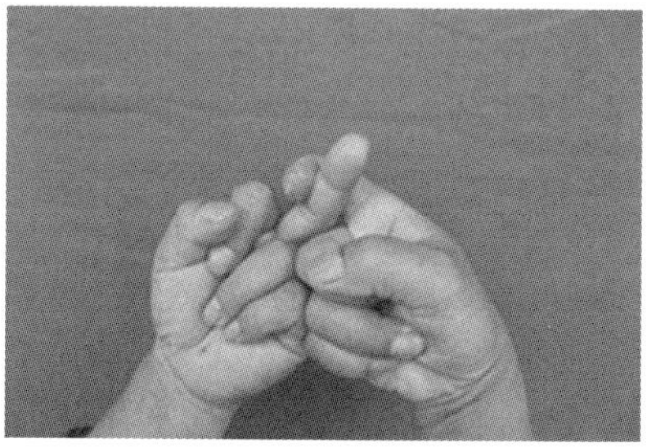

894.

名称：捆怪诀

手法：用右手食指钩住左手食
指。

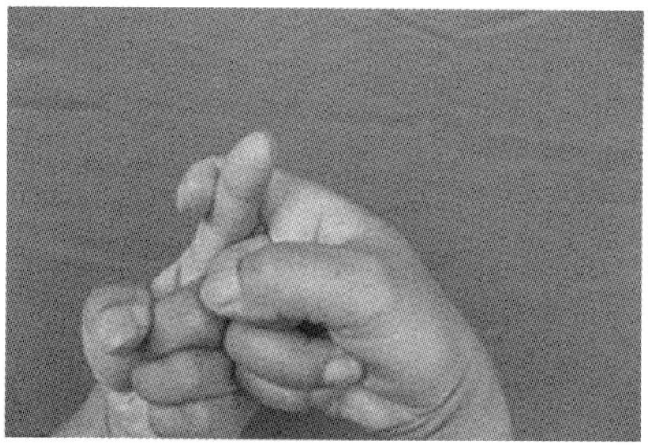

895.

名称：捆魔诀

手法：用右手食指钩住左手大
拇指。

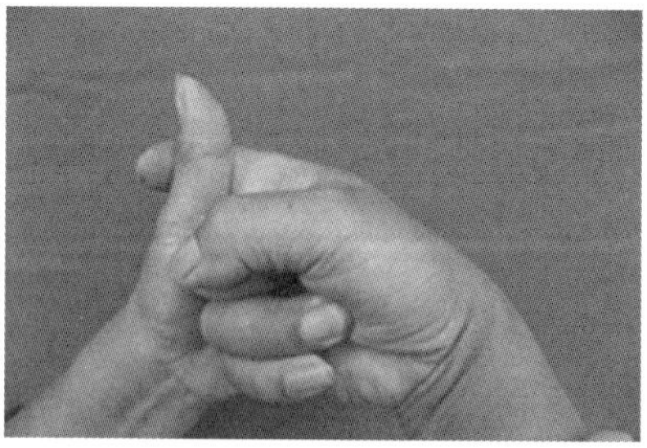

896.
　名称：链鬼诀
　手法：用左手食指钩住右手小
　　　　指。

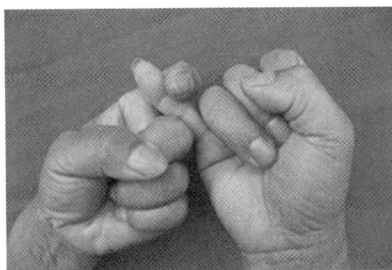

897.
　名称：链妖诀
　手法：用左手食指钩住右手无
　　　　名指。

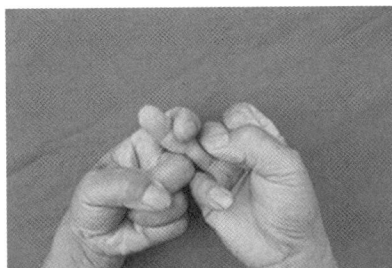

898.
　名称：链煞诀
　手法：用左手食指钩住右手中
　　　　指。

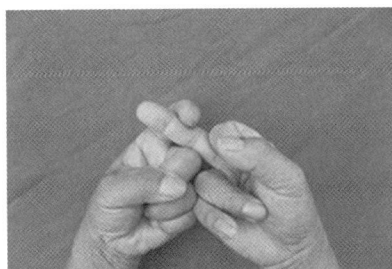

899.
　名称：链怪诀
　手法：用左手食指钩住右手食
　　　　指。

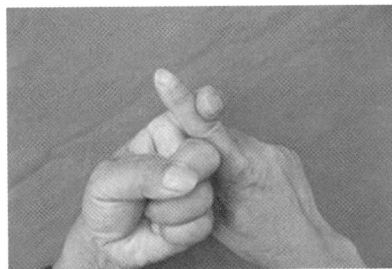

900.

名称：链魔诀

手法：用左手食指钩住右手大拇指。

901.

名称：打五鬼诀

手法：左手五指叉开，右手握拳，打向左手手背。

902.

名称：赶五鬼诀

手法：左手五指叉开，右手做刀诀，斩向左手手背。

903.

名称：锁五鬼诀

手法：左手五指叉开，右手五指弯曲，抓于左手手背。

904.

名称：割草诀二

手法：弯曲右手掌如镰刀状，割于向上竖起并叉开五指的左掌根部。

905.

名称：砍树诀二

手法：用右手掌做刀，砍于向上竖起、五指并拢的左掌根部。

906.

名称：开荒诀

手法：右手食指稍勾作锄，挖于左手手背。

907.

名称：除草诀一

手法：右手食指、中指稍勾作锄，挖于左手手背。

908.

名称：播种诀

手法：右手做加持诀，大拇指
　　　与中指相抵，点于左手
　　　掌背上。

909.

名称：插秧诀

手法：右手大拇指、食指及中
　　　指相抵，点于左手手背
　　　上。

910.

名称：收割诀

手法：弯曲、并拢右手五指，
　　　点于左手手背上。

911.

名称：刀耕诀

手法：右手掌心朝上，并拢食
　　　指、中指及无名指，置
　　　于左手手背上。

912.

名称：火种诀

手法：右手大拇指扣住无名指
　　　成圈，伸直其余三指
　　　后，置于左手手背上。

913.

名称：上仓诀

手法：左手握空拳，拳口朝上，
　　　右手掌壳置于左手旁。

914.

名称：满仓诀

手法：左手握空拳，拳口朝上，
　　　右手掌壳置于左手上方。

915.

名称：划船诀

手法：双手食指、中指及无名
　　　指内交叉，大拇指及小
　　　指各自相抵表示船之头
　　　尾。

916.

名称：木筏诀

手法：右手在下，左手在上，两手手背相贴。

917.

名称：普渡诀

手法：右掌在下，略曲四指象征船；左手并拢五指在上，象征众生。

918.

名称：追魂诀

手法：左掌朝下，四指并拢，大拇指张开；右掌朝上，做祖师诀，贴于右手手背上。

919.

名称：抢魂诀

手法：左掌朝下，叉开五指做抓状，左掌朝上，做祖师诀，贴于右手手背上。

920.

名称：保魂诀

手法：左手掌壳在下成护状，右手做祖师诀，掌心朝上。

921.

名称：太阳诀

别名：日头诀

手法：左掌在上，斜罩右手大拇指与中指相抵所成之圈。

922.

名称：太阴诀

别名：月亮诀

手法：左掌在上，斜罩右手大拇指与无名指相抵所成之圈。

923.

名称：紫微诀

别名：星斗诀

手法：左掌在上，斜罩右手大拇指与小指相抵所成之圈。

924.

名称：三光诀

手法：左掌在上，斜罩右手大拇指与食指相抵所成之圈。

925.

名称：祥云诀

手法：左掌在上，斜罩右手大拇指、食指与中指相抵所成之圈。

926.

名称：五色云诀

手法：左掌在上，斜罩右手大拇指、中指、无名指与小指相抵所成之圈。

927.

名称：乌云盖天诀

手法：右手大拇指、食指、中指与无名指相抵成圈，置于左手手背之上。

928. 　名称：天平诀 　手法：右手握拳，竖起大拇指， 　　　　朝上抵住左掌掌心。	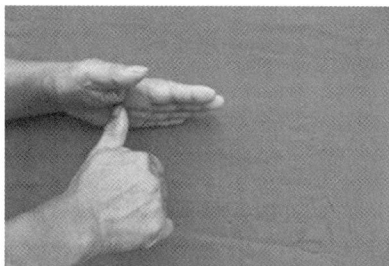
929. 　名称：地平诀 　手法：右手握拳，竖起大拇指， 　　　　朝下抵住左手手背。	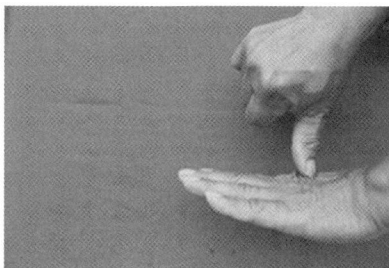
930. 　名称：人平诀 　手法：右手握拳，竖起食指， 　　　　朝下抵住左手手背。	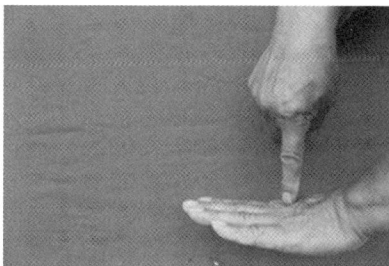
931. 　名称：鬼平诀 　手法：右手握拳，竖起小指， 　　　　朝下抵住左手手背。	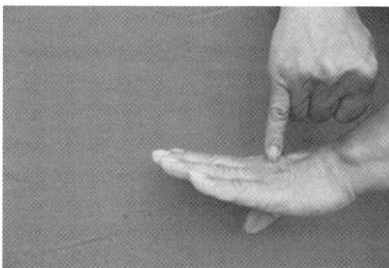

932.

名称：阴平诀

手法：右手握拳，竖起无名指，朝下抵住左手手背。

933.

名称：阳平诀

手法：右手握拳，竖起中指，朝下抵住左手手背。

934.

名称：平诀

手法：右手握拳，手背抵住在下方的左手手背。

935.

名称：九宫诀

手法：右手做剑诀，指向左手并拢的三指，左手曲收大拇指和小指。

936.

名称：八卦诀

手法：右手食指横架于左手掌四指中节处，左手大拇指内收。

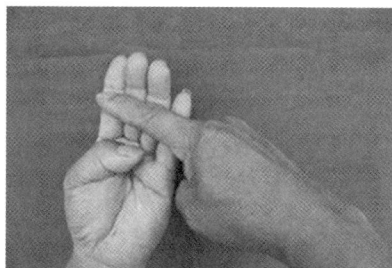

937.

名称：紫白诀

手法：右手食指指尖抵于左手掌中指中节处，左手大拇指和小指内收。

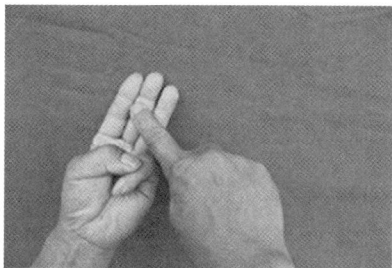

938.

名称：九州诀

手法：左手食指、中指和无名指并拢，大拇指和小指内收；右手中指和食指指尖分别抵于左手掌中指上、下节。

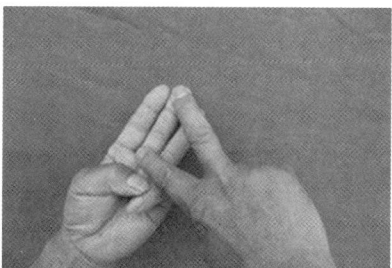

939.

名称：八方诀

手法：右手中指抵于左手掌中指中节处，左手曲收大拇指和小指。

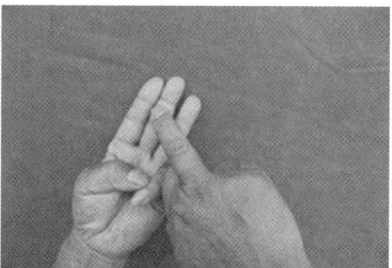

940.

名称：八面诀

手法：右手无名指抵于左手掌中指中节处，左手曲收大拇指和小指。

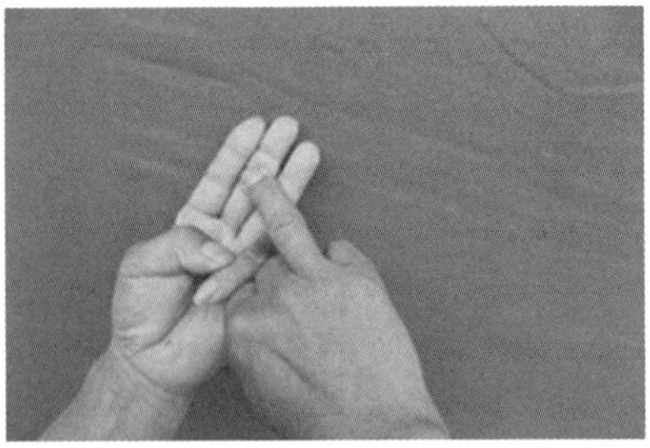

941.

名称：飞宫诀

手法：右手大拇指指尖抵住左手中指中节，左手曲收大拇指和小指。

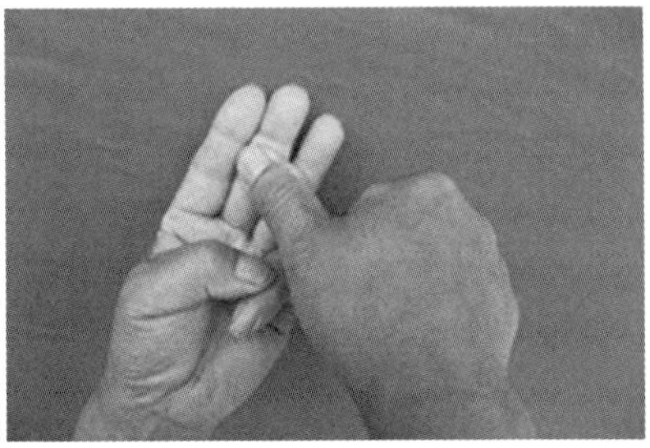

942.

名称：剪刀诀

手法：左手五指并拢后，叉开中指与无名指。

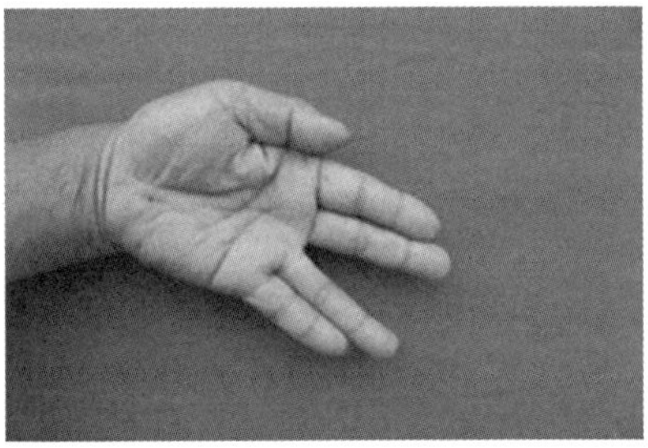

943.

名称：金剪诀

手法：左手五指并拢后，叉开食指和中指。

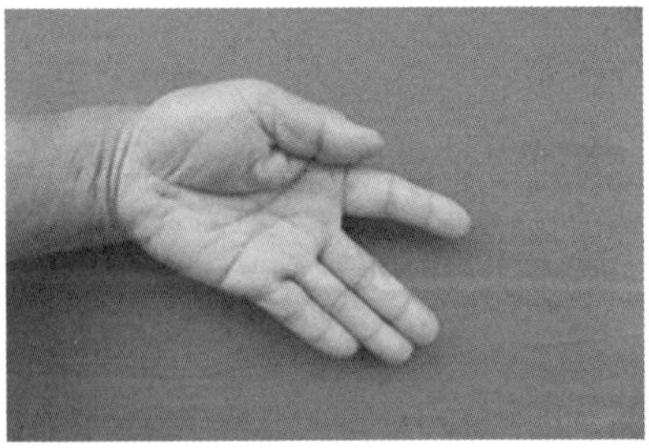

944.

名称：银剪诀

手法：左手五指并拢后，叉开中指和无名指，弯曲小指。

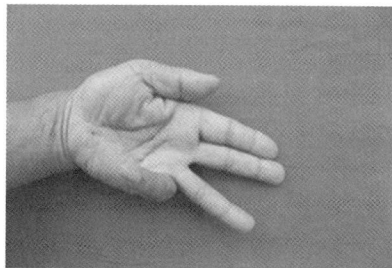

945.

名称：铜剪诀

手法：左手并拢五指后，叉开无名指和小指。

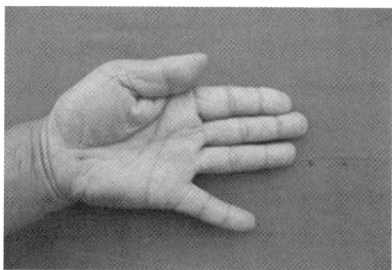

946.

名称：铁剪诀

手法：左手内收大拇指后，叉开中指和无名指。

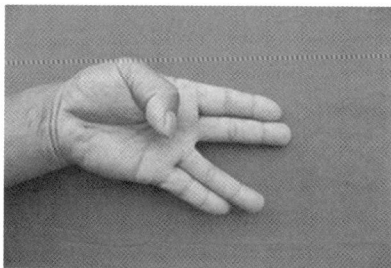

947.

名称：阴剪诀

手法：右手手背朝天，并五指后，叉开中指和无名指。

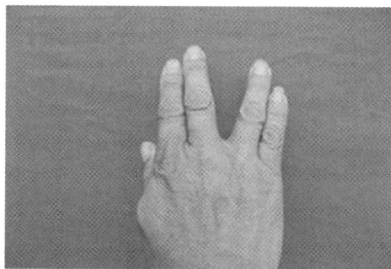

948. 名称：阳剪诀 手法：右手手掌朝天，收大拇 　　　指后，叉开中指和无名 　　　指。	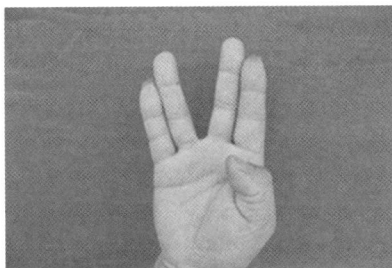
949. 名称：大秤诀 手法：左手大拇指朝上，抵于 　　　右手大拇指侧边。	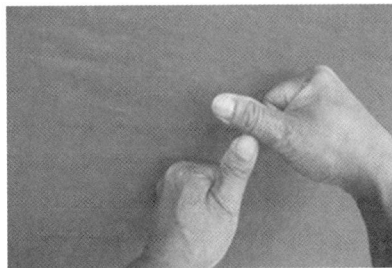
950. 名称：小秤诀 手法：左手食指朝上，抵于右 　　　手食指侧边。	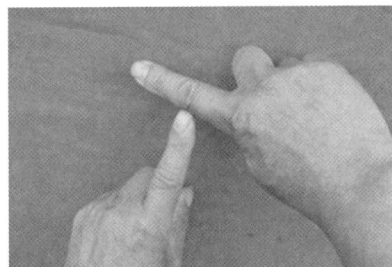
951. 名称：金秤诀 手法：左手中指朝上，抵于右 　　　手中指侧边。	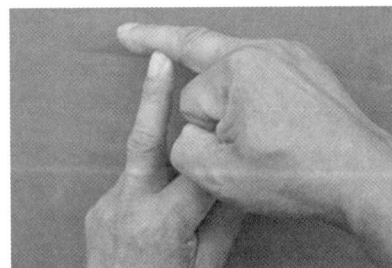

952.

名称：银秤诀

手法：左手无名指朝上，抵于右手无名指侧边。

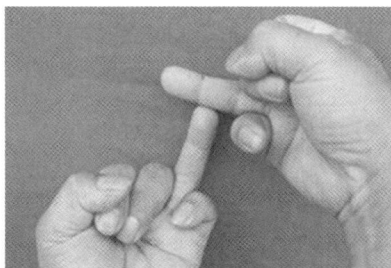

953.

名称：阴秤诀

手法：左手做剑诀，朝上抵于右手做剑诀的中指之下。

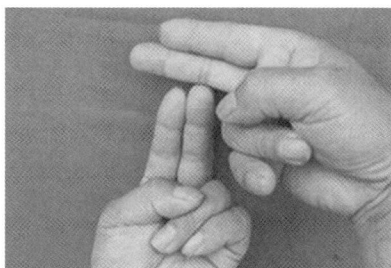

954.

名称：阳秤诀

手法：左手中指朝上，抵于右手做剑诀的中指之下。

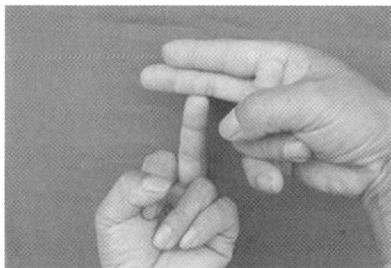

955.

名称：升斗印量诀

手法：左手握空拳，置于右手掌上。

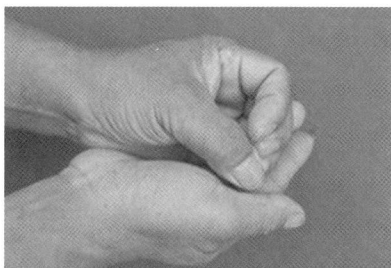

956.

名称：泰山压顶诀

手法：右手握拳，竖起大拇指，压于左手小指指尖上。

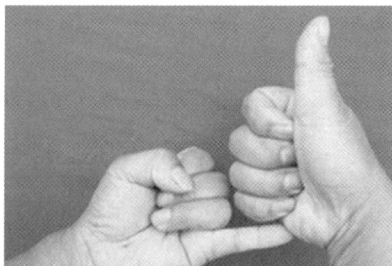

957.

名称：移山倒海诀

手法：右手握拳，竖起大拇指，压于左手掌四指指尖。

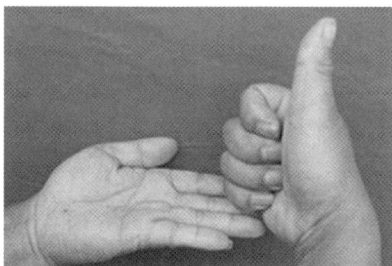

958.

名称：大拦诀

手法：右手掌横拦于左手掌四指指尖部位。

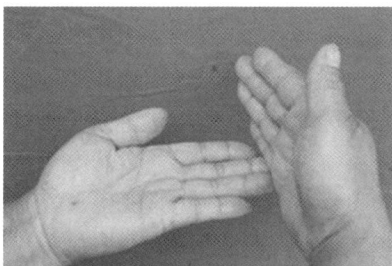

959.

名称：小拦诀

手法：右手做剑诀，横拦于左手掌四指指尖。

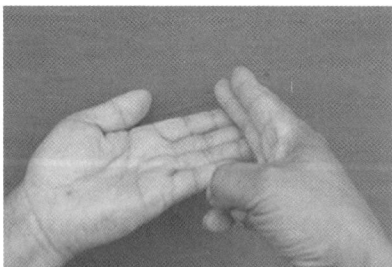

960.

　　名称：短隔诀

　　手法：左手掌指尖朝右，抵于
　　　　　指尖朝下的右手掌掌
　　　　　心。

961.

　　名称：大短隔诀

　　手法：左手拳头抵于指尖朝下
　　　　　的右手掌掌心。

962.

　　名称：小短隔诀

　　手法：左手做剑诀，抵于指尖
　　　　　朝下的右手掌掌心。

963.

　　名称：大钩连诀

　　手法：两手握拳后，两大拇指
　　　　　相钩。

964.
　　名称：小钩连诀
　　手法：两手握拳后，两食指相
　　　　　钩。

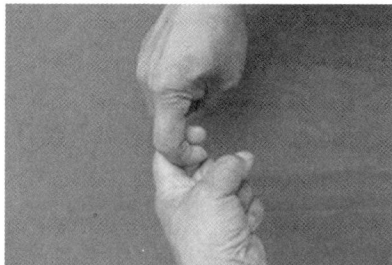

965.
　　名称：阳抱阴诀
　　手法：左手大拇指与食指合抱
　　　　　住右手大拇指。

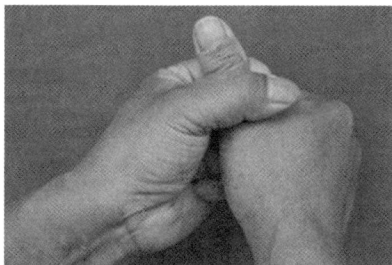

966.
　　名称：阴抱阳诀
　　手法：右手大拇指与食指合抱
　　　　　住左手大拇指。

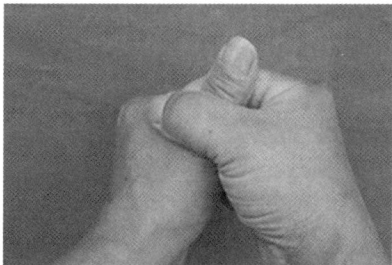

967.
　　名称：开锁诀
　　手法：右手食指插入左手空拳
　　　　　孔内且转动。

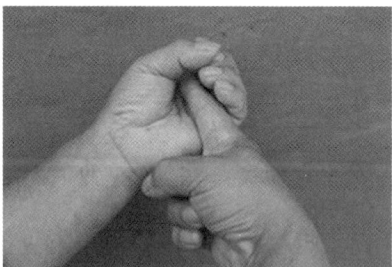

968. 　　名称：十二通天大旗诀 　　手法：右手做剑诀，贴于左手 　　　　　掌根部。	
969. 　　名称：十二统兵大将诀 　　手法：左手握拳，大拇指竖 　　　　　起，右手做剑诀，贴于 　　　　　左手大拇指的根部。	
970. 　　名称：八抬大轿诀 　　手法：两手掌心朝下，中指和 　　　　　无名指相抵并凸起表示 　　　　　轿子，食指和小指相抵 　　　　　表示杠子，竖起两大拇 　　　　　指表示轿夫。	
971. 　　名称：八抬小轿诀 　　手法：两手掌心朝下，中指相 　　　　　抵并凸起表示轿子，食 　　　　　指和无名指相抵表示杠 　　　　　子，竖起两大拇指和两 　　　　　小指表示轿夫。	

972. 　名称：阴阳二轿诀 　手法：两手掌心朝下，中指和 　　　　无名指相抵并凸起当轿 　　　　子，食指和小指相抵当 　　　　杠子，竖起左大拇指表 　　　　示阳轿，收起右大拇指 　　　　表示阴轿。	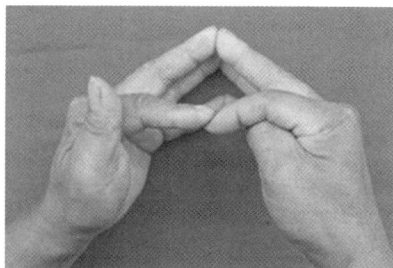
973. 　名称：祖师令箭诀 　手法：左手做祖师诀在后，右 　　　　手做剑诀在前。	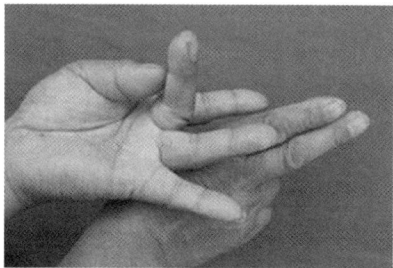
974. 　名称：老君大印诀 　手法：左手做祖师诀在后，右 　　　　手做拳诀在前。	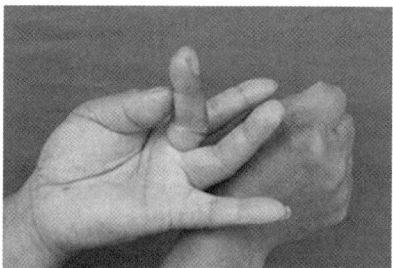
975. 　名称：玉皇大印诀 　手法：左手握拳，竖大拇指在 　　　　后，右手握拳在前。	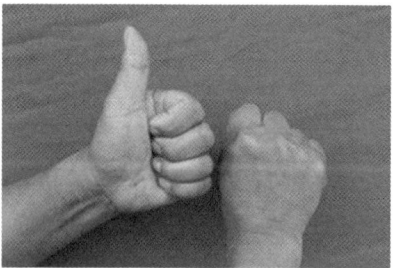

976. 名称：老君大令诀 手法：左手做午宫祖师诀在 后，右手做剑诀在前。	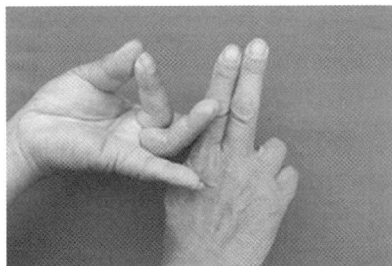
977. 名称：玉皇大令诀 手法：左手握拳，竖大拇指在 后，右手做剑诀在前。	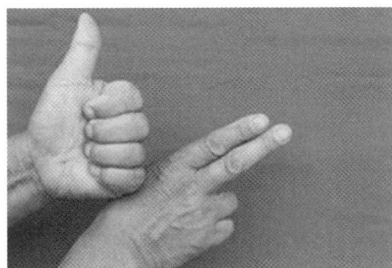
978. 名称：山诀 手法：左手握拳，竖大拇指置 于右手掌壳背上。	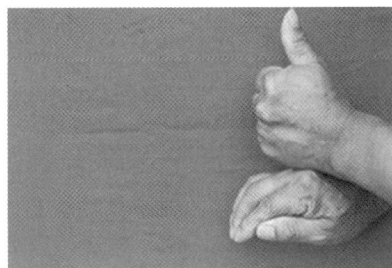
979. 名称：水诀 手法：右手大拇指压住食指、 中指和无名指表示浪 花，置于左手掌心上。	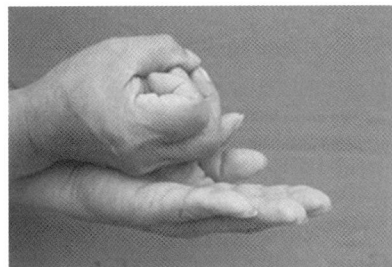

980.

名称：岩诀

手法：右手掌壳朝下置于左手掌上，以曲指表示层层岩石块。

981.

名称：土诀

手法：左手在上，右手在下，掌心朝上交叉相贴。

982.

名称：火诀

手法：左手朝上，五指竖起表示火苗，置于右手壳上。

983.

名称：树木诀

手法：左右手五指相交叉后，右手五指抱左手手背，左手五指竖起表示树林。

984.

名称：花草诀

手法：左右手五指相交叉后，右手四指抱左手手背，左手四指稍曲表示花草。

985.

名称：阴诀

别名：男诀

手法：右手在上，左手在下，掌心朝下，两掌略隔，伸直、并拢食指、中指及无名指，三指交叉。

986.

名称：阳诀

别名：女诀

手法：右手在下，左手在上，掌心朝天，两掌略隔，伸直、并拢食指、中指及无名指，三指交叉。

987.

名称：上诀

手法：向上斜竖起左手掌，伸直右手食指，点于左掌掌心，表示箭头向上。

988.

名称：下诀

手法：向上斜竖起左手掌，将右手食指贴于左掌指尖向下指，表示箭头向下。

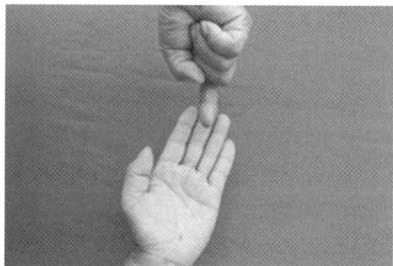

989.

名称：前诀

手法：左手握拳竖起，掌心朝左，右手食指朝右，指向前方。

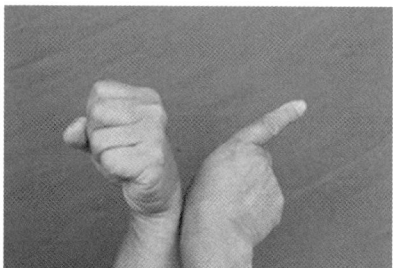

990.

名称：后诀

手法：左手握拳竖起，掌心朝右，右手食指指向左手手背。

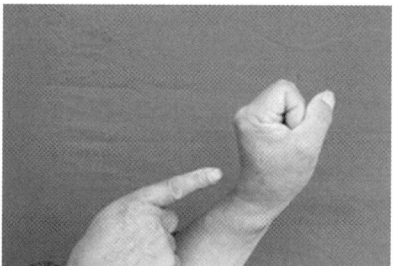

991.

名称：左诀

手法：左手握拳竖起，掌心朝内，右手食指指向左面。

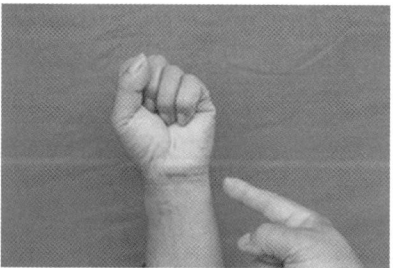

992.

　　名称：右诀

　　手法：左手握拳竖起，掌心朝
　　　　　内，右手食指指向右面。

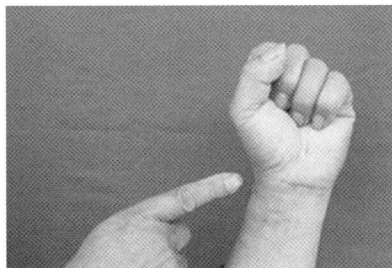

第二篇　苗师手诀

001. 名称：意记送斗，依达穷炯
    苗文：Yid jid songb doud, yid dal
          njongb jongx
    意译：黄蜡香碗，蜡香糠烟
    手法：左手掌在下，掌心朝下，右
          手掌略曲在上，表示香碗。

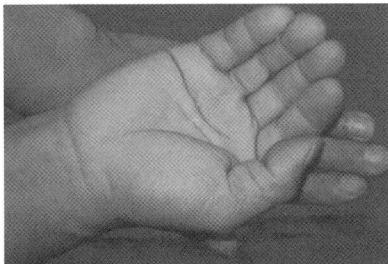

002. 名称：勇拢穷熊
    苗文：Yongl longl njongb xongt
    意译：竹筒竹杯
    手法：左手手指并拢伸直表示竹
          杯，右手食指伸直表示杯。

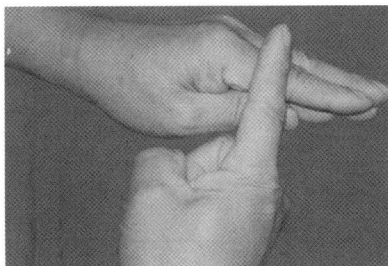

003. 名称：吉走抗闹
    苗文：Ob zeud kangb nhob
    意译：骨筶神卦
    手法：左右手食指、中指以及无
          名指并拢伸直表示骨筶，
          并一翻一扑表示神卦。

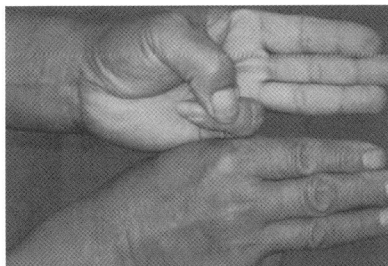

004. 名称：穷力穷梅
    苗文：Njong bix njngb mel
    意译：祭祖铜铃
    手法：双手合成铃状。

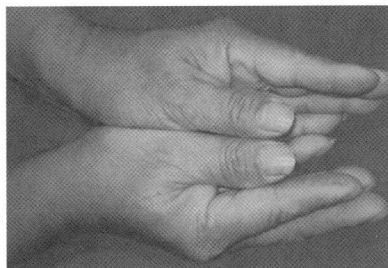

005. 名称：纵寿吉标秋代吉竹
　　　苗文：Zongl sheux jib bloud,
　　　　　　qeub det jid zhus
　　　意译：家中祖坛，家内祖殿
　　　手法：左手大拇指内收，伸直四指
　　　　　　表示四柱，再用右手掌盖
　　　　　　之。

006. 名称：贵汝产娥棍空，录汝吧图棍得
　　　苗文：Nguil rub cat ngongl ghuib
　　　　　　kongx，nhul rub beab ndux
　　　　　　ghub deb
　　　意译：尊贵的千位祖师，尊敬的
　　　　　　百位宗师
　　　手法：左右手做祖师诀，也可以
　　　　　　单手做。

007. 名称：几得久挤、吉秋出列
　　　苗文：Jid del jiud gid、jid qeub
　　　　　　chud lieb
　　　意译：煮酒之火炉、煮饭之火坑
　　　　　　（火堂）
　　　手法：左手掌平伸后，弯曲四指
　　　　　　成九十度直角。

008. 名称：锐锐告勾，让让告公
　　　苗文：Reit reit ghob goub，rangb
　　　　　　rangb ghob gongt
　　　意译：徐徐归路，缓缓归道
　　　手法：右手大拇指、中指抵左手
　　　　　　掌中指顶端，再慢慢沿中
　　　　　　指移下左手。

009. 名称：几江吉共
　　苗文：Jid jiangl jid nghongb
　　意译：搬运扛抬
　　手法：双手合成舀水状。

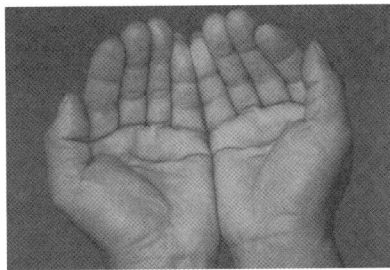

010. 名称：吾斩查齐，吾龙漂明
　　苗文：Ub zanl nzead nqit, ub
　　　　　nongb pleub mlongl
　　意译：泉水洗洁，清水漂净
　　手法：右手四指横放在左手掌上
　　　　　并向指尖方向反复擦去。

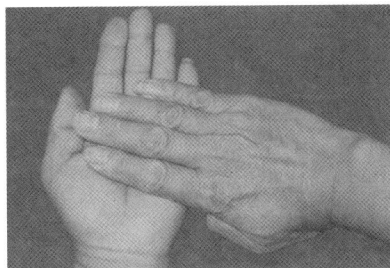

011. 名称：江林达纵刚棍，江照吉秋
　　　　　学猛
　　苗文：Jiangb liongl dat zongb gan-
　　　　　gt ghuongt, jiangb zhot jid
　　　　　qeub xiob mongt
　　意译：摆在敬神堂中，搁在敬祖
　　　　　堂内
　　手法：右手中指点于左手掌心内。

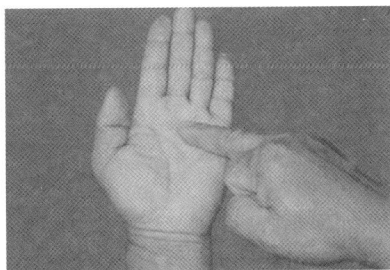

012. 名称：达齐这汝，达恩泻格
　　苗文：Deal nqit zheb rub, deal
　　　　　ngongx nied nggex
　　意译：净盘好碗，银盘金碗
　　手法：右手拳孔置于左手掌上成
　　　　　碗状。

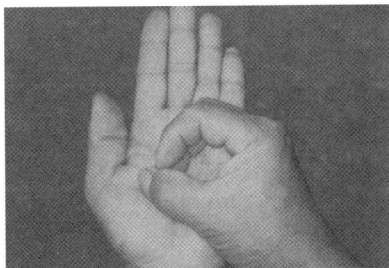

013. 名称：几查吉弄柔渣，吉然吉弄
　　　　柔然
　　苗文：Jid ncax jid longb roux
　　　　hcoux, ncax jid reab jid
　　　　longb roux reab
　　意译：磨在磨岩之上，搓在磨石
　　　　之面
　　手法：右手中指、食指横放在左
　　　　手手背上反复磨擦。

014. 名称：猛单吉就，会送吉孺
　　苗文：Mongl dand ghob jlus, feib
　　　　songb ghob rud
　　意译：去到竹林，赶到竹园
　　手法：右手中指、食指点左手拳
　　　　背，左手拳背表示竹山。

015. 名称：堵拢吧告斗补，岔图照告然洞
　　苗文：Dud longd blat ghob doul
　　　　bul, cheab ndub zhob ghob
　　　　real dongt
　　意译：砍竹五面山头，伐树六面
　　　　山上
　　手法：右手做剑诀，砍向左手伸
　　　　出的食指指根，表示砍竹。

016. 名称：几江长勾，吉共长公
　　苗文：Jid jangl zhangl goud, jid
　　　　ghongb zhangl gongt
　　意译：抬着回转，扛着回来
　　手法：右手食指架于左手弯曲的
　　　　食指之上，表示用肩抬竹。

017. 名称：意拢齐齐，喂乔嘎嘎
　　　苗文：Yid longl gid，gid wed njob
　　　　　　nggad nggad
　　　意译：砍竹齐齐，破竹喳喳
　　　手法：右手做剑诀，劈左手中指
　　　　　　与无名指之指缝，表示破
　　　　　　开竹竿。

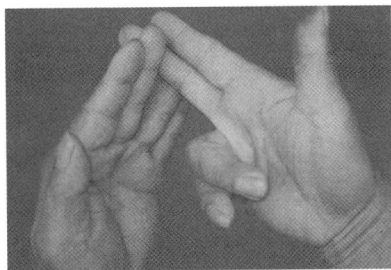

018. 名称：喂斗得寿，产见头果
　　　苗文：Wel doud del sheud，cant
　　　　　　jand ndeud ghuet
　　　意译：我本弟子，剪成长钱
　　　手法：右手食指、中指剪左手，
　　　　　　表示剪纸。

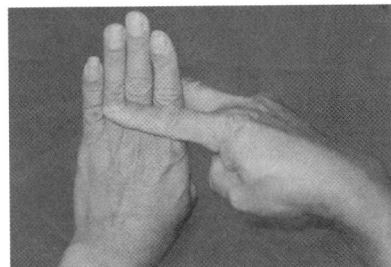

019. 名称：提周炮节，提尖炮抓
　　　苗文：Ntil zhoub pob jcd，ntil
　　　　　　jianb pob zhad
　　　意译：绫罗布匹，绸缎布
　　　手法：两手背相接，表示布条。

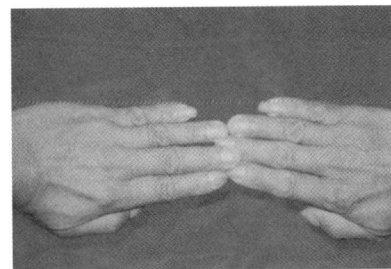

020. 名称：炮单达告竹鱼，炮送达告
　　　　　　竹嘴
　　　苗文：Pob dand dal ghob zhul
　　　　　　nhut，pob songx dal ghob
　　　　　　zhul zit
　　　意译：架到大门之边，铺到小门
　　　　　　之旁
　　　手法：将右手掌架于叉开的左手
　　　　　　大拇指、食指指尖上。

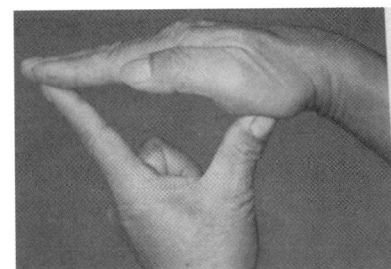

021. 名称：按果江林吉纵，庆放江照 比秋 苗文：And ghuet jangl liongs ghol zongs， qongb fangb jangl zhol bleid qieux 意译：大鼎摆在坛头，小罐摆在 坛尾 手法：右手空拳，摆在稍曲的左 手掌上。	
022. 名称：乖棍 苗文：Ghuet ghuongt 意译：赶鬼 手法：右手食指、中指及无名指 在左手掌上反复擦刮，刮 向香碗，表示赶走。	
023. 名称：乖告送斗，度龙穷炯 苗文：Ghue ghol songl doul， dub nhongb njongb jongs 意译：赶入烟雾，隔在烟蜡 手法：双手背朝上，手指对蜡烟 碗上下摆动，表示赶走。	
024. 名称：乖告送斗几白，度龙穷炯 吉袍 苗文：Ghuet ghol songb doud jid nbed， dub nhongl njongb jongs jid nbob 意译：赶入烟雾翻转，隔在烟蜡 伏扑 手法：上一手诀翻手做即可。	

025. 名称：牙首牙猛以热内补
　　苗文：Yal sont yal mongb yid red nel bul
　　意译：铁板挡去他乡
　　手法：双手交叉于胸前，将手掌向后肩移去。

026. 名称：抓嘎依然内冬
　　苗文：Cheal gheab yid yead nel dongb
　　意译：铁叉叉去他处
　　手法：双手做叉诀叉向后肩。

027. 名称：吉标果齐，几竹明汝
　　苗文：Gid bloud ghueut nqit，jid zhub miongl rub
　　意译：家中清白，宅内明亮
　　手法：双手掌向外反复亮相。

028. 名称：代寿梅到碰秀休虫，弄代梅到太代得拿
　　苗文：Del sheut mex dob pongb xi-ux xiux nzhongb，longb det mex dob ndeb det det nab
　　意译：弟子取得天上宝盖，师郎取得法盖盖好
　　手法：将双手盖在头上。

029. 名称：几搂喂窝补记孺敏

苗文：Jid neul wel ob bub jit rud mlongx

意译：前面我燃三堆真火（三昧真火）

手法：右手做毫光诀，置于左手大拇指之上。

030. 名称：吉追喂窝补乔孺牛

苗文：Jid zheib wel ox bud niob rud niul

意译：后面我烧三堆神火

手法：右手做毫光诀，置于左手大拇指背后。

031. 名称：几瓦几达当岁加绒

苗文：Jia weal jid deab dangl seit jad rongl

意译：反复来隔邪神凶鬼

手法：左手做牛角诀，点于右手掌心。

032. 名称：几瓦几达当岁加棍

苗文：Jid weal jid deab dangl seit jad ghuongt

意译：反复来隔凶鬼邪神

手法：右手做牛角诀，点于左手手背上。

033. 名称：告讨呕偶绒奶
　　 苗文：Jid tot oud ngongl rongl net
　　 意译：夹住两条阳龙
　　 手法：左手做牛角诀，用右手食
　　　　　指、中指夹左手大拇指。

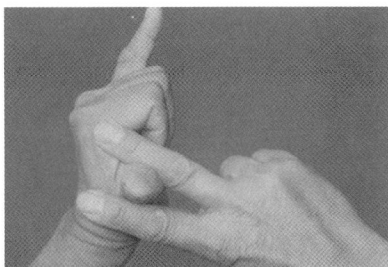

034. 名称：告讨呕偶绒那
　　 苗文：Ghot tot oud ngongl rongl lab
　　 意译：夹住两条阴龙
　　 手法：右手做牛角诀，用左手食
　　　　　指、中指夹右手小指。

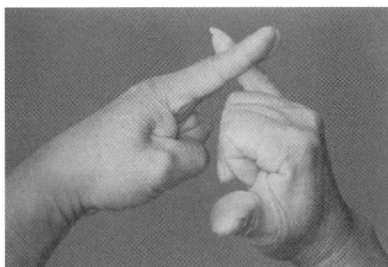

035. 名称：内开几咱
　　 苗文：Nel khed jid zead
　　 意译：人看不见
　　 手法：左手做祖师决，用右手掌
　　　　　挡住。

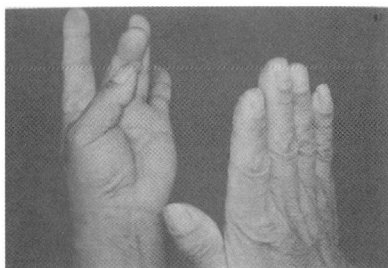

036. 名称：棍梦几干
　　 苗文：Ghuongt mud jid ghanl
　　 意译：鬼看不明
　　 手法：右手做祖师决，用左手背
　　　　　挡住。

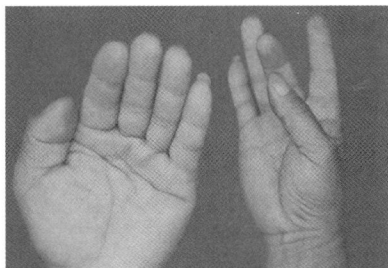

037. 名称：抽力嘎首
　　　苗文：Choul lil giead soux
　　　意译：化成铁板
　　　手法：将两手掌之四指重叠，挡
　　　　　　住视线。

038. 名称：吉蓄西包达鸟吉弄扛虫
　　　苗文：Jid xiud xid beud deal niud
　　　　　　jid longb gangl chongb
　　　意译：包在坛头藏紧
　　　手法：用右手握住左手大拇指。

039. 名称：吉蓄那嘎达梅吉弄扛拿
　　　苗文：Jid xiud lal gad dal mel jid
　　　　　　lowgl gad neal
　　　意译：包在坛尾藏实
　　　手法：用左手握住右手大拇指。

040. 名称：贵汝几抓候喂吧龙
　　　苗文：Nguib rub jid zhax heub wel
　　　　　　bad nux
　　　意译：祖师在左帮我举斧
　　　手法：左手做祖师决在前，右手
　　　　　　做剑诀在后。

041. 名称：录汝吉尼候喂吧同
　　苗文：Nul rub jid ml heub wel bab
　　　　　ndongd
　　意译：宗师在右帮我举刀
　　手法：左手做剑诀在前，右手做
　　　　　祖师决在后。

042. 名称：炯先共猛，炯状共求
　　苗文：Jongl xand nghongb mongl,
　　　　　jongl zhangl hghongb njoul
　　意译：宗师抬去，祖师抬上
　　手法：双手各指交叉互握，两大
　　　　　拇指互绕作旋转状。

043. 名称：贵汝候苟，录汝候共
　　苗文：Nguib rub heub geud, nul
　　　　　rub heub nghongb
　　意译：祖师帮拿，本师帮抬
　　手法：右手做祖师决，对准左
　　　　　手，左手五指并拢。

044. 名称：扣娘关关，洽娘埋卖
　　苗文：Keud niangb kuand khuand,
　　　　　qead niangb manl manl
　　意译：关得严严，盖得实实
　　手法：用右手盖住左手掌。

045. 名称：求单几纵棍某，求送吉秋棍昂 苗文：Njaul dand jid zongb ghuongx mloul, hjoul songb jid qieub ghuongx ngeax 意译：上到鱼神堂中，上达肉神堂内 手法：将右手大拇指、中指并拢，点于左手掌中指下节处。	
046. 名称：求单依皙西向，求送意苟几补 苗文：Njonl dand yid lieul xid xiangt, njoul songb yid goud jid bul 意译：上到家先堂中，上达先祖堂内 手法：将右手大拇指、中指并拢，点于左手掌中指中节处。	
047. 名称：求单洞绒，求送洞棍 苗文：Njoud dand dongl rongs, njoud songb dongl ghuongd 意译：上到神堂，上达神殿 手法：双手大拇指并拢相抵。	
048. 名称：然休扛虫，见得得拿 苗文：Read xiut gangl zhowgb, janb del del nax 意译：藏魂送稳，收体送实 手法：双拳合抱。	

049. 名称：读标吾
　　　苗文：Dul biux
　　　意译：理系魂布
　　　手法：将右手大拇指、中指指向
　　　　　　装有系魂布的竹筒。

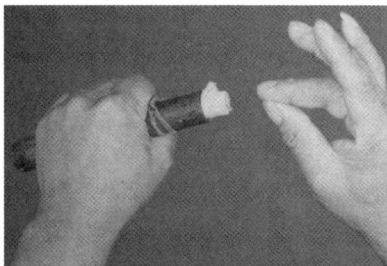

050. 名称：尼固油忙
　　　苗文：Niel gut yiud mal
　　　意译：牯群牛群
　　　手法：右手伸直食指、小指表示
　　　　　　牛角，中指、无名指弯曲
　　　　　　表示牛身，用左手架于牛
　　　　　　头上表示牛身。

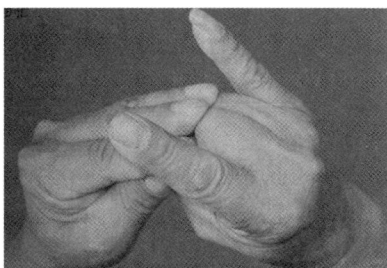

051. 名称：图然告苟
　　　苗文：Ndub reax ghob gheud
　　　意译：梨树寨头
　　　手法：右手做牛角诀，点于左手手
　　　　　　背之中指，以示树丫梨果。

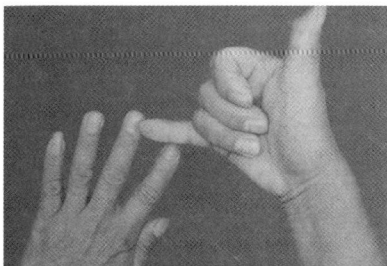

052. 名称：图绕此让
　　　苗文：Ndub rol bleid rangl
　　　意译：栗树村头（板栗树）
　　　手法：右手朝前，将左手小指点
　　　　　　于右手食指尖上。

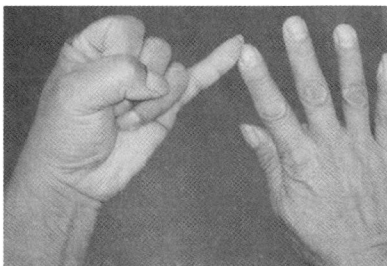

053. 名称：几单优优，吉就沙沙

苗文：Jid danx youd youd, jid jio-ul shad shad

意译：理直渺渺，竖直好好

手法：左手握系魂布竹筒，置于右手背上。

054. 名称：告猛通苟，告图通绒

苗文：Ghongt mongt tongt gheul, ghod ndud tongt rongs

意译：如竹通坡，似树通岭

手法：左手握住右手，右手食指从左手食指、中指之间伸出。

055. 名称：告猛通半，告图通炮

苗文：Ghod mongt tongd banl, ghod ndub tongd pob

意译：如竹通坪，似木通坝

手法：右手中指从左手中指、无名指之间伸出。

056. 名称：几单标吾

苗文：Jid danl blut

意译：竖直系魂布竹筒

手法：双手握住竹筒，两大拇指护住两边。

057. 名称：林周抗吾，林抓抗斗

　　苗文：Nliongt zhoul khangd nb, nliongt zhal khangd deul

　　意译：系魂绫罗隔水，系魂绸缎挡水

　　手法：用双手食指及中指夹住布条。

058. 名称：几渣弄松都，吉然弄穷炯

　　苗文：Jid ncad longb songt dond, jid rab longb nqongb jongs

　　意译：熏在烟中，洗在蜡上

　　手法：用左手食、中指夹住系魂布，右手大拇指、食指反复从布的上端往下端捋。

059. 名称：转名转虫，奈名奈拿

　　苗文：Zhang zhod zhangb nchongb, nhanl zhod nhanl nal

　　意译：系实系紧，系实系牢

　　手法：左手四指并拢，用布条包住，右手做祖师诀。

060. 名称：告长吉屡喂照抓首

　　苗文：Ghol nzhangs jid neul, wed zhob zhal sout

　　意译：倒向前方，我撑钢叉

　　手法：用布条包住左手四指，右手做叉诀将其抵住。

061. 名称：告长吉追喂照踏闹 苗文：Ghod nzhangd jid zheib wel zhob ndeab lob 意译：倒向后面，我撑铁叉 手法：用布条包住左手四指，右手做叉诀从左手手指背面将其抵住。	
062. 名称：锐单出足龙奶 苗文：Reit dand chul zul nhongl ned 意译：青竹长来高高 手法：右手做牛角诀，从右侧测量左手四指所包的布条。	
063. 名称：麻单出足龙骂 苗文：Mlal dand chul zul nhongl mad 意译：笋生长来齐齐 手法：右手做牛角诀，从左侧测量左手四指所包的布条。	
064. 名称：锐单锐踏此固，麻单麻踏几勇 苗文：Reix dand reix ntab bleid ghul, mlal dand mlal ntab jid yongl 意译：竹生竹祭顶端，笋生笋祭顶上 手法：用右手掌壳盖住包着布条的左手四指。	

065. 名称：偷喂勾走，偷浓勾送 　　苗文：Teud weub geud zoux teud 　　　　　niongl geud songs 　　意译：集中来交，集聚来送 　　手法：将右手中指、食指与大拇 　　　　　指相抵成圈，摆在左手掌 　　　　　中。	
066. 名称：送斗不猛竹豆，穷炯不闹抗兰 　　苗文：Songt doul bul mongd zhul 　　　　　doud， njongb jongs bul 　　　　　gheab khangd nex 　　意译：蜡香带去神堂，蜡烟带往 　　　　　神殿 　　手法：用斜着的右手掌从左手掌 　　　　　中不断扫向指尖。	
067. 名称：相部相身，向奶向骂 　　苗文：Xiangd pout xiangd niab， 　　　　　xiangd neb xiangd max 　　意译：祖父祖婆，祖娘祖爷 　　手法：双手四指交叉合抱，伸出 　　　　　两大拇指。	
068. 名称：斗补告补，斗冬告绒 　　苗文：Doul bul ghob bud， doul 　　　　　dongd ghob rongx 　　意译：土地山神，山岗地脉 　　手法：左手握拳表示山岭，右手 　　　　　伸直表示岗崖。	

069. 名称：棍某棍昂 苗文：Ghuongt mloul ghuangt nge-ax 意译：鱼神肉神 手法：双手指交叉合抱，曲伸中指和食指。	
070. 名称：阿格柔绒，呕昂吾棍 苗文：Ad ged ront rongl , out nga-ngb ub ghuongt 意译：一重鬼塘，一重鬼湖 手法：左手在下，右手在上，左右手相连稍曲成凹状。	
071. 名称：贵汝埋苟豆首，录汝埋共豆闹 苗文：Nguib rub mel geud doul sout , nul rud mel ghod doul lob 意译：祖师拿铁锤，本师拿钢锤 手法：双拳并出。	
072. 名称：贵汝埋苟扛首，录汝埋共扛闹 苗文：Nguib rut mel geud gangl soud , nul rub mel ghongb gangs lob 意译：祖师你拿钢锤，本师你拿铁锤 手法：双拳交叉并出。	

073. 名称：贵汝埋苟猛色
　　苗文：Nguil rub mex geud mongl
　　　　　sed
　　意译：祖师你拿大枪
　　手法：双手各伸直中指。

074. 名称：录汝埋共猛炮
　　苗文：Nul rub mel nghongb mongl
　　　　　paob
　　意译：本师你拿大炮
　　手法：将右手食指架于左手大拇
　　　　　指与食指所成的叉上。

075. 名称：喂斗得寿，部拢告得
　　苗文：Wel doul deb sheud, boud
　　　　　longl ghod ded
　　意译：我本弟子，吾乃师郎
　　手法：将右手大拇指伸直放于胸
　　　　　前。

076. 名称：拔浪竹林，浓浪竹共
　　苗文：Npab nangd zhul liongl,
　　　　　niongb nangd zhul ghongd
　　意译：最古的女，最老的男
　　手法：双手小指伸出相叠，大拇
　　　　　指伸直并翻腰，余下三指
　　　　　弯曲。

077. 名称：林豆林且 苗文：Liongt doul liongt nqeb 意译：大规大秤 手法：左手握拳表示大规律，右掌朝下伸平表示天平。	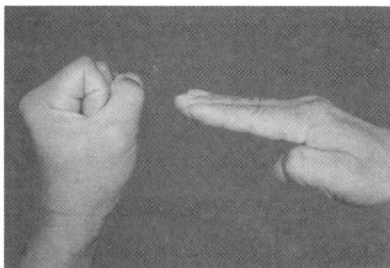
078. 名称：竹洞竹纵 苗文：Zhul dongs zhul zhongb 意译：大门小门 手法：右手做叉诀，倒置于左手掌上。	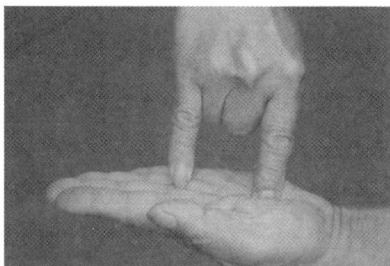
079. 名称：竹同不得，竹纵不同 苗文：Zhul ndus bub ded, zhul zongb bub ndongl 意译：大门吊蜂，小门吊陀 手法：将右手大拇指、食指倒置于左手掌上，左手余指弯曲表示蜂陀。	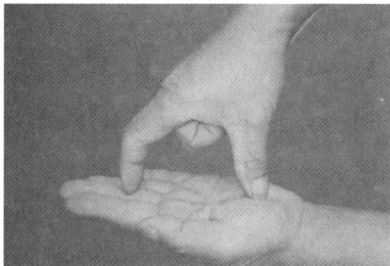
080. 名称：号拢你羊喂斗得寿 苗文：Hob nongd nit yangb wel doud deb sheud 意译：此间可坐我本弟子 手法：右手做祖师诀，朝上置于左手掌上。	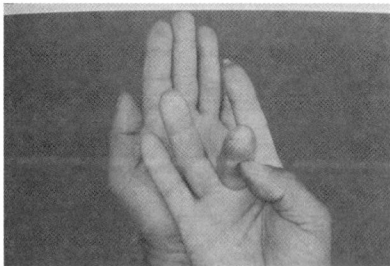

081. 名称：号炯炯羊部弄告得
　　苗文：Hob jongb jongb yangb
　　　　　boud nongd ghob det
　　意译：此处可居我本师郎
　　手法：右手做祖师诀，朝上置于
　　　　　左手背上。

082. 名称：苗阿首你羊喂斗得寿
　　苗文：Mlal sout nit yangb wel doul
　　　　　del sheut
　　意译：钢条可保我本弟子
　　手法：右手朝下，置于左手掌
　　　　　上，相叠，不齐指尖。

083. 名称：苗阿闹炯羊部弄告得
　　苗文：Mlal lot jongb yangx boud
　　　　　longb ghox det
　　意译：铁块可护我这师郎
　　手法：双手手背相叠，不齐指尖。

084. 名称：照首你羊喂斗得寿
　　苗文：Zhol songt nit yangb wel
　　　　　dout del sheud
　　意译：钢篓可保我本弟子
　　手法：将右手空拳置于左手掌根
　　　　　部。

085. 名称：照闹炯羊部弄告得
　　苗文：Zhol lob jongb yangx bout longb ghot det
　　意译：铁篓可护我这师郎
　　手法：将右手空拳置于左手背。

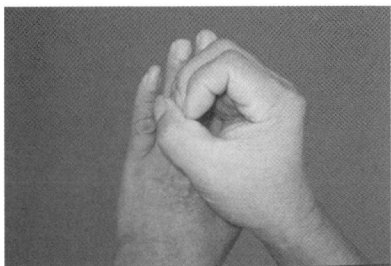

086. 名称：闹吾龙部啊昂，名补龙部阿苟
　　苗文：Zhol ub nhongl bout ad ngangl, zhol bul nhongl boux ad goud
　　意译：下水与我一船，上岸同我一路
　　手法：双手相叠，两大拇指竖起相抵。

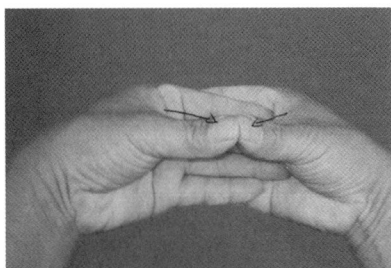

087. 名称：闹吾龙部出拉，名补龙部出苟
　　苗文：Zhol ub nhongl bout chud nad, zhol bud nhongl bout chud goud
　　意译：下水与我做兄，上岸同我做弟
　　手法：双手相叠，两大拇指平放着相抵。

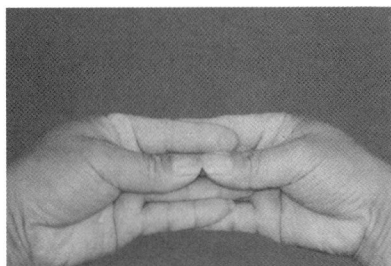

088. 名称：猛单纠录亿苟
　　苗文：Mongl dand joul nhong yix goud
　　意译：去到九条路途
　　手法：将右手小指点于左手食指与中指之间的底部。

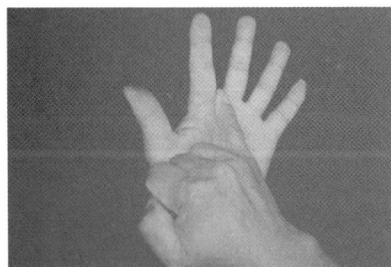

089. 名称：会送谷叉图公
     苗文：Feib songb ghol chad yid
        gongt
     意译：走到十岔路道
     手法：将右手食指点于左手背中
        指与无名指下部。

090. 名称：巴林打豆，巴术达射
     苗文：Bad liongl dad dout, bad
        sub dad niangd
     意译：供祖水牯，敬祖水牛
     手法：右手大拇指伸直，食指弯
        曲，表示牛角。左手手指
        搭在牛角之间，表示牛
        头。

091. 名称：尼沙油无布
     苗文：Niel sab yiud nbub
     意译：椎牛同供的黄牛
     手法：双手各指交叉相抱，两小
        指伸直表示牛角，两大拇
        指表示牛尾。

092. 名称：几单牛豆，吉纠洞
     苗文：Jid danb nioul daux, jid
        joul nioul dongb
     意译：竖直二柱，竖正中柱
     手法：左右手各伸出中指和食
        指，余指互相交叉。

093. 名称：几搂照容，吉追照内
　　　苗文：Jid neul zhob yongx, jid
　　　　　　zheil zhob neb
　　　意译：前面架梁，后面架柱
　　　手法：将右手食指架于左手中指
　　　　　　及无名指顶上。

094. 名称：几搂太留，几追太不
　　　苗文：Jid neul nteb lioul, jid
　　　　　　zheib nteb bul
　　　意译：前面盖草，后面盖茅
　　　手法：将右手掌伸直，架于左手
　　　　　　四指指尖。

095. 名称：告拔闹吾高某
　　　苗文：Ghox npad lob ub gol mloul
　　　意译：女人下河捕鱼
　　　手法：将右掌壳盖在左手掌上。

096. 名称：告浓求补上昂
　　　苗文：Ghod niongb njoub bul ran-
　　　　　　gl ngeax
　　　意译：男人上山狩猎
　　　手法：用右手大拇指、食指捏住
　　　　　　左拳大拇指。

097. 名称：以昂嘎度乖，亿求嘎度布
　　苗文：Yid ngeax giead dub ghuet,
　　　　 jil njout gjead dub blud
　　意译：骑着黑云，驾着乌云
　　手法：右手大拇指穿过左掌中
　　　　 指、无名指间。

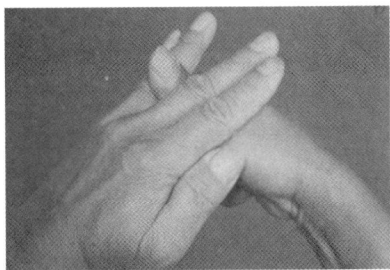

098. 名称：布数他那
　　苗文：Bud sud ntad lab
　　意译：开锁解锁
　　手法：右手食指穿进左手之拳
　　　　 孔，然后将左拳放开。

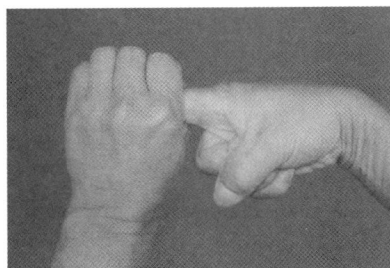

099. 名称：猛龙查首
　　苗文：Mongl nangb ncad soud
　　意译：大刀利刃
　　手法：双手做剑诀并相连。

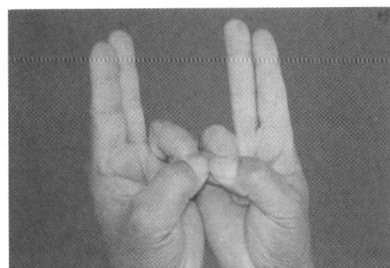

100. 名称：猛同查闹
　　苗文：Mongl ndongd ncad lob
　　意译：大斧利铁
　　手法：右手掌砍向左拳伸直的大
　　　　 拇指。

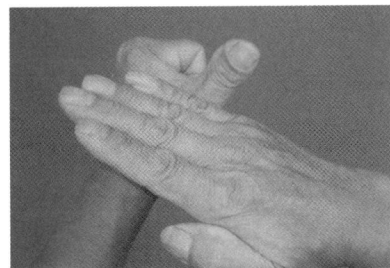

101. 名称：抓尖抓记
　　苗文：Zhad jand zhad jid
　　意译：掉凿落斧（指雷劈树）
　　手法：右手做剑诀，架于并拢的
　　　　　左手掌食指与中指之间。

102. 名称：洽风洽龙，洽斗洽太
　　苗文：Gad hongd qad nongb, qad
　　　　　deul qad ted
　　意译：挡风挡雨，挡焰挡火
　　手法：左手做祖师诀，用右手掌
　　　　　罩住。

103. 名称：归先归得喂不白久
　　苗文：Guit xiand guit det wel bub
　　　　　bed joud
　　意译：长气儿魂我背满身
　　手法：用右手掌壳盖住左手竖起
　　　　　之拳。

104. 名称：归木归嘎喂不白得
　　苗文：Guit mongb guit giad wed
　　　　　bub bed ded
　　意译：长寿孙魂我带满体
　　手法：右手握拳，左手握住右手
　　　　　的手腕部位。

105. 名称：扣竹兰拿见先

苗文：Keud zhub nel lal jianb xi-
and

意译：关大门，人便收气

手法：右手做叉诀，叉住左掌右
边。

106. 名称：扣吹内拿见木

苗文：Xeut cheid nel lad jianb
mux

意译：关楼门，人便藏福

手法：左手做叉诀，叉住右手背
左边。

107. 名称：岁巧岁加

苗文：Seit qiaob seit jiad

意译：隔丑隔坏

手法：将右手掌横放在左手掌中
间。

108. 名称：齐洞齐嗯，齐首齐闹

苗文：Njid dongl ngongl njid, njid
soud njid lob

意译：铜剪银剪，钢剪铁剪

手法：双手伸直四指，并分别叉
开中指与无名指。

109. 名称：阿奶当架补产加绒
　　苗文：Ad net dangl giab bub canb
　　　　　jiad rongx
　　意译：一天等吃三千恶鬼
　　手法：双手相连，手背朝上，两大
　　　　　拇指在下，表示大口大嘴。

110. 名称：几搂喂封补产千某
　　苗文：Jid neul wel hongl bud canb
　　　　　qiand mloul
　　意译：前面我安三千鱼叉
　　手法：双手朝上，各指内交叉并
　　　　　伸出表示刺椎。

111. 名称：吉追喂封补吧千昂
　　苗文：Jid zheib wel hongl bud be-
　　　　　ab qiand ngeax
　　意译：后面我安三百肉刺
　　手法：双手朝下，外交叉并伸直
　　　　　各指，表示肉刺。

112. 名称：就奶梅林打秀
　　苗文：Jiud net met liongb dad xiux
　　意译：以日护照我体
　　手法：右手做毫光诀，架于左手
　　　　　大拇指指尖。

113. 名称：就那梅照打得
　　苗文：Jiud lat met liongb dad del
　　意译：以月护照我体
　　手法：左手做祖师诀，右手做毫
　　　　光诀，架于左手中指指
　　　　尖。

114. 名称：补产贵忙土冬
　　苗文：But cant nguil mangl tud
　　　　dongx
　　意译：三千祖师去找
　　手法：右手做祖师诀，中指指尖
　　　　点在左手伸直的三指之无
　　　　名指上。

115. 名称：补吧录忙叉留
　　苗文：But beab nul mangb chead
　　　　lioul
　　意译：三百本师去寻
　　手法：左手大拇指、小指曲收，
　　　　余下三指伸直、叉开。右
　　　　手做祖师诀，手背朝上，
　　　　中指抵于左手中指指尖。

116. 名称：补产藏力，补吧藏梅
　　苗文：But cant nzangb lix, but
　　　　beab nzangb med
　　意译：三千骑驴，三百骑马
　　手法：左右手手背相贴，两小指
　　　　相扣。右手大拇指曲收，
　　　　其余手指稍曲。

117. 名称：补产共急
　　苗文：Bub cant nghongb gix
　　意译：三千抬旗祖师
　　手法：将右手食指、中指、无名
　　　　　指置于左手掌掌根。

118. 名称：补吧共色
　　苗文：But beab ghongb sed
　　意译：三百抬枪本师
　　手法：双手大拇指和小指弯曲，
　　　　　余下三指伸直。左手三指
　　　　　抵住右手食指下节。

119. 名称：补产不包拢嘎
　　苗文：But cant bul beat nongd ng-
　　　　　gad
　　意译：三千披被戴甲
　　手法：左手弯曲大拇指、小指，
　　　　　右手大拇指及其余四指夹
　　　　　住左手三指。

120. 名称：不吧不嘎图闹
　　苗文：But beab bul giead ndub
　　　　　nhol
　　意译：三百戴甲戴冠
　　手法：左手弯曲大拇指和小指，
　　　　　用右手掌壳盖住左手食
　　　　　指、中指、无名指。

121. 名称：哭绒哭吧
　　苗文：Khud rongx khud bleab
　　意译：洞穴洞崖
　　手法：用左手包住右手空拳。

122. 名称：几瓜吉热
　　苗文：Jid ghual jid rel
　　意译：解光脱完
　　手法：双手阴阳相扣后放开。

123. 名称：卡色都呕
　　苗文：Kheal sed dul oub
　　意译：奶梅认错
　　手法：双手小指交叉，大拇指抵
　　　　　住无名指指尖，伸直食指
　　　　　和中指。

124. 名称：兰格拿咱补乔名哄
　　苗文：Nex nkhed nax zeed bub
　　　　　njol zhot hob
　　意译：人看只见三团杂雾
　　手法：双手掌心朝上，右手收大
　　　　　拇指和小指，食指、中指、
　　　　　无名指放在左手掌上。

125. 名称：棍梦拿咱补乔名度

苗文：Ghunb mot nax zead nub njol zhot dut

意译：鬼看只见三团杂云

手法：左手手背朝内，食指、中指、无名指放在右手掌中。

126. 名称：然秀秀虫，见得得拿

苗文：Rad xaud xaud chot jant del del neal

意译：藏体体安，收身身吉

手法：左手掌伸直盖住右手，右手做祖师决。

127. 名称：他古他图，他穷他热

苗文：Tad ghul tad ndut，tad ngid res

意译：隔咒隔诅，隔血隔堵

手法：用右手掌抵住左手掌指尖。

128. 名称：他嘎他猫

苗文：Tad ghad tad mos

意译：隔鸡隔猫血

手法：将右手掌对准左手大拇指与其余四指所开出的口子。

129. 名称：祭忙巧起，录忙加写

苗文：Ngunt mangs qod qid, nus mangs jad xed

意译：坏肚之群，坏肠之众

手法：双手大拇指、小指伸直，余指内收，两手相连。

130. 名称：祭忙出巧，录忙出加

苗文：Ngunx mangs chud qod, nus mangs chud jad

意译：做巧之群，做坏之众

手法：两手大拇指交叉勾住，两小指伸出，余指内收。

131. 名称：出绒几岁，出吧吉洽

苗文：Chud reid jid seib chud bleet jid gad

意译：做岭来隔，做崖来拦

手法：右手竖起之掌对左手竖起之拳。

132. 名称：此乃锐那，吧图锐苟

苗文：Bieb leb reib nab, blab ndut reib goud

意译：四个药兄，五位药弟

手法：两手大拇指交叉勾住，无名指及小指伸出，余指内收。

133. 名称：列抱加起，列大加写

　　苗文：Lie beux jad qib, liel dat jad xed

　　意译：要打坏肚，要杀坏肠

　　手法：右手做剑诀，砍向左手小指，左手余指收拢握住。

134. 名称：弄交弄查

　　苗文：Hnongt job hnongt nzead

　　意译：椎仇杀敌

　　手法：用左手食指尖抵住右手小指上节。

135. 名称：祭忙告见，录忙送嘎

　　苗文：Nguis mangs god janb, nul mangl songd nghat

　　意译：交钱祖师，度纸本师

　　手法：左手竖拳，右手竖起大拇指，两手相对。

136. 名称：吧告比秋，照告比来

　　苗文：Blad ghot bleid qnb, zhot ghot bleid lanl

　　意译：五方亲戚，六方亲眷

　　手法：双手相并，各收大拇指、小指，余指伸直并叉开。

137. 名称：补谷补奶碗冲，补谷补图 　　　　碗斗 　　苗文：Bub gul bub nand wand 　　　　chongd, bub gul bub ndut 　　　　wand dond 　　意译：三十三个大锅，三十三个 　　　　中锅 　　手法：双手掌壳扑盖。	
138. 名称：补谷补嘎卡脏，补谷补肥嘎力 　　苗文：Bub gul bub gal gad zangb, 　　　　bub gul bub fea gax lix 　　意译：三十三块大岩，三十三块 　　　　大土 　　手法：双手手背朝上。	
139. 名称：立为良王 　　苗文：Lil weil liangl wangb 　　意译：晃晃悠悠（隐隐之状） 　　手法：将双手叉开的大拇指、食 　　　　指相对。	
140. 名称：林豆猛竹，林且猛吹 　　苗文：Liongl dout mongl zhus, li- 　　　　ongl nqeb mongl cheid 　　意译：大祖神的大门，大宗神的 　　　　楼门 　　手法：两手大拇指相抵，余指伸 　　　　直，成门状。	

141. 名称：比图周柔日金
    苗文：Bleit ndub zheul rout reul
        gongt
    意译：头戴岩石叠重
    手法：将右手食指抵住左手竖起
        之拳。

142. 名称：闹达周日柔告
    苗文：Lot dal zheul rout reul ghol
    意译：脚踏重叠之石
    手法：左手握拳，右手做牛角
        诀，小指点在左手大拇指
        指背。

143. 名称：闹达补产冬腊
    苗文：Lot dal but cant dongs lal
    意译：脚踩三千刺荆
    手法：右手做牛角诀，小指点在
        左手手背，左手各指叉
        开。

144. 名称：比图补吧冬加
    苗文：Blet ndub but beab dongb
        jad
    意译：头戴三百荆棘
    手法：右手心朝上，伸开五指；
        左手握拳，竖起大拇指并
        抵右手手背。

145. 名称：闹照笑洞笑嗯

　　苗文：Lot zhob xod dongs xod
　　　　　ngongx

　　意译：脚穿铜鞋银鞋

　　手法：右手做牛角诀，小指点在
　　　　　左手掌心，左手大拇指护
　　　　　住右手小指指尖。

146. 名称：比图格绒格棍

　　苗文：Bleit ndun ged rongd ged
　　　　　ghongt

　　意译：头戴龙角神角

　　手法：双手中指、无名指相扣，
　　　　　大拇指、食指交叉，食指
　　　　　伸直。

147. 名称：闹达猛昂猛洽

　　苗文：Lot dal mongt ngangb mon-
　　　　　gd ngad

　　意译：脚踩大船大筏

　　手法：左手做牛角诀，小指点在
　　　　　右手掌心。

148. 名称：比图猛固猛色

　　苗文：Bleit ndub mongl gud mongl
　　　　　sed

　　意译：头戴大笠大伞

　　手法：用右手掌壳盖住左手竖起
　　　　　之大拇指。

149. 名称：吉拔吉察商提炮斗
    苗文：Ghot npad jid cad shangt
         ndeib pob deub
    意译：女人接起布匹布条
    手法：双手做剑诀，阴阳相抵。

150. 名称：告浓抱苟那够
    苗文：Ghod nongb beud gheut lad
         nghoub
    意译：男人接那野藤链索
    手法：双手大拇指、食指环绕相
         扣。

151. 名称：扎绒汝见标柔，扎吧汝加
         标瓦
    苗文：Zal rongl rub janl bloud
         rout, zal blab rub jal bloud
         wal
    意译：凿岭好成岩屋，凿崖好过
         瓦房
    手法：双手抱空，各指相抵。

152. 名称：几借出踏，吉炯出柔
    苗文：Jid iet chud tad, jid jiongb
         chul reud
    意译：重叠成沓，连接成柱
    手法：双手大拇指及其余四指相
         抱。

153. 名称：几得拔良，吉秋拔斗
　　苗文：Jid deb plad liangl, jid qeub plad doud
　　意译：印粮之处，印料之地
　　手法：左手握空拳，右手做剑诀刮左手。

154. 名称：几得后散，吉秋喂茶
　　苗文：Jid del houd sant, jid geub nel nzad
　　意译：春耕之处，种粮之处
　　手法：将右手大拇指、中指点于左手背大拇指与食指相连处。

155. 名称：几得从单，几秋从呕
　　苗文：Jid del ncongb dant, jid genb ncongb eud
　　意译：浣裙之处，洗衣之地
　　手法：左手做剑诀，压住右手无名指及小指。

156. 名称：吉柔斗补，告图然洞
　　苗文：Ghot rout doul bul, ghod ndub rad dongs
　　意译：古老大岩，古老大树
　　手法：双手握拳并拢，左手大拇指竖起。

157. 名称：洞林夯公，绒善夯踏
　　苗文：Dongs liongl hangd gongd,
　　　　　rongl shant hangd ndad
　　意译：大地盘川谷，高坡岭冲峡
　　手法：双手空壳相合。

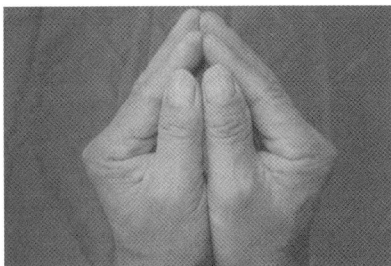

158. 名称：数洞数恩，数首数闹
　　苗文：Sud dongl snd ngowgx, sud
　　　　　sout sud lob
　　意译：铜锁银锁，钢锁铁锁
　　手法：右手做叉诀，左手食指架
　　　　　在右手叉上。

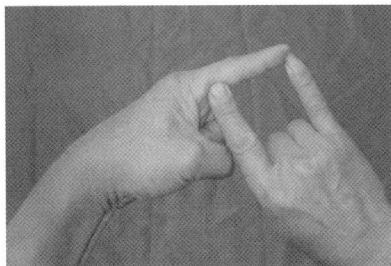

159. 名称：嘎弄麻林，巴先麻头
　　苗文：Ghal longb mal liongs, bad
　　　　　xahd mal doud
　　意译：嘴巴很大，牙齿很长
　　手法：双手做叉诀相抵。

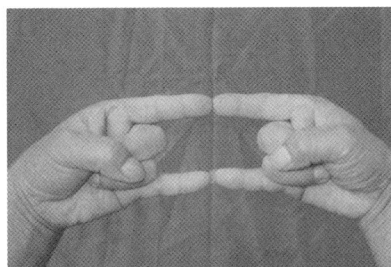

160. 名称：产扛吧虫
　　苗文：Cant hangx beab nzhongb
　　意译：千斤百担
　　手法：两手中指相抵，余指收握。

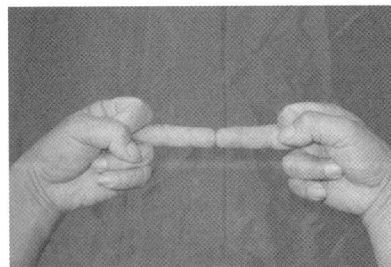

161. 名称：斗补浪力，斗冬浪梅

苗文：Doud bul hangd lix, doud dong hangd mel

意译：土地的驴，山神的马（喻老虎）

手法：双手大拇指相叠，食指收圈，中指互抱，无名指相抵，小指竖起。

162. 名称：炯绒炯潮

苗文：Jongx rongx jongx hcenb

意译：接龙接麒麟

手法：右手斜伸，张开大拇指及食指表示龙头，左手做牛角诀于右手腕部，表示龙尾。

163. 名称：将乔昂苟，将吩昂绒

苗文：Jangd njox nangl gheud, jangd njongb hgangl rongx

意译：乌云盖山，红云盖岭

手法：右手大拇指及四指张口对准左手之拳。

164. 名称：弄号弄记

苗文：Longb hox longb gil

意译：云雾之上

手法：右手握拳，竖起大拇指抵住左手掌右下方，左手五指伸直叉开。

165. 名称：猛数周偶，猛那况公

   苗 文：Mongl sud zhous ngul,
   mongl lab ruangb nkhongd

   意译：大锁套肩骨，大锁捆颈喉

   手法：两手张开大拇指和食指，
   相抵成一个大圆圈。

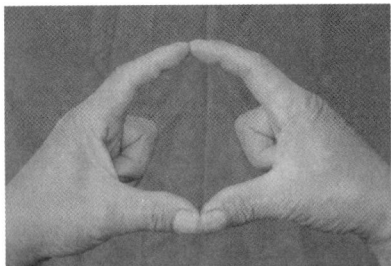

166. 名称：猛昂猛洽

   苗 文：Mongl ngahgx mongl hqead

   意译：大船大筏

   手法：双手各指向内交叉，手背
   向上，两大拇指、小指互
   抵表示船头、船尾。

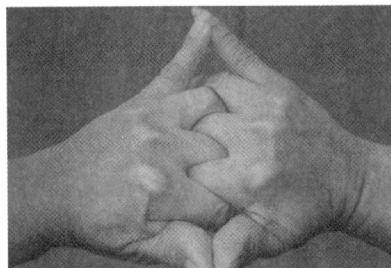

167. 名称：洞绒猛竹，洞棍猛吹

   苗 文：Dongx rongs mongl zhus,
   dongd nghuongx mowgl
   cheid

   意译：神堂大门，神殿楼门

   手法：两手食指伸直相抵，竖起
   大拇指，余指内收。

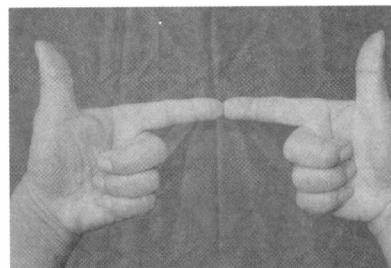

168. 名称：剖身奶骂

   苗 文：Poud nieal ned mab

   意译：爷婆父母

   手法：左手在下，右手在上，双
   掌壳反复互拍。

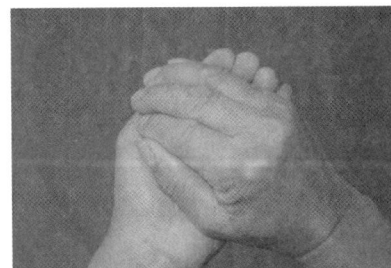

169. 名称：阿
　　苗文：ad
　　意译：一
　　手法：右手小指尖扑抵在左手伸
　　　　　直的小指尖面上。

170. 名称：欧
　　苗文：oud
　　意译：二
　　手法：右手小指尖扑抵在左手伸
　　　　　直的无名指尖面上。

171. 名称：补
　　苗文：dut
　　意译：三
　　手法：右手小指尖扑抵在右手伸
　　　　　直的中指尖面上。

172. 名称：比
　　苗文：dlei
　　意译：四
　　手法：右手小指尖扑抵在左手伸
　　　　　直的食指尖面上。

173. 名称：便
　　苗文：dlat
　　意译：五
　　手法：右手小指尖扑抵在左手伸
　　　　　直的大拇指尖面上。

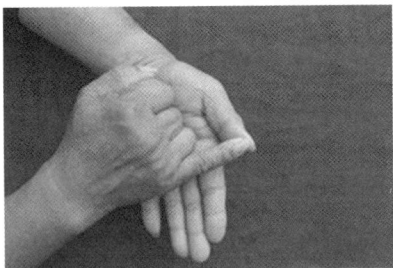

174. 名称：照
　　苗文：zhot
　　意译：六
　　手法：右手小指尖扑抵在左手弯
　　　　　曲握起的大拇指尖背上。

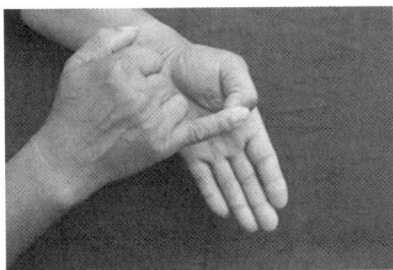

175. 名称：炯
　　苗文：jing
　　意译：七
　　手法：右手小指尖扑抵在左手弯
　　　　　曲握起的食指尖背上。

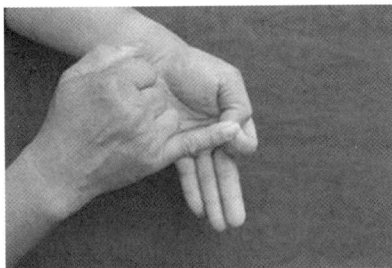

176. 名称：乙
　　苗文：yil
　　意译：八
　　手法：右手小指尖扑抵在左手弯
　　　　　曲握起的中指尖背上。

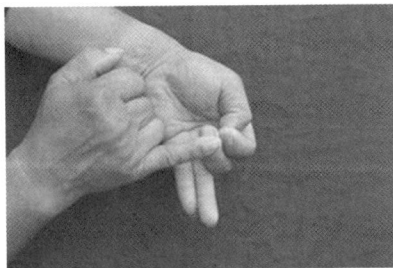

177. 名称：就
     苗文：jiud
     意译：九
     手法：右手小指尖扑抵在左手弯
          曲握起的无名指尖背上。

178. 名称：谷
     苗文：gol
     意译：十
     手法：右手小指尖扑抵在左手弯
          曲握起的小指尖背上。

179. 名称：阿谷阿
     苗文：ad gol ad
     意译：十一
     手法：右手无名指尖扑抵在左手
          伸直的小指尖面上。

180. 名称：阿谷欧
     苗文：ad gol oud
     意译：十二
     手法：右手无名指尖扑抵在左手
          伸直的无名指尖面上。

181. 名称：阿谷补 　　苗文：ad gol dut 　　意译：十三 　　手法：右手无名指尖扑抵在左手 　　　　　伸直的中指尖面上。	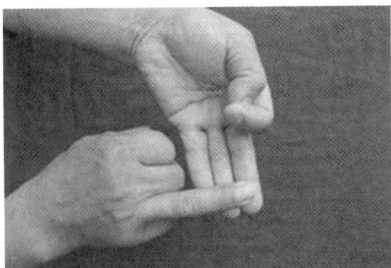
182. 名称：阿谷比 　　苗文：ad gol dlei 　　意译：十四 　　手法：右手无名指尖扑抵在左手 　　　　　伸直的食指尖面上。	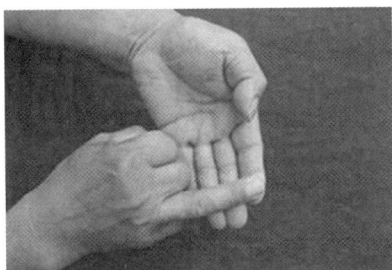
183. 名称：阿谷便 　　苗文：ad gol dlat 　　意译：十五 　　手法：右手无名指尖扑抵在左手 　　　　　伸直的大拇指尖面上。	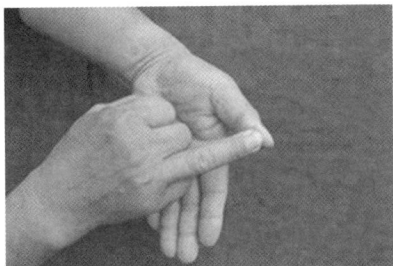
184. 名称：阿谷照 　　苗文：ad gol zhot 　　意译：十六 　　手法：右手无名指尖扑抵在左手 　　　　　弯曲握起的大拇指尖背 　　　　　上。	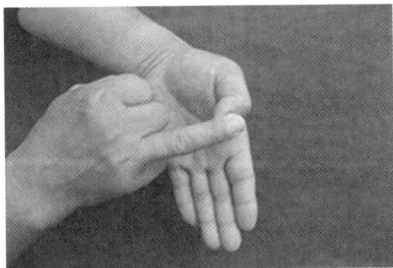

185. 名称：阿谷炯

　　苗文：ad gol Gol zhot

　　意译：十七

　　手法：右手无名指尖扑抵在左手
　　　　　弯曲握起的食指尖背上。

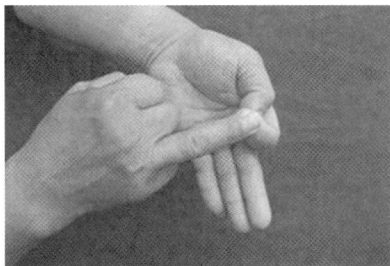

186. 名称：阿谷乙

　　苗文：ad gol yil

　　意译：十八

　　手法：右手无名指尖扑抵在左手
　　　　　弯曲握起的中指尖背上。

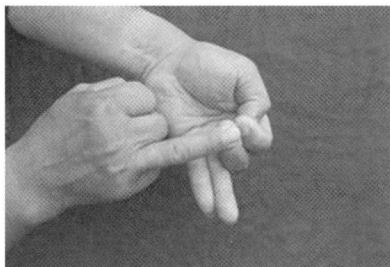

187. 名称：阿谷就

　　苗文：ad gol jiud

　　意译：十九

　　手法：右手无名指尖扑抵在左手
　　　　　弯曲握起的无名指尖背
　　　　　上。

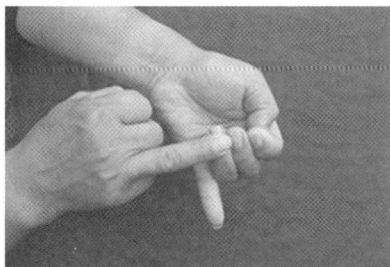

188. 名称：欧谷

　　苗文：oud gol

　　意译：二十

　　手法：右手无名指尖扑抵在左手
　　　　　弯曲握起的小指尖背上。

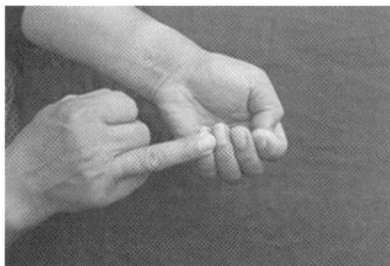

189. 名称：欧谷阿 　　苗文：oud gol ad 　　意译：二十一 　　手法：右手中指尖扑抵在左手伸 　　　　　直的小指尖面上。	
190. 名称：欧谷欧 　　苗文：oud gol oud 　　意译：二十二 　　手法：右手中指尖扑抵在左手伸 　　　　　直的无名指尖面上。	
191. 名称：欧谷补 　　苗文：oud gol dut 　　意译：二十三 　　手法：右手中指尖扑抵在左手伸 　　　　　直的中指尖面上。	
192. 名称：欧谷比 　　苗文：oud gol dlei 　　意译：二十四 　　手法：右手中指尖扑抵在左手伸 　　　　　直的食指尖面上。	

193. 名称：欧谷便
    苗文：oud gol dlat
    意译：二十五
    手法：右手中指尖扑抵在左手伸
        直的大拇指尖面上。

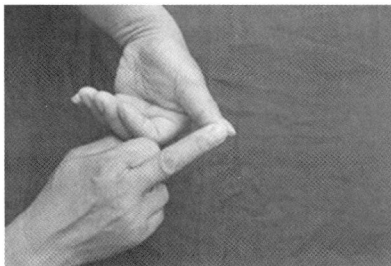

194. 名称：欧谷照
    苗文：oud gol zhot
    意译：二十六
    手法：右手中指尖扑抵在左手弯
        曲握起的大拇指尖背上。

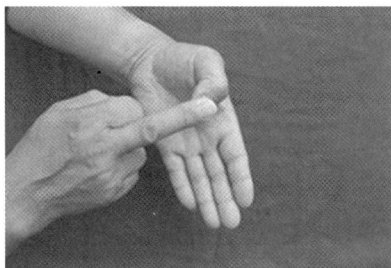

195. 名称：欧谷炯
    苗文：oud gol jing
    意译：二十七
    手法：右手中指尖扑抵在左手弯
        曲握起的食指尖背上。

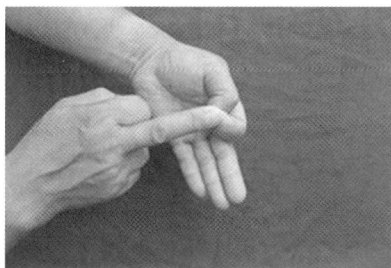

196. 名称：欧谷乙
    苗文：oud gol yil
    意译：二十八
    手法：右手中指尖扑抵在左手弯
        曲握起的中指尖背上。

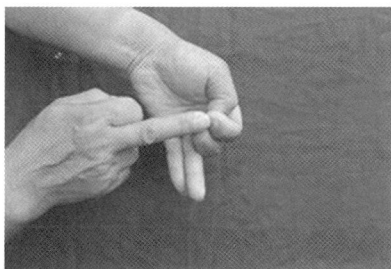

197. 名称：欧谷就
　　苗文：oud gol jiud
　　意译：二十九
　　手法：右手中指尖扑抵在左手弯曲握起的无名指尖背上。

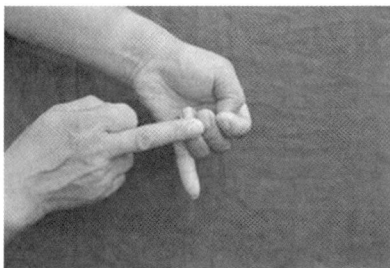

198. 名称：补谷
　　苗文：dut gol
　　意译：三十
　　手法：右手中指尖扑抵在左手弯曲握起的小指尖背上。

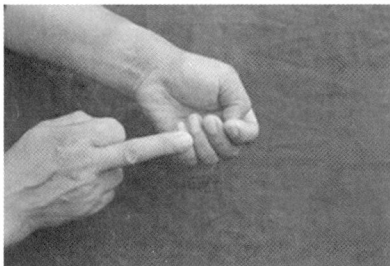

199. 名称：补谷阿
　　苗文：dut gol ad
　　意译：三十一
　　手法：右手食指尖扑抵在左手伸直的小指尖面上。

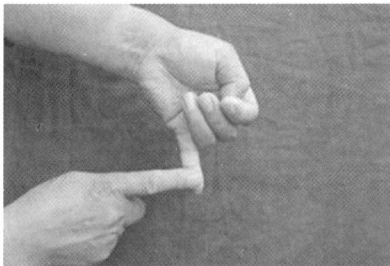

200. 名称：补谷欧
　　苗文：dut gol oud
　　意译：三十二
　　手法：右手食指尖扑抵在左手伸直的无名指尖面上。

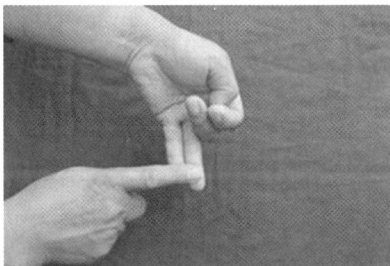

201. 名称：补谷补

　　苗文：dut gol dut

　　意译：三十三

　　手法：右手食指尖扑抵在左手伸
　　　　　直的中指尖面上。

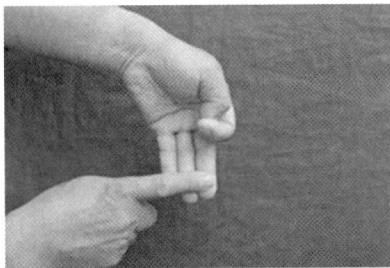

202. 名称：补谷比

　　苗文：dut gol dlei

　　意译：三十四

　　手法：右手之食指尖扑抵在左手
　　　　　伸直的食指尖面上。

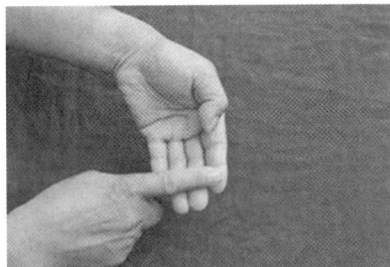

203. 名称：补谷便

　　苗文：dut gol dlat

　　意译：三十五

　　手法：右手食指尖扑抵在左手伸
　　　　　直的大拇指尖面上。

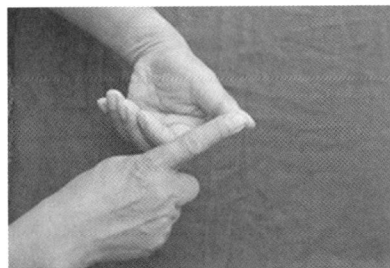

204. 名称：补谷照

　　苗文：dut gol zhot

　　意译：三十六

　　手法：右手食指尖扑抵在左手弯
　　　　　曲握起的大拇指尖背上。

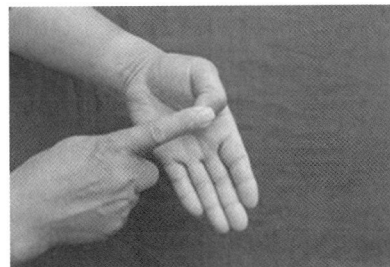

205. 名称：补谷炯
     苗文：dut gol jing
     意译：三十七
     手法：右手食指尖扑抵在左手弯
           曲握起的食指尖背上。

206. 名称：补谷乙
     苗文：dut gol yil
     意译：三十八
     手法：右手食指尖扑抵在左手弯
           曲握起的中指尖背上。

207. 名称：补谷就
     苗文：dut gol jiud
     意译：三十九
     手法：右手食指尖扑抵在左手弯
           曲握起的无名指尖背上。

208. 名称：比谷
     苗文：dlei gol
     意译：四十
     手法：右手食指尖扑抵在左手弯
           曲握起的小指尖背上。

209. 名称：比谷阿
　　苗文：dlei gol ad
　　意译：四十一
　　手法：右手大拇指尖扑抵在左手
　　　　　伸直的小指尖面上。

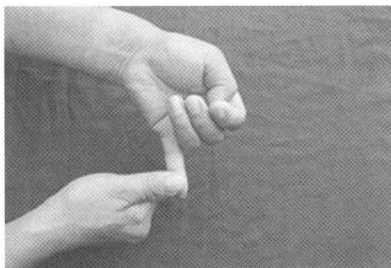

210. 名称：比谷欧
　　苗文：dlei gol oud
　　意译：四十二
　　手法：右手大拇指尖扑抵在左手
　　　　　伸直的无名指尖面上。

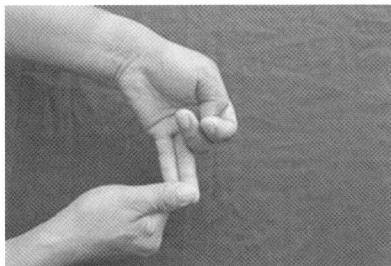

211. 名称：比谷补
　　苗文：dlei gol dut
　　意译：四十三
　　手法：右手大拇指尖扑抵在左手
　　　　　伸直的中指尖面上。

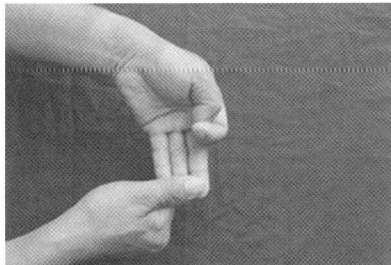

212. 名称：比谷比
　　苗文：dlei gol dlei
　　意译：四十四
　　手法：右手大拇指尖扑抵在左手
　　　　　伸直的食指尖面上。

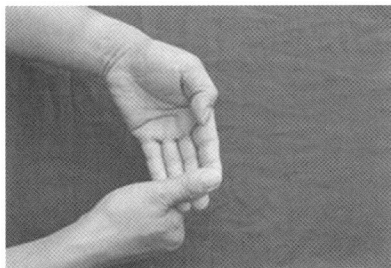

213. 名称：比谷便 　　苗文：dlei gol dlat 　　意译：四十五 　　手法：右手大拇指尖扑抵在左手 　　　　　伸直的大拇指尖面上。	
214. 名称：比谷照 　　苗文：dlei gol zhot 　　意译：四十六 　　手法：右手大拇指尖扑抵在左手 　　　　　弯曲握起的大拇指尖背上。	
215. 名称：比谷炯 　　苗文：dlei gol jing 　　意译：四十七 　　手法：右手大拇指尖扑抵在左手 　　　　　弯曲握起的食指尖背上。	
216. 名称：比谷乙 　　苗文：dlei gol yil 　　意译：四十八 　　手法：右手大拇指尖扑抵在左手 　　　　　弯曲握起的中指尖背上。	

217. 名称：比谷就

苗文：dlei gol jiud

意译：四十九

手法：右手大拇指尖扑抵在左手弯曲握起的无名指尖背上。

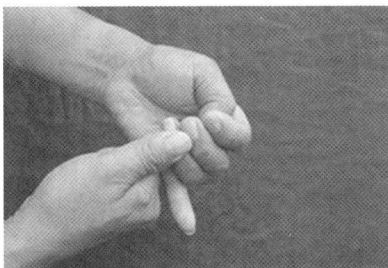

218. 名称：便谷

苗文：dlat gol

意译：五十

手法：右手大拇指尖扑抵在左手弯曲握起的小指尖背上。

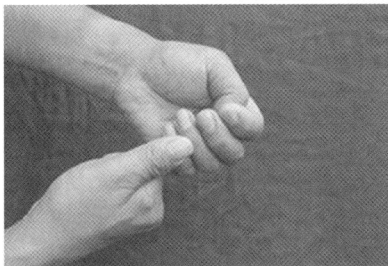

219. 名称：便谷阿

苗文：dlat gol ad

意译：五十一

手法：右手小指与无名指并拢后，无名指指尖扑抵在左手伸直的小指尖面上。

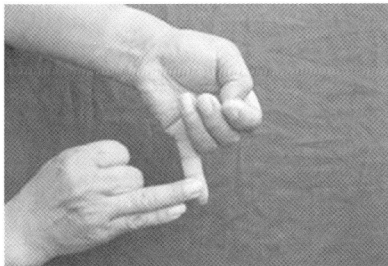

220. 名称：便谷欧

苗文：dlat gol oud

意译：五十二

手法：右手小指与无名指并拢后，无名指指尖扑抵在左手伸直的无名指尖面上。

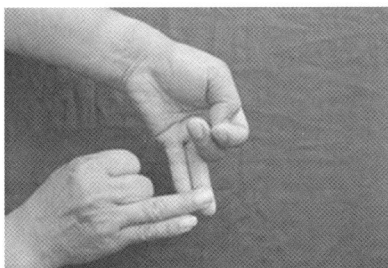

221. 名称：便谷补

苗文：dlat gol dut

意译：五十三

手法：右手小指与无名指并拢后，无名指指尖扑抵在左手伸直的中指尖面上。

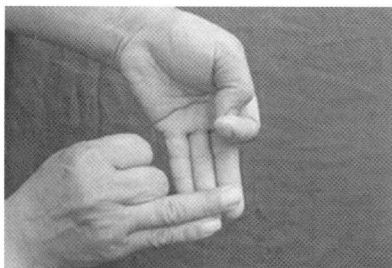

222. 名称：便谷比

苗文：dlat gol dlei

意译：五十四

手法：右手小指与无名指并拢后，无名指指尖扑抵在左手伸直的食指尖面上。

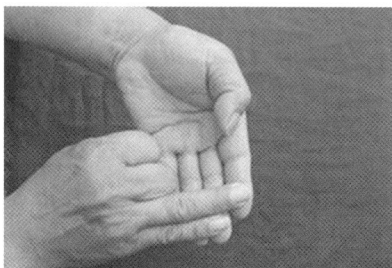

223. 名称：便谷便

苗文：dlat gol dlat

意译：五十五

手法：右手小指与无名指并拢后，无名指指尖扑抵在左手伸直的大拇指尖面上。

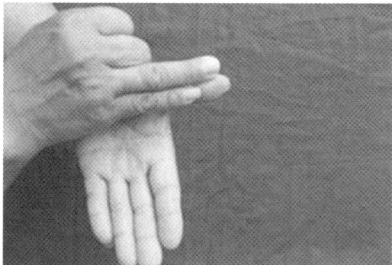

224. 名称：便谷照

苗文：dlat gol zhot

意译：五十六

手法：右手小指与无名指并拢后，无名指指尖扑抵在左手弯曲握起的大拇指尖背上。

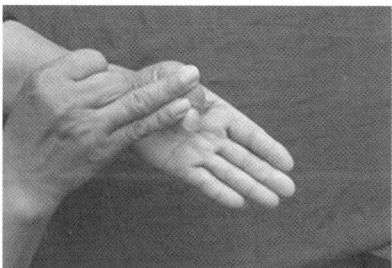

225. 名称：便谷炯 　　苗文：dlat gol jing 　　意译：五十七 　　手法：右手小指与无名指并拢 　　　　　后，无名指指尖扑抵在左 　　　　　手弯曲握起的食指尖背 　　　　　上。	
226. 名称：便谷乙 　　苗文：dlat gol yil 　　意译：五十八 　　手法：右手小指与无名指并拢 　　　　　后，无名指指尖扑抵在左 　　　　　手弯曲握起的中指尖背 　　　　　上。	
227. 名称：便谷就 　　苗文：dlat gol jiud 　　意译：五十九 　　手法：右手小指与无名指并拢 　　　　　后，无名指指尖扑抵在左 　　　　　手弯曲握起的无名指尖背 　　　　　上。	
228. 名称：照谷 　　苗文：zhot gol 　　意译：六十 　　手法：右手小指与无名指并拢 　　　　　后，无名指指尖扑抵在左 　　　　　手弯曲握起的小指尖背 　　　　　上。	

229. 名称：照谷阿

　　　苗文：zhot gol ad

　　　意译：六十一

　　　手法：右手中指与无名指并拢后，中指指尖扑抵在左手伸直的小指尖面上。

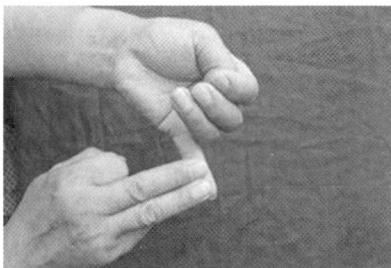

230. 名称：照谷欧

　　　苗文：zhot gol oud

　　　意译：六十二

　　　手法：右手中指与无名指并拢后，中指指尖扑抵在左手伸直的无名指尖面上。

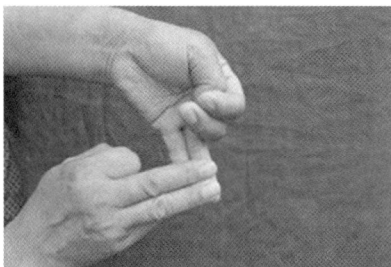

231. 名称：照谷补

　　　苗文：zhot gol dut

　　　意译：六十三

　　　手法：右手中指与无名指并拢后，中指指尖扑抵在左手伸直的中指尖面上。

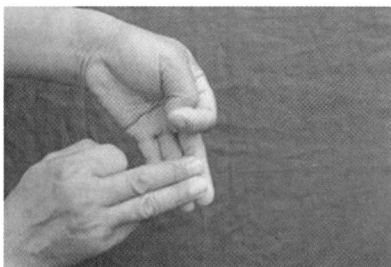

232. 名称：照谷比

　　　苗文：zhot gol dlei

　　　意译：六十四

　　　手法：右手中指与无名指并拢后，中指指尖扑抵在左手伸直的食指尖面上。

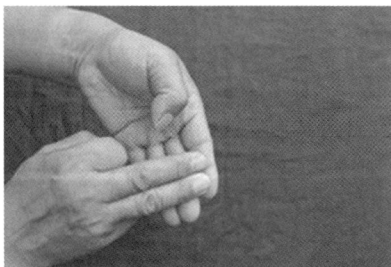

233. 名称：照谷便
　　苗文：zhot gol dlat
　　意译：六十五
　　手法：右手中指与无名指并拢
　　　　　后，中指指尖扑抵在左手
　　　　　伸直的大拇指尖面上。

234. 名称：照谷照
　　苗文：zhot gol zhot
　　意译：六十六
　　手法：右手中指与无名指并拢
　　　　　后，中指指尖扑抵在左手
　　　　　弯曲握起的大拇指尖背
　　　　　上。

235. 名称：照谷炯
　　苗文：zhot gol jing
　　意译：六十七
　　手法：右手中指与无名指并拢
　　　　　后，中指指尖扑抵在左手
　　　　　弯曲握起的食指尖背上。

236. 名称：照谷乙
　　苗文：zhot gol yil
　　意译：六十八
　　手法：右手中指与无名指并拢
　　　　　后，中指指尖扑抵在左手
　　　　　弯曲握起的中指尖背上。

237. 名称：照谷就
　　 苗文：zhot gol jiud
　　 意译：六十九
　　 手法：右手中指与无名指并拢
　　　　　 后，中指指尖扑抵在左手
　　　　　 弯曲握起的无名指尖背
　　　　　 上。

238. 名称：炯谷
　　 苗文：jing gol
　　 意译：七十
　　 手法：右手中指与无名指并拢
　　　　　 后，中指指尖扑抵在左手
　　　　　 弯曲握起的小指尖背上。

239. 名称：炯谷阿
　　 苗文：jing gol ad
　　 意译：七十一
　　 手法：右手中指与食指并拢后，
　　　　　 中指指尖扑抵在左手伸直
　　　　　 的小指尖面上。

240. 名称：炯谷欧
　　 苗文：jing gol oud
　　 意译：七十二
　　 手法：右手中指与食指并拢后，
　　　　　 中指指尖扑抵在左手伸直
　　　　　 的无名指尖面上。

241. 名称：炯谷补
    苗文：jing gol dut
    意译：七十三
    手法：右手中指与食指并拢后，
        中指指尖扑抵在左手伸直
        的中指尖面上。

242. 名称：炯谷比
    苗文：jing gol dlei
    意译：七十四
    手法：右手中指与食指并拢后，
        中指指尖扑抵在左手伸直
        的食指尖面上。

243. 名称：炯谷便
    苗文：jing gol dlat
    意译：七十五
    手法：右手中指与食指并拢后，
        中指指尖扑抵在左手伸直
        的大拇指尖面上。

244. 名称：炯谷照
    苗文：jing gol zhot
    意译：七十六
    手法：右手中指与食指并拢后，
        中指指尖扑抵在左手弯曲
        握起的大拇指尖背上。

245. 名称：炯谷炯
　　苗文：jing gol jing
　　意译：七十七
　　手法：右手中指与食指并拢后，中指指尖扑抵在左手弯曲握起的食指尖背上。

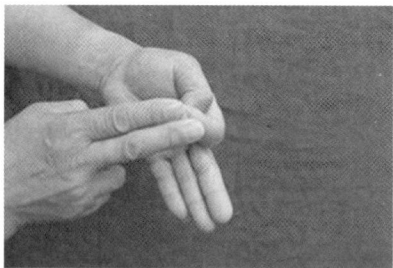

246. 名称：炯谷乙
　　苗文：jing gol yil
　　意译：七十八
　　手法：右手中指与食指并拢后，中指指尖扑抵在左手弯曲握起的中指尖背上。

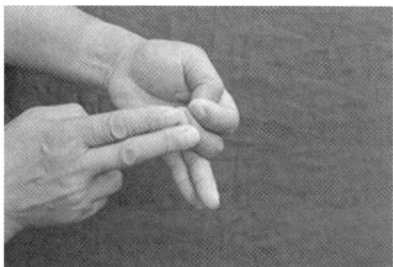

247. 名称：炯谷就
　　苗文：jing gol jiud
　　意译：七十九
　　手法：右手中指与食指并拢后，中指指尖扑抵在左手弯曲握起的无名指尖背上。

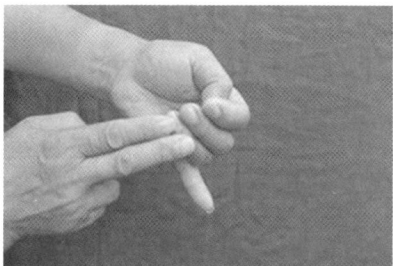

248. 名称：乙谷
　　苗文：yil gol
　　意译：八十
　　手法：右手中指与食指并拢后，中指指尖扑抵在左手弯曲握起的小指尖背上。

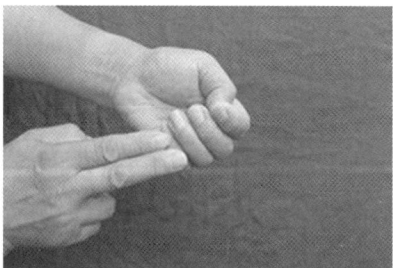

249. 名称：乙谷阿

苗文：yil gol ad

意译：八十一

手法：右手食指与大拇指并拢
后，食指指尖扑抵在左手
伸直的小指尖面上。

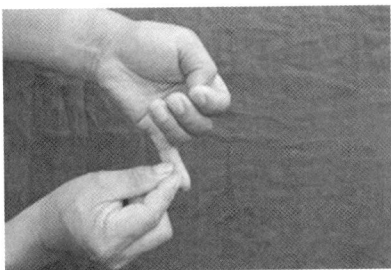

250. 名称：乙谷欧

苗文：yil gol oud

意译：八十二

手法：右手食指与大拇指并拢
后，食指指尖扑抵在左手
伸直的无名指尖面上。

251. 名称：乙谷补

苗文：yil gol dut

意译：八十三

手法：右手食指与大拇指并拢
后，食指指尖扑抵在左手
伸直的中指尖面上。

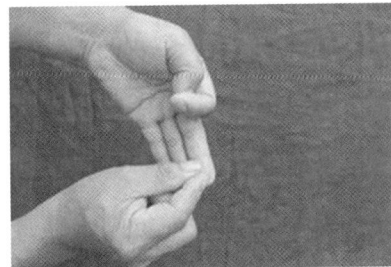

252. 名称：乙谷比

苗文：yil gol dlei

意译：八十四

手法：右手食指与大拇指并拢
后，食指指尖扑抵在左手
伸直的食指尖面上。

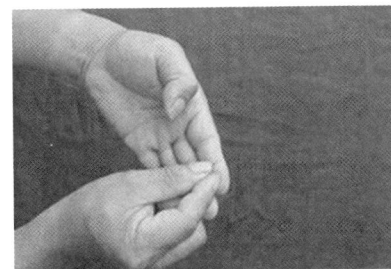

253. 名称：乙谷便

　　苗文：yil gol dlat

　　意译：八十五

　　手法：右手食指与大拇指并拢
　　　　　后，食指指尖扑抵在左手
　　　　　伸直的大拇指尖面上。

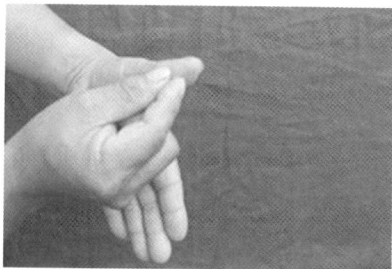

254. 名称：乙谷照

　　苗文：yil gol dlat

　　意译：八十六

　　手法：右手食指与大拇指并拢
　　　　　后，食指指尖扑抵在左手
　　　　　弯曲握起的大拇指尖背
　　　　　上。

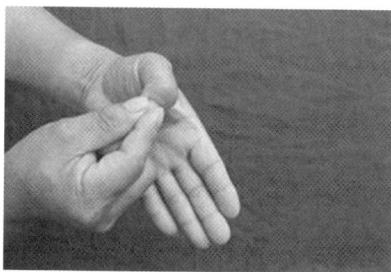

255. 名称：乙谷炯

　　苗文：yil gol jing

　　意译：八十七

　　手法：右手食指与大拇指并拢
　　　　　后，食指指尖扑抵在左手
　　　　　弯曲握起的食指尖背上。

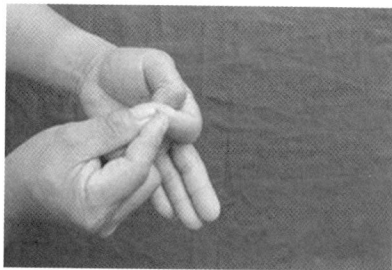

256. 名称：乙谷乙

　　苗文：yil gol yil

　　意译：八十八

　　手法：右手食指与大拇指并拢
　　　　　后，食指指尖扑抵在左手
　　　　　弯曲握起的中指尖背上。

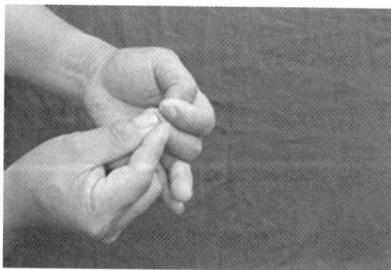

257. 名称：乙谷就

苗文：yil gol jiud

意译：八十九

手法：右手食指与大拇指并拢后，食指指尖扑抵在左手弯曲握起的无名指尖背上。

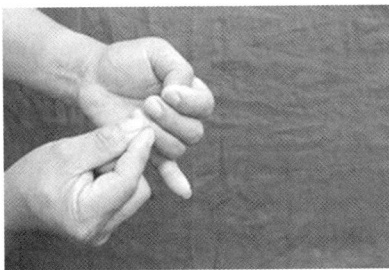

258. 名称：就谷

苗文：jiud gol

意译：九十

手法：右手食指与大拇指并拢后，食指指尖扑抵在左手弯曲握起的小指尖背上。

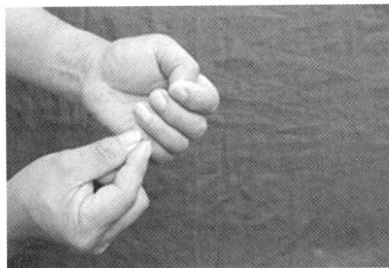

259. 名称：就谷阿

苗文：jiud gol ad

意译：九十一

手法：右手五指并拢后，五指指尖抵于左手伸直的小指尖面上。

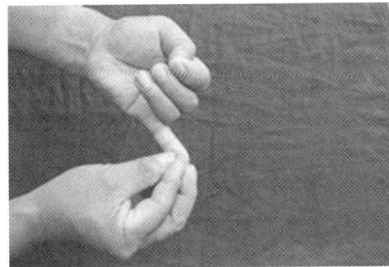

260. 名称：就谷欧

苗文：jiud gol oud

意译：九十二

手法：右手五指并拢后，五指指尖抵于左手伸直的无名指尖面上。

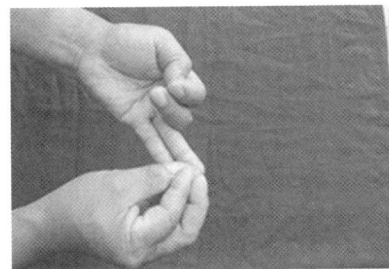

261. 名称：就谷补
　　苗文：jiud gol dut
　　意译：九十三
　　手法：右手五指并拢后，五指指
　　　　　尖抵于左手伸直的中指尖
　　　　　面上。

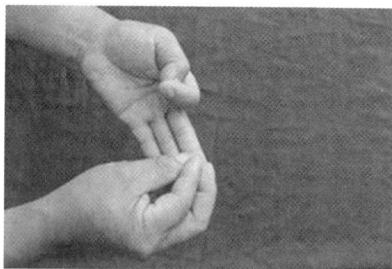

262. 名称：就谷比
　　苗文：jiud gol dlei
　　意译：九十四
　　手法：右手五指并拢后，五指指
　　　　　尖抵于左手伸直的食指尖
　　　　　面上。

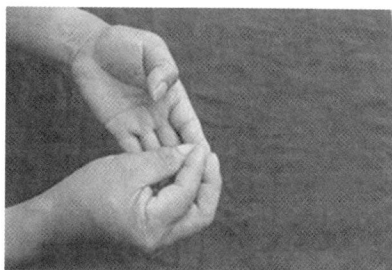

263. 名称：就谷便
　　苗文：jiud gol dlat
　　意译：九十五
　　手法：右手五指并拢后，五指指
　　　　　尖抵于左手伸直的大拇指
　　　　　尖面上。

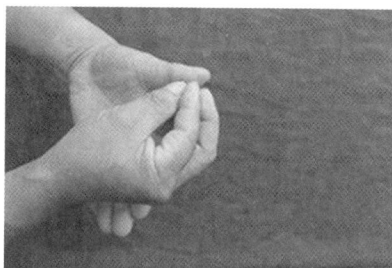

264. 名称：就谷照
　　苗文：jiud gol zhot
　　意译：九十六
　　手法：右手五指并拢后，五指指
　　　　　尖抵于左手弯曲握起的大
　　　　　拇指尖背上。

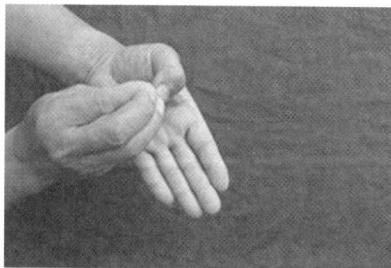

265. 名称：就谷炯
    苗文：jiud gol jing
    意译：九十七
    手法：右手五指并拢后，五指指
        尖抵于左手弯曲握起的食
        指尖背上。

266. 名称：就谷乙
    苗文：jiud gol yil
    意译：九十八
    手法：右手五指并拢后，五指指
        尖抵于左手弯曲握起的中
        指尖背上。

267. 名称：就谷就
    苗文：jiud gol jiud
    意译：九十九
    手法：右手五指并拢后，五指指
        尖抵于左手弯曲握起的无
        名指尖背上。

268. 名称：阿吧
    苗文：ad bab
    意译：一百
    手法：双手五指并拢后，五指指
        尖相抵。

后　记

　　笔者在本家 32 代祖传的丰厚资料的基础上，通过 50 多年来对湖南、贵州、四川、湖北、重庆等五省市及周边各地苗族巴代文化资料挖掘、搜集、整理和译注，最终完成了这套《湘西苗族民间传统文化丛书》。

　　本套丛书共 7 大类 76 本 2500 多万字及 4000 余幅仪式彩图，这在学术界可谓鸿篇巨制。如此成就的取得，除了本宗本祖、本家本人、本师本徒、本亲本眷之人力、财力、物力的投入外，还离不开政界、学术界以及其他社会各界热爱苗族文化的仁人志士的大力支持。首先，要感谢湖南省民族宗教事务委员会、湘西州政府、湘西州人大、湘西州政协、湘西州文化旅游广电局、花垣县委、花垣县民族宗教事务和旅游文化广电新闻出版局、吉首大学历史文化学院、吉首大学音乐舞蹈学院、湖南省社科联等各级领导和有关工作人员的大力支持；其次，要感谢中南大学出版社积极申报国家出版基金，使本套丛书顺利出版；最后，还要感谢苗族文化研究者、爱好者的大力推崇。他们的支持与鼓励，将为苗族巴代文化迈入新时代打下牢固的基础、搭建良好的平台；他们的功绩，将铭刻于苗族文化发展的里程碑，将载入史册。《湘西苗族民间传统文化丛书》会记住他们，苗族文化阵营会记住他们，苗族的文明史会记住他们，苗族的子子孙孙也会永远记住他们。

　　本书多为手诀图片，只有极少数文字。由于对苗族巴代文化的研究还有待进一步深入，其中诸多术语、论断有可能还不够完善，还由于工程巨大、牵涉面广、时间仓促，错误在所难免，诚望读者海涵、指正。

浩浩宇宙，莽莽苍穹，茫茫大地，悠悠岁月，古往今来，曾有我者，一闪而过，何失何得？我们匆匆忙忙地从来处来，又将急急促促地奔向去处，当下只不过是到人世这个驿站小驻一下。人生虽然只是一闪而过，但我们总该为这个驿站做点什么或留点什么。瞬间的灵光，留下一丝丝印记，那是供人们记忆的。最后我们还得从容地走，而且要走得自然、安详、果断，消失得无影无踪……

编 者

2019 年 11 月

图书在版编目（CIP）数据

手诀／石寿贵编. —长沙：中南大学出版社，
2019.12

（湘西苗族民间传统文化丛书）

ISBN 978 – 7 – 5487 – 3818 – 3

Ⅰ.①手… Ⅱ.①石… Ⅲ.①苗族—祭祀—民族文化
—介绍—湘西土家族苗族自治州 Ⅳ.①K892.29

中国版本图书馆 CIP 数据核字（2019）第 256985 号

手诀
SHOUJUE

石寿贵　编

□责任编辑	刘　莉	
□责任印制	易红卫	
□出版发行	中南大学出版社	
	社址：长沙市麓山南路	邮编：410083
	发行科电话：0731 – 88876770	传真：0731 – 88710482
□印　　装	湖南省众鑫印务有限公司	

□开　本	710 mm×1000 mm　1/16　□印张 23.75　□字数 441 千字　□插页 2	
□版　次	2019 年 12 月第 1 版　□2019 年 12 月第 1 次印刷	
□书　号	ISBN 978 – 7 – 5487 – 3818 – 3	
□定　价	322.00 元	